焊接基本操作技能

主　编　王子瑜（渤海船舶职业学院）

副主编　戴志勇（渤海船舶职业学院）

参　编　陈　曦（渤海船舶职业学院）

　　　　王　博（佳木斯职业学院）

　　　　王　博（渤海船舶职业学院）

主　审　王立祥（锦西化工机械集团有限公司）

北京理工大学出版社

BEIJING INSTITUTE OF TECHNOLOGY PRESS

内 容 提 要

本书以"1+X"职业技能等级标准、焊工国家职业技能标准为依据编写，主要内容包括焊条电弧焊、二氧化碳气体保护焊、钨极氩弧焊、埋弧焊、气焊与气割等。本书的特点是注重基本操作技术的传授和动手能力的培养，突出焊工操作技能训练，以培养学生在实践中分析问题和解决问题的能力。本书还穿插了"榜样故事"，将"中国高技能人才楷模""全国技术能手"等焊接高技能人才的业绩和人生感悟以故事的形式编入其中，以激发学生对焊接技术的学习热情，并从中感悟做人、做事的道理，增强趣味性和生动性，以期达到"教书"和"育人"的双重目的。

本书可作为高等院校焊接专业的实训课教材，也可作为企业职工的焊接技能培训教材。

图书在版编目（CIP）数据

焊接基本操作技能 / 王子瑜主编 .-- 北京：北京理工大学出版社，2024.6.
ISBN 978-7-5763-4311-3

Ⅰ.TG4

中国国家版本馆 CIP 数据核字第 202428B3W9 号

责任编辑：王梦春	文案编辑：辛丽莉
责任校对：周瑞红	责任印制：王美丽

出版发行 /	北京理工大学出版社有限责任公司
社　　址 /	北京市丰台区四合庄路 6 号
邮　　编 /	100070
电　　话 /	(010) 68914026（教材售后服务热线）
	(010) 68944437（课件资源服务热线）
网　　址 /	http://www.bitpress.com.cn
版 印 次 /	2024 年 6 月第 1 版第 1 次印刷
印　　刷 /	河北鑫彩博图印刷有限公司
开　　本 /	787 mm × 1092 mm　1/16
印　　张 /	15
字　　数 /	346 千字
定　　价 /	76.00 元

前　言

本书根据《中共中央关于认真学习宣传贯彻党的二十大精神的决定》《习近平新时代中国特色社会主义思想进课程教材指南》《职业院校教材管理办法》等文件精神，以深入实施人才强国战略为基础，以"培养应用型人才"为指引，以"1+X"职业技能等级标准、焊工国家职业技能标准为依据进行编写。

本书立足于基本知识、基本工艺、基本技能的传授与训练，结合职业院校学生的培养目标和认知特点，突出实践性、实用性，注重实践教学和操作技能培养；突出焊工操作技能训练，以培养学生在实践中分析问题和解决问题的能力。对焊条电弧焊、二氧化碳气体保护焊、非熔化极惰性气体保护电弧焊等焊接操作技能按照制造业焊接接头实际生产过程和认知规律，由浅入深、循序渐进地编排教学内容。在相关训练项目中，以"相关知识"的形式，采集编入了技能点对应的知识点，同时汇集了企业专家在多年实践中总结提炼出的焊接技能绝招和精粹，以帮助学生快速提高技能水平，拓展工程应用能力。本书在强调良好职业素养、安全教育、团队合作精神的同时，还穿插了"榜样故事"，将"中国高技能人才楷模""全国技术能手"等焊接高技能人才的业绩和人生感悟以故事的形式插入其中，通过榜样的力量激发学生对技能和技术的学习热情，并从中感悟做人、做事的道理，增强趣味性和生动性，以期达到"教书"和"育人"的双重目的。

本书由渤海船舶职业学院王子瑜担任主编。王子瑜编写项目一和项目二；戴志勇编写项目三；陈曦编写项目四；佳木斯职业学院王博编写项目五；渤海船舶职业学院王博编写项目六。全书由王子瑜统稿，锦西化工机械集团有限公司高级工程师王立祥主审。

本书在编写过程中得到了各院校有关领导和同事的支持与帮助，并引用了有关教材、手册等文献中的内容，在此谨对上述人员和有关教材、手册等文献作者一并表示感谢。

由于编者水平有限，书中难免有疏漏和错误之处，恳请有关专家和广大读者批评指正。

编　者

目 录

项目一　焊接基本技能训练

任务一　焊接图的识读

◎学习目标：了解焊接接头的组成及类型、焊缝的空间位置、焊缝符号的表示方法；读懂焊接图及焊接符号在焊接图中表示的含义；学会焊接图焊缝尺寸标注方法。

◎学习重点：焊接符号在焊接图中表示的含义。

◎学习难点：焊接符号在焊接图中表示的含义。

【任务描述】

焊接图能表达工件焊接的基本技术要求、工件重要结构信息及各工件间的连接情况，在焊接生产中读懂焊接图，了解焊接图所表达的焊接工艺信息是实施焊接的重要前提之一。

图 1-1 所示为支架焊接图，图 1-2 所示为支架零件图，各零件材料均为 Q235B。要求读懂工件图样，了解各焊接符号在图中表示的含义及要求。

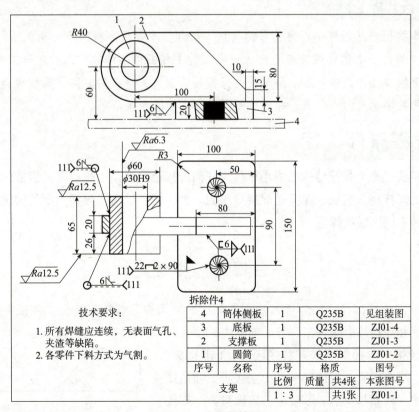

图 1-1　支架焊接图

1

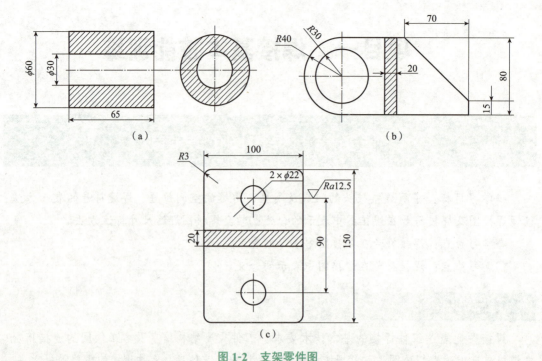

图1-2 支架零件图

（a）圆筒（图号 ZJ01-2）；（b）支撑板（图号 ZJ01-3）；（c）底板（图号 ZJ01-4）

【任务分析】

识读焊接图要从图样中焊接符号的构成分析和技术要求分析两个方面入手。由图1-1可知，该支架由三个零件焊接组合而成，即工件1与工件2焊接、工件2与工件3焊接。要识读支架的焊接图，首先应了解零件间焊接接头形式、焊缝的空间位置和焊缝符号及尾部符号后的数字所表示的含义，并分析不同工件之间的连接情况。

【相关知识】

焊接接头是整个焊接结构的最小单位。任何焊接结构都是由焊接部件组成的，焊接部件由不同的焊接接头组成，焊缝是焊接接头的一个区域。接头在焊接中所处的位置不同进而形成各种不同位置的焊缝。

一、焊接接头形式

在工件需连接部位，用焊接方法制造而成的接头称为焊接接头，焊接接头包括焊缝区、熔合区和焊接热影响区三部分，如图1-3所示。

焊接结构中的接头形式有对接接头、T形接头、角接接头、搭接接头、端接接头、十字接头、卷边接头等。其中，对接接头、T形接头、角接接头、搭接接头应用最为广泛，如图1-4所示。

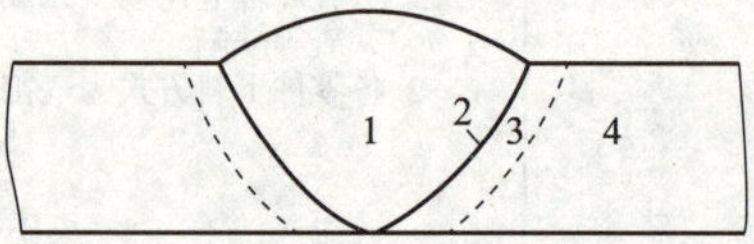

图1-3 焊接接头

1—焊缝区；2—熔合区；3—热影响区；4—母材

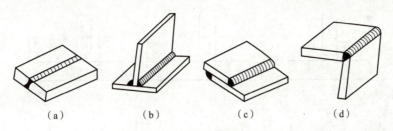

图 1-4　焊接接头的基本形式

（a）对接接头；（b）T形接头；（c）角接接头；（d）搭接接头

1. 对接接头

两工件表面夹角为 135°～180° 的接头称为对接接头。根据板厚的不同，为了保证将焊缝焊透，对接接头可分为开坡口和不开坡口两种形式。

（1）不开坡口的对接接头。不开坡口的对接接头常用于厚度小于 6 mm 的金属构件，焊接时为了保证焊透，钢材间常留 1～2 mm 的装配间隙，板厚增加，装配的间隙也要相应地增加，如图 1-5 所示。

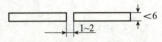

图 1-5　不开坡口的对接接头

（2）开坡口的对接接头。随着板厚的增加，要想保证工件焊透，要增大装配的间隙，给焊缝成型带来很大的困难，开坡口就是根据设计或工艺需要，在工件待焊部位加工出具有一定几何形状和尺寸的沟槽。各种坡口形式和坡口尺寸，如图 1-6 所示。

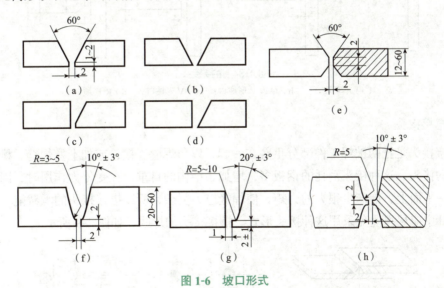

图 1-6　坡口形式

（a）有钝边的V形坡口；（b）无钝边的V形坡口；（c）有钝边单边的V形坡口；
（d）无钝边单边的V形坡口；（e）X形坡口；（f）U形坡口；（g）单边U形坡口；（h）双边U形坡口

2. T形接头

T形接头是把互相垂直的被焊工件用角焊缝连接起来的接头。根据工件的厚度和坡口形式的不同，T形接头可分为不开坡口、单边V形坡口、K形坡口、双边U形坡口等几种形式，如图 1-7 所示。

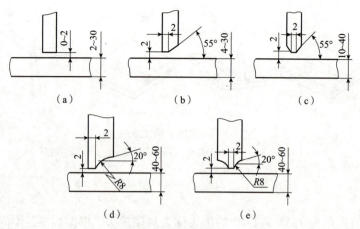

图1-7　T形接头

（a）不开坡口；（b）单边V形坡口；（c）K形坡口；（d）单边U形坡口；（e）双边U形坡口

3. 角接接头

角接接头是两被焊工件端面间构成大于30°、小于135°夹角的接头。角接接头的坡口形状及尺寸，如图1-8所示。

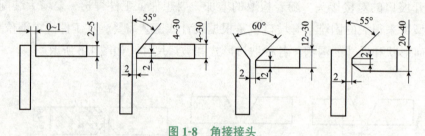

图1-8　角接接头

（a）不开坡口；（b）单边V形坡口；（c）V形坡口；（d）K形坡口

4. 搭接接头

搭接接头是把两被焊工件部分重叠在一起，以角焊缝连接，或加上塞焊缝、槽焊缝连接起来的接头。这种接头消耗的钢板多，增加了结构的自重，在受外力作用时，因两工件不在同一平面上，能产生很大的力矩，使焊缝应力复杂，所以搭接接头的承载能力低，在结构设计中应尽量避免采用这种接头形式。搭接接头的形式，如图1-9所示。

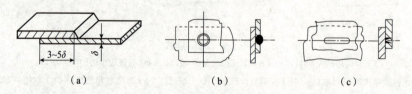

图1-9　搭接接头

（a）不开坡口；（b）圆孔内塞焊；（c）长孔内塞焊

5. 其他接头形式

（1）端接接头。端接接头是两被焊工件重叠放置或两被焊工件之间夹角不大于30°，并在端部进行连接的接头。这种接头常用于密封，如图 1-10 所示。

（2）十字接头。由三个工件装配成十字形状的接头称为十字接头，如图 1-11 所示。

图 1-10　端接接头　　　　　　　　　图 1-11　十字接头

（3）卷边接头。工件端部预先卷边，焊后卷边只部分熔化的接头称为卷边接头，如图 1-12 所示。

（4）套管接头。将一根直径稍大的短管套于要连接的两根管子上构成的接头称为套管接头，如图 1-13 所示。

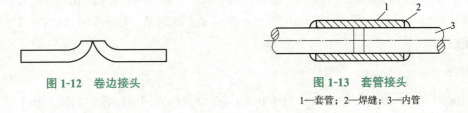

图 1-12　卷边接头　　　　　　　　图 1-13　套管接头
　　　　　　　　　　　　　　　1—套管；2—焊缝；3—内管

此外，T 形接头、十字接头和角接接头焊缝处于平焊位置进行的焊接称为船形焊。在工程上常遇到的水平固定管的焊接，因为管子在 360° 的焊接中，有平焊、立焊、仰焊几种焊接位置，所以称为全位置焊。

二、焊缝形式

焊接时，焊缝所处的空间位置称为焊缝的空间位置（简称焊接位置），可用焊缝倾角和焊缝转角来表示。焊缝倾角是指焊缝轴线与水平面之间的夹角，如图 1-14 所示。焊缝转角是指焊缝中心线（焊缝根部和盖面层中心连线）与水平参照面 $-Y \sim +Y$ 轴之间的夹角，如图 1-15 所示。焊缝的空间位置分为平焊位置、横焊位置、立焊位置、仰焊位置四种形式，如图 1-16 所示。

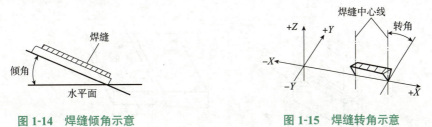

图 1-14　焊缝倾角示意　　　　　　　图 1-15　焊缝转角示意

1. 平焊

焊缝倾角为 0°，焊缝转角为 90° 的焊接位置称为平焊位置，如图 1-16（a）所示。在平焊位置进行的焊接称为平焊。由于焊缝处于水平位置，操作容易，可选用较大直径的焊条和较大的焊接电流焊接，也可选用多种运条方式进行焊接。

2. 横焊

焊缝倾角为 0°、180°，焊缝转角为 0°、180° 的焊接位置称为横焊位置，如图 1-16（b）所示。在横焊位置进行的焊接称为横焊。由于熔滴和熔池中的熔化金属受重力作用，容易下淌产生焊瘤、咬边等缺陷。进行横焊时，应尽可能将上边工件切成斜边（坡口），以便由下边工件形成一个横台托住熔化金属。操作时应采用短弧焊接，并选用较小的焊条直径和较小的焊接电流，以及适当的运条方式。

3. 立焊

焊缝倾角为 90°（立向上）、270°（立向下）的焊接位置称为立焊位置，如图 1-16（c）所示。在立焊位置进行的焊接称为立焊。和横焊一样，熔滴和熔池中的熔化金属受重力作用，容易下淌产生焊瘤，造成焊缝成型困难，也应采用短弧焊接，并选用比平焊小的焊条直径和焊接电流。一般立焊时，应采用直径小于 4 mm 的焊条，比平焊小 10% ～ 15% 的焊接电流。

4. 仰焊

焊缝倾角为 0°、180°，焊缝转角为 270° 的焊接位置称为仰焊位置，如图 1-16（d）所示。在仰焊位置进行的焊接称为仰焊，这是最难操作的一个焊接位置。由于工件位于燃烧电弧的上方，熔化金属形成的液态熔滴受重力作用，易下滴，熔池形状和大小不易控制，易出现未焊透、夹渣等焊接缺陷。因此，施焊时要选用小直径焊条，选用的焊接电流要比平焊时小 15% ～ 20%，并采用短弧焊接。仰焊生产率最低，焊接质量较难保证，在设计与制造焊接结构时，应尽量避免采用仰焊。

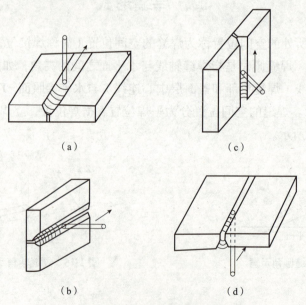

（a）　　　　　　　　　　　（c）

（b）　　　　　　　　　　　（d）

图 1-16　焊接位置
（a）平焊位置；（b）横焊位置；（c）立焊位置；（d）仰焊位置

三、焊接坡口

厚板焊接时，经常需要开坡口。开坡口的目的是保证焊接电弧能深入焊缝根部，使根部焊透，以及便于清除熔渣，获得良好的焊缝成型，而且坡口的大小和形状能起到调节母材金属和填充金属比例的作用。

1. 坡口形式的选取原则

（1）满足工件的可焊透性，方便焊接操作。这是选择坡口形式的重要依据之一，一般要根据构件能否翻转，翻转难易或内、外两侧的焊接条件而定。对不需要翻转和内径较小的容器、转子及轴类的对接焊缝，为了避免大量的仰焊或内侧施焊，宜用 V 形或 U 形坡口。

（2）节省焊接材料。对于同样厚度的焊接接头，采用 X 形坡口比 V 形坡口能节省较多的焊接材料、电能和工时。构件越厚，节省焊材、电能及工时越多，成本越低。

（3）焊接变形小。在焊接厚板时，如果选用不适当的坡口形式，就容易产生较大的焊接变形，如板对接平焊时，V 形坡口的角变形就大于 X 形坡口。因此，尽量选择合理的坡口形式，有效地减少焊接变形。

（4）坡口形状加工容易。V 形坡口和 X 形坡口可用氧－乙炔或等离子弧切割，也可用机械切削加工。对于 U 形或双 U 形坡口，一般需要刨边机加工。在圆筒体上加工困难，应尽量减少开 U 形坡口。

2. 坡口形式及选择

焊接接头的坡口形式，按形状不同分为基本型、组合型及特殊型三类。基本坡口形式有 I 形坡口、V 形坡口、X 形坡口和 U 形坡口；其他类型的坡口是在基本坡口形式上发展起来的，如图 1-17 所示。应根据工件的厚度、接头类型选择适当的坡口形式和坡口尺寸，选择时参见国家标准《气焊、焊条电弧焊、气体保护焊和高能束焊的推荐坡口》（GB/T 985.1—2008）及《埋弧焊的推荐坡口》（GB/T 985.2—2008）。

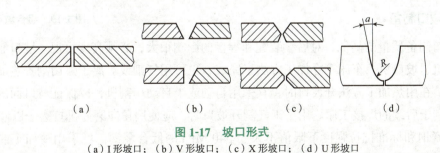

（a）　　　　　（b）　　　　　（c）　　　　　（d）

图 1-17　坡口形式

（a）I 形坡口；（b）V 形坡口；（c）X 形坡口；（d）U 形坡口

坡口的几何尺寸如图 1-18 所示。

（1）坡口面。工件上的坡口表面称为坡口面。

（2）坡口面角度 α 及坡口角度。工件表面的垂直面与坡口面之间的夹角称为坡口面角度，两坡口面之间的夹角称为坡口角度。开单面坡口时，坡口角度等于坡口面角度；开双面对称坡口时，坡口角度等于两倍的坡口面角度。

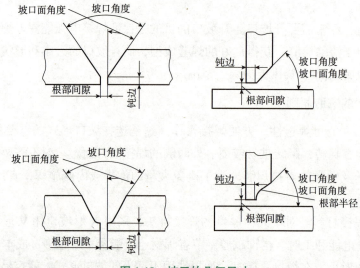

图 1-18 坡口的几何尺寸

（3）根部间隙。焊前在接头根部之间预留的空隙称为根部间隙。

（4）钝边。工件开坡口时，沿工件接头坡口根部的端面直边部分称为钝边，它在焊接时能避免工件被烧穿。

（5）根部半径。在 J 形、U 形坡口底部的圆角半径即根部半径。

为适应焊接工艺的特殊要求，可将基本坡口进行组合，以形成比较特殊的焊缝坡口。如厚壁圆筒形容器的环缝采用内壁焊条电弧焊、外壁埋弧焊的焊接工艺，为减少焊条电弧焊的工作量，筒体内壁可采用较浅的 V 形坡口，而外壁为减少埋弧焊的工作量，采用 U 形坡口，如图 1-19 所示。

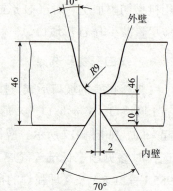

图 1-19 组合坡口

3. 坡口制备

坡口制备质量的高低，对后续装配和焊接的影响很大，必须高度重视。坡口制备既可用刨边机、坡口机、车床等冷加工方法来完成，也可用气割或等离子弧切割等热加工方法来完成。在用热加工方法开坡口时，宜采用自动或半自动切割机，以保证坡口面的光滑平整，有利于后续的焊接工序。用手工气割开坡口时，应使用角向磨光机打磨予以修整。

碳素钢和标准抗拉强度下限值不大于 540 MPa 的低合金钢，可采用冷加工或热加工方法制备坡口。

耐热型低合金钢和高合金钢，标准抗拉强度下限值不大于 540 MPa 的强度型低合金钢，宜采用冷加工方法制备坡口。坡口的形式和尺寸确定以后，坡口的加工精度对接头的焊接质量与焊接经济性的影响很大。要确保加工精度，应避免因坡口加工精度造成的焊接缺陷。

4. 坡口的清理

（1）清理坡口的目的是清除坡口表面上的油、铁锈、水分及其他有害杂质，以保证焊接质量。

（2）清理坡口时，可采用机械方法或化学方法将坡口表面及两侧 10 mm（焊条电弧焊）或 20 mm（埋弧焊、气体保护焊）范围内的污物清理干净。

四、焊缝符号表示法

焊缝符号是标在工件图样上、指导焊接操作者施焊的主要依据。焊接操作者应清楚焊缝符号的标注方法及其含义。

1. 焊缝符号

在《焊缝符号表示法》（GB/T 324—2008）中，焊缝符号一般由基本符号和指引线构成，有时还可以加上补充符号和焊缝尺寸符号。图形符号的比例、尺寸和在图样上的标注方法执行《技术制图 焊缝符号的尺寸、比例及简化表示法》（GB/T 12212—2012）的标注方法和图样有关规定。基本符号是表示焊缝截面形状的符号，见表 1-1。常用的焊缝补充符号见表 1-2，焊缝符号的应用见表 1-3，尺寸符号的含义及标注的位置见表 1-4，焊缝尺寸的标注见表 1-5。为完整表达焊缝，除了上述符号还包括指引线、尺寸符号、数据等，如图 1-20 所示。

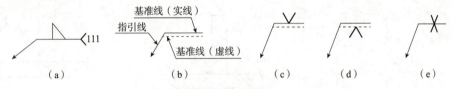

（a）　　　　　　（b）　　　　　　（c）　　　　　　（d）　　　　　　（e）

图 1-20　指引线及其标注

（a）角焊缝采用焊条电弧焊；（b）指引线组成；（c）焊缝在接头的箭头侧；
（d）焊缝在接头的非箭头侧；（e）双面焊缝

表 1-1　常见的基本符号〔摘自《焊缝符号表示法》（GB/T 324—2008）〕

名称	基本符号	示意图	标注示例
I 形焊缝	‖		
V 形焊缝	V		
单边 V 形焊缝	V		

名称	基本符号	示意图	标注示例
带钝边 V 形焊缝	Y		
带钝边单边 V 形焊缝	Y		
带钝边 U 形焊缝	Y		
带钝边 J 形焊缝	Y		
封底焊缝	⌣		
角焊缝	◺		
点焊缝	○		

表 1-2　焊缝的补充符号〔摘自《焊缝符号表示法》(GB/T 324—2008)〕

名称	符号	示意图	标注示例	说明
平面	—			平齐的 V 形焊缝，焊缝表面经过加工后平整
凹面	⌣			角焊缝表面凹陷

名称	符号	示意图	标注示例	说明
凸面	⌢			双面 V 形焊缝，焊缝表面凸起
圆滑过渡	⌣			表面平滑过渡的角焊缝
永久衬垫	⎡M⎤			V 形焊缝背面的衬垫永久保留
临时衬垫	⎡MR⎤			V 形焊缝背面的衬垫在焊接完成后拆除
三面焊缝	⊏			三面带有（角）焊缝，符号开口方向与实际方向一致
周围焊缝	○			沿着工件周围施焊的焊缝，周围焊缝符号标注在基准线与箭头线的交点处
现场焊缝	▶			在现场焊接的焊缝
尾部	<	$N=4/m$		有 4 条相同的角焊缝采用焊条电弧焊

表 1-3　焊缝符号的应用

示意图	标注示例	说明
		表示 V 形坡口焊缝的背面底部有垫板
	111	工件三面带有焊缝，焊接方法为焊条电弧焊
		表示在施工现场沿工件周围施焊

表 1-4　尺寸符号的含义及标注的位置〔摘自《焊缝符号表示法》(GB/T 324—2008)〕

名称	符号	标注位置
工件厚度	δ	
坡口角度	α	
坡口面角度	β	
根部间隙	b	
钝边	p	
坡口深度	H	
焊缝宽度	c	
焊缝余高	h	
焊缝有效厚度	S	
根部半径	R	
焊脚尺寸	K	
焊缝长度	l	
焊缝间距	e	
焊缝段数	n	
相同焊缝数量	N	

表 1-5　焊缝尺寸的标注

序号	名称	示意图	尺寸符号	标注方法
1	对接焊缝		S：焊缝有效厚度	$c \sqsubset nxl\,(e)$
2	连续角焊缝		K：焊脚尺寸	$d \sqsubset nx\,(e)$
3	断续角焊缝		l：焊缝长度 e：焊缝间距 n：焊缝段数 K：焊脚尺寸	$d \bigcirc nx\,(e)$
4	交错断续角焊缝		l：焊缝长度 e：焊缝间距 n：焊缝段数 K：焊脚尺寸	$c \ominus nxl\,(e)$

序号	名称	示意图	尺寸符号	标注方法
5	塞焊缝或槽焊缝	S Y	l: 焊缝长度 e: 焊缝间距 n: 焊缝段数 K: 焊脚尺寸	
		K	e: 焊缝间距 n: 焊缝段数 d: 孔径	
6	点焊缝	K $n \times l$ (e)	n: 焊点数量 e: 焊缝焊点距 d: 熔核直径	
7	缝焊缝	$\dfrac{K}{K}$ $\dfrac{n \times l}{n \times l}$ $\dfrac{(e)}{(e)}$	l: 焊缝长度 e: 焊缝间距 n: 焊缝段数 K: 焊脚尺寸	

2. 焊缝尺寸符号及数据标注原则

（1）焊缝横截面上的尺寸标在基本符号的左侧，如钝边高度 p、坡口深度 H、焊脚尺寸 K、焊缝余高 h、焊缝有效厚度 S、根部半径 R、焊缝宽度 c、熔核直径 d 等。

（2）焊缝长度方向尺寸标注在基本符号的右侧，如焊缝长度 l、焊缝间距 e 等。

（3）坡口角度、根部间隙等尺寸标在基本符号的上面或下面。

（4）相同的焊缝数量符号标在基准线尾部。

（5）当需要标注的尺寸数据较多又不易分辨时，可在数据前面增加相对应的尺寸符号。

当箭头线方向变化时，上述标注原则不变。

3. 焊接接头的简化标注

在《技术制图 焊缝符号的尺寸、比例及简化表示法》（GB/T 12212—2012）中还规定了某些情况下焊接接头的简化标注方法，如图 1-21 所示。

为了简化焊接方法的标注和文字说明，可采用国家标准《焊接及相关工艺方法代号》（GB/T 5185—2005）规定的用阿拉伯数字表示的金属焊接及钎焊等各种焊接方法的代号，见表 1-6。

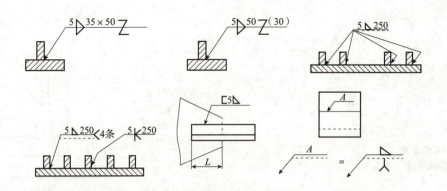

图 1-21　焊接接头的简化标注

表 1-6　焊接方法代号

序号	焊接方法	代号	序号	焊接方法	代号
1	电弧焊	1	11	气焊	3
2	焊条电弧焊	111	12	氧－乙炔气焊	311
3	埋弧焊	12	13	氧－丙烷焊	4
4	二氧化碳气体保护焊	135	14	压焊	41
5	熔化极惰性气体保护焊	131	15	超声波焊	41
6	钨极惰性气体保护焊	141	16	摩擦焊	42
7	电阻焊	2	17	扩散焊	45
8	电阻点焊	21	18	爆炸焊	441
9	电阻缝焊	22	19	电渣焊	72
10	电阻对焊	25	20	螺柱焊	78

【任务实施】

从任务描述中的图 1-1 可知，该支架为焊接组合件，形状规则对称，有 7 处接缝需焊接完成，焊后需机械加工达到图样尺寸要求。要求根据施工图样分析焊接基本技术要求、工件重要结构信息，以及不同工件间的焊缝连接情况。

一、分析工件基本信息

1. 基本技术要求

根据图 1-1 可知：工件 1、工件 2、工件 3 材料均为 Q235B；各焊缝均用焊条电弧焊焊接；所有焊缝应连续无缺陷；各零件下料方式为气割。

2. 工件重要结构信息

从零件图样上看：工件 1 圆筒为一个 ϕ 60 mm × 65 mm 的短管；工件 2 支撑板为 $t =$

20 mm 的钢板；工件 3 底板为 100 mm × 150 mm、$t = 20$ mm 的钢板，工件 3 底板上钻中心距离为 90 mm 的两个 ϕ 22 mm 圆孔。

二、工件连接情况

1. 工件 1 与工件 2 的焊缝连接

根据图 1-1 可知，如果部件按主视图水平固定时，在工件 1 圆筒与工件 2 支撑板的焊缝符号

111⟩⌒6⟍○ 中，根据《焊缝符号表示法》（GB/T 324—2008）的规定，焊缝指引线"⟍⟋"

表示焊缝在接头的箭头所指示一侧，焊缝基本符号"⟍"表示该焊缝为角焊缝，符号中的"⟍"

表示该角焊缝为表面凹陷；数字"6"表示该角焊缝的焊脚尺寸，焊缝补充符号"○"

表示为全位置周围施焊。根据标准规定，焊缝补充符号尾部符号"<"及后面的数字

"111"表示该焊缝用焊条电弧焊完成。

2. 工件 2 与工件 3 的焊缝连接

如果部件按主视图水平固定时，在工件 2 支撑板与工件 3 底板的焊缝符号"⟍⌐6▷⟨111"

中，根据标准规定，焊缝指引线"⟍▷"为角接连续对称焊缝，焊缝基本符号"▷"

表示上下对称角焊缝，焊缝补充符号"⌐"表示三面施焊焊缝；数字"6"表示该角焊缝

的焊脚尺寸。根据标准规定，焊缝补充符号尾部符号"<"及后面的数字"111"表示该焊

缝用焊条电弧焊完成。

按主视图水平固定时，工件 2 支撑板与工件 3 底板在仰焊的位置上，还有一处焊缝符

号"111⟩⟍6⟍⟋"。根据标准规定，焊缝指引线"⟍⟋"表示焊缝在接头的箭头所指示一

侧，焊缝基本符号"⟍"表示该焊缝为角焊缝；数字"6"表示该角焊缝的焊脚尺寸。根

据标准规定，焊缝补充符号尾部符号"<"及后面的数字"111"表示该焊缝用焊条电弧焊

完成。

3. 工件 3 与工件 4 的焊缝连接

在支架俯视图中，工件 3 底板与工件 4 的连接焊缝符号为"111⟩22⌐ 2 × 90 ▶"，根据

标准规定，焊缝指引线表示用塞焊缝焊接，其中，焊缝基本符号"⌐"表示该

焊缝为塞焊缝；焊缝补充符号"▶"表示该焊缝在施工现场或施工工地上进行焊接；数

字"22"表示该塞焊缝是在 ϕ 22 mm 的孔中塞焊；"2 × 90"中，"2"表示有两处塞焊缝；

"90"表示这两处塞焊缝间距为 90 mm。根据标准规定，焊缝补充符号尾部符号"<"及后

面的数字"111"表示该焊缝用焊条电弧焊完成。

焊接图的识读评分标准，见表1-7。

表1-7　焊接图的识读评分标准

序号	评分项目	评分标准	配分	得分
1	111 6 ⌒ ○	指引线、基准线、补充符号共计7个，指出它们表示的含义，每个5分	35	
2	6 111	补充符号共计3个，指出它们表示的含义，每个5分	15	
3	111 6	补充符号共计3个，指出它们表示的含义，每个5分	15	
4	111 22 □ 2×90	指引线、基准线、补充符号共计7个，指出它们表示的含义，每个5分	35	
合计			100	

任务二　焊接设备及工具的使用

◎学习目标：了解焊接电源的结构特点、使用及维护方法；掌握焊接常用工具、量具的使用方法。

◎学习重点：电焊机的安装调试和安全使用方法。

◎学习难点：电焊机的安装调试和安全使用方法。

【任务描述】

焊接电源是为电弧提供电能的一种装置，也就是利用焊接电弧产生的热量来熔化焊条和工件，实现焊接过程的电气设备。操作者除应掌握常用焊接设备的安全使用外，还应学会常用工具、量具的使用方法。

【任务分析】

弧焊电源是供电设备，在使用过程中要注意：一是操作者的安全，不要发生人身触电事故；二是对弧焊电源的正常运行和维护保养，不应发生损坏弧焊电源的事故。

为了安全正确地使用弧焊电源，应注意如下几个方面。

（1）应尽可能将弧焊电源放在通风良好、干燥的场所，不靠近高温和空气粉尘多的地方。弧焊整流器要特别注意保护和冷却。

（2）弧焊电源的接线和安装应由专门的电工负责，焊工不应自行动手。

（3）弧焊变压器和弧焊整流器必须接地，以防机壳带电。

（4）弧焊电源接入电网时，必须使两者电压相符合。

（5）启动弧焊电源时，电焊钳和工件不能接触，以防短路。在焊接过程中，也不能长时间短路，特别是弧焊整流器，在大电流工作时，产生短路会使硅整流器损坏。

（6）应按照弧焊电源的额定焊接电流和负载持续率来使用，不要使弧焊电源因过载而损坏。

（7）经常保持焊接电缆与弧焊电源接线柱的接触良好，并注意紧固螺母。

（8）调节焊接电流和变换极性接法时，应在空载下进行。

（9）露天使用时，要防止灰尘和雨水侵入弧焊电源内部。

（10）弧焊电源移动时不应受剧烈振动，特别是硅整流弧焊电源更忌振动，以免影响工作性能。

（11）要保持弧焊电源的清洁，特别是硅整流弧焊电源，应定期用干燥压缩空气吹净内部的灰尘。

（12）当弧焊电源发生故障时，应立即将弧焊电源的电源切断，并及时进行检查和修理。

（13）工作完毕或临时离开工作场地时，必须及时切断弧焊电源的电源。

【相关知识】

一、焊接电源

焊接电源是电弧焊设备的主要部分，是根据电弧放电规律和弧焊工艺对电弧燃烧状态的要求而供应电能的一种装置。焊条电弧焊的弧焊电源的作用是为焊接电弧稳定燃烧提供所需要的、合适的电流和电压。

1. 焊条电弧焊对弧焊电源的要求

（1）对弧焊电源外特性的要求。焊接电源在稳定的工作状态下，输出端焊接电压和焊接电流之间的关系称为弧焊电源的外特性。弧焊电源的外特性基本上有下降外特性、平外特性、上升外特性三种类型。下降外特性又分为缓降特性、陡降特性两种。

（2）适当的空载电压。焊条电弧焊电源空载电压一般为 50 ～ 90 V，可以满足焊接过程中不断引弧的要求。空载电压高虽然容易引弧，但不是越高越好，因为空载电压过高，容易造成触电事故。

（3）适当的短路电流。弧焊电源稳态短路电流是弧焊电源所能稳定提供的最大电流，即输出端短路时的电流。稳态短路电流太大，焊条过热，易引起药皮脱落，并增加熔滴过渡时的飞溅；稳态短路电流太小，则会使引弧和焊条熔滴过渡产生困难。因此，焊条电弧焊电源稳态短路电流为焊接电流的 1.25 ～ 2 倍。

（4）具有良好的动特性。动特性用来表示弧焊电源对负载瞬变的快速反应能力。动特性良好的弧焊电源，焊接过程中电弧柔软、平静、富有弹性，容易引弧，电弧稳定、飞溅小。

（5）具有良好的调节特性。在焊接中，根据焊接材料的性质、厚度、焊接接头的形式、位置及焊条直径等不同，需要选择不同的焊接电流。这就要求弧焊电源能在一定范围内，对焊接电流做均匀、灵活的调节，以便有利于保证焊接接头的质量。焊条电弧焊电源的电流调节范围为弧焊电源额定焊接电流的 0.25 ～ 1.2 倍。

2. 弧焊电源的分类

弧焊电源按电流性质可分为直流电源和交流电源；按结构原理不同可分为弧焊变压器、弧焊整流器和弧焊逆变器。

（1）弧焊变压器。弧焊变压器也称为交流弧焊电源，是最简单弧焊电源。弧焊变压器的作用是将电网中的交流电变成适于电弧焊的低压交流电。它具有结构简单、成本低、效率高、磁偏吹小、噪声小、效率高等优点，但电弧稳定性较差，功率因数较低。常用的弧焊变压器型号有 BX1-300、BX3-500、BX2-1000 等。

（2）弧焊整流器。弧焊整流器是把交流电经降压整流后获得直流电的电器设备。它具有制造方便、价格低、空载损耗小、电弧稳定和噪声小等优点，且大多数（如晶闸管式、晶体管式）可以远距离调节焊接参数，能自动补偿电网电压波动对输出电压、电流的影响。常用的国产晶闸管弧焊整流器型号有 ZXG7-300、ZX5-400、ZX5-630 等。ZX5-400 晶闸管弧焊整流器，如图 1-22 所示。

（3）弧焊逆变器。弧焊逆变器也称为逆变电源，是把单相或三相交流电经整流后，由逆变器转变为几百至几万赫兹的中频交流电，经降压后输出交流或直流电。它具有高效、节能、质量轻、体积小、功率因数高和焊接性能好等独特的优点。常用的国产弧焊逆变器型号有 ZX7-250、ZX7-400、ZX7-630 等。ZX7-400S 弧焊逆变器，如图 1-23 所示。

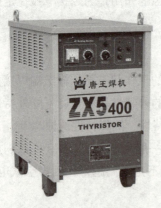

图 1-22　ZX5-400 晶闸管弧焊整流器　　　　图 1-23　ZX7-400S 弧焊逆变器

3. 弧焊电源的型号及技术参数

（1）弧焊电源的型号。根据《电焊机型号编制方法》（GB/T 10249—2010）的规定，弧焊电源型号采用汉语拼音字母和阿拉伯数字表示。弧焊电源型号的各项编排次序及含义如下。

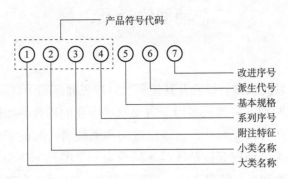

1）第一项，大类名称：B 表示弧焊变压器；Z 表示弧焊整流器。

2）第二项，小类名称：X 表示下降特性；P 表示平特性；D 表示多特性。

3）第三项，附注特征：可以省略，表示一般电源；也可用字母表示，M 表示脉冲电源，E 表示交直流两用电源，L 表示高空载电压，G 表示硅整流。

4）第四项，系列序号：区别同小类的各系列和品种。弧焊变压器中"1"表示动铁系列，"3"表示动圈系列；弧焊整流器中"1"表示动铁系列，"3"表示动圈系列，"5"表示晶闸管系列，"7"表示逆变系列。

5）第五项为基本规格，表示额定焊接电流。

6）第六项为派生代号，用汉语拼音字母表示。

7）第七项为改进序号，用阿拉伯数字表示。

前四项为产品符号代码，当第三项和第四项不需表示时，可只用第一项和第二项；当第六项和第七项不需表示时，也可空缺。

BX3-500：动圈系列的弧焊变压器，具有下降外特性，额定焊接电流为 500 A。

ZX7-400：逆变系列弧焊整流器，具有下降外特性，额定焊接电流为 400 A。

（2）弧焊电源的技术参数。电焊机除了有规定的型号，在其外壳均标有铭牌，铭牌标明了主要技术参数，如负载持续率等可供安装、使用、维护等工作参考。

1）额定值。额定值是对焊接电源规定的使用限额，如额定电压、额定电流和额定功率等。按额定值使用弧焊电源，是最经济合理、安全可靠的，既充分利用了设备，又保证了设备的正常使用寿命。超过额定值工作称为过载，严重过载将会使设备损坏。在额定负载持续率工作允许使用的最大焊接电流，称为额定焊接电流。额定焊接电流不是最大焊接电流。

2）负载持续率。负载持续率是指弧焊电源负载的时间与整个工作时间周期的百分率，用公式表示如下：

$$负载持续率 = \frac{弧焊电源负载时间}{整个工作时间周期} \times 100\%$$

我国对 500 A 以下焊条电弧焊电源，工作时间周期定为 5 min，如果在 5 min 内负载的时间为 3 min，那么负载持续率为 60%。

二、辅助设备及工具

1. 面罩

面罩是防止焊接时的飞溅、弧光及其他辐射对焊工面部和颈部损伤的一种遮盖工具，其有手持式和头盔式两种，头盔式多用于需要双手作业的场合，如图 1-24（a）、图 1-24（b）所示。面罩正面开有长方形孔，内嵌白玻璃和黑玻璃。黑玻璃起减弱弧光和过滤红外线、紫外线作用。黑玻璃按亮度的深浅不同分为 6 个型号（7～12 号），号数越大，色泽越深。应根据年龄和视力情况选用，一般常用 9～10 号。白玻璃仅起保护黑玻璃的作用。

应用现代微电子和光控技术研制而成的光控面罩，如图 1-24（c）所示，在弧光产生的瞬间自动变暗；弧光熄灭的瞬间自动变亮，非常便于焊工的操作。

（a）　　　　　　　　　（b）　　　　　　　　　（c）

图 1-24　焊接面罩
（a）手持式；（b）头盔式；（c）光控面罩

2. 焊钳

焊钳是用以夹持焊条（或碳棒）并传导电流以进行焊接的工具。焊接对焊钳有如下要求。

（1）焊钳必须有良好的绝缘性与隔热能力。

（2）焊钳的导电部分采用紫铜材料制成，保证有良好的导电性。与焊接电缆连接应简便可靠，接触良好。

（3）焊条位于水平、45°、90° 等方向时，焊钳应能夹紧焊条，更换焊条方便，并且质量轻，便于操作，安全性高。

常用焊钳有 300 A、500 A 两种规格，其技术参数见表 1-8。焊钳的构造如图 1-25 所示。

表 1-8　焊钳技术参数

型号	额定电流 /A	电缆孔径 /mm	适用的焊条直径 /mm	质量 /kg	长 × 宽 × 高（mm × mm × mm）
G352	300	14	2～5	0.5	250 × 80 × 40
G582	500	18	4～8	0.7	290 × 100 × 45

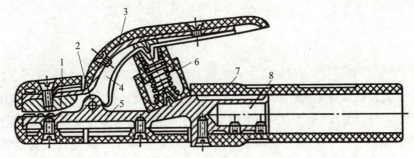

图 1-25　电焊钳的构造

1—钳口；2—固定销；3—弯臂罩壳；4—弯臂；5—直柄；6—弹簧；7—胶布手柄；8—焊接电缆固定处

3. 焊条保温筒

焊条保温筒能使焊条从烘箱内取出后放在保温筒内继续保温，以保持焊条药皮在使用过程中的干燥度。焊条保温筒在使用过程中，先连接在弧焊电源的输出端，在弧焊电源空载时通电加热到工作温度 150 ～ 200 ℃后再放入焊条。装入电焊条时，应将电焊条斜滑入筒内，防止直捣保温筒底。并且在焊接过程中断时应接入弧焊电源的输出端，以保持焊条保温筒的工作温度。

4. 辅助工具

常用的工具主要有敲渣锤、錾子、钢丝刷、角向磨光机等，如图 1-26 所示。

（a）　　　　　　（b）　　　　　　（c）　　　　　　（d）

图 1-26　常用工具

（a）敲渣锤；（b）錾子；（c）钢丝刷；（d）角向磨光机

【任务实施】

电焊机的安装调试和安全使用方法，训练任务的实施应按以下步骤进行。

一、准备工作

（1）按规定穿戴好焊接劳动保护服装和用品，如工作服、工鞋、工帽、皮焊接手套。准备辅助工具，如面罩、护目镜、扳手、钳子等必备工具。选择焊接电缆线长为 20 m，横截面面积为 35 mm^2。

（2）弧焊设备：电焊机。

二、实际操作

1. 电焊机动力线的安装

接线时，应根据弧焊电源铭牌上所标的初级电压值确定接入方案。初级电压有380 V的，也有220 V的，还有380 V/220 V两用的，必须使线路电压与弧焊电源规定电压一致。将选择好的熔断器、开关装在开关板上，开关板固定在墙上，并接入具有足够容量的电网。用选好的动力线将弧焊电源输入端与开关板连接。弧焊电源的一次电源线，长度一般不宜超过3 m。当有时任务需要较长的电源线时，应沿墙或立柱用瓷瓶隔离布设，其高度必须距地面2.5 m以上，不允许将电源线拖在地面上。

2. 电焊机接地线的安装

为了防止外壳带电而引起触电事故，弧焊电源外壳必须可靠接地。接地线应选用单独的多股软线，其截面面积不小于相线截面面积的1/2。接地线与机壳的连接点应保证接触良好，连接牢固。接地线另一端可与地下水管或金属架相接（接触必须良好），但不可接在地下气体管道上，以免引起爆炸。最好安装接地极，它可用金属管（壁厚大于3.5 mm，直径大于25mm，长度大于2 m）或用扁铁（厚度大于4 mm，截面面积大于48 mm^2，长度大于2 m）埋在地下0.5 m深处即可。

3. 焊接电缆的安装

在安装焊接电缆之前，根据弧焊电源的最大焊接电流，选择一定横截面面积，长度不超过20 m的焊接电缆。电缆的一端均接上电缆铜接头，另一端分别装上焊钳或地线卡头。铜接头要牢牢卡在电缆端部的铜线上，并且要灌锡，以保证接触良好和具有一定的接合强度。

【任务评价】

弧焊电源安装评分标准，见表1-9。

表1-9　弧焊电源安装评分标准

序号	操作内容	评分标准	配分	得分
1	弧焊电源正确接入电网	正确接入电网电压的，选择错误扣10分；正确接线，否则扣10分	20	
2	弧焊电源的接地	正确接地，否则扣10分	10	
3	弧焊电源输出回路的正确安装	正确选择焊接电缆、焊钳，否则扣10分；正确安装焊接电缆与弧焊电源，否则扣10分	20	
4	弧焊电源安装后的检查与验收	空载电压，达不到规定值扣6分；检查最小与最大焊接电流，缺项没有检验各扣6分	20	
5	焊接电缆与电缆铜接头的安装	接线牢固、可靠，否则扣6分	6	
6	焊接电缆与地线接头安装	安装牢固、可靠，否则扣6分	6	

序号	操作内容	评分标准	配分	得分
7	焊接电缆与焊钳的安装	安装牢固、可靠，否则扣 6 分	6	
8	安全操作规程	按达到规定的标准程度评定，否则扣 2～6 分	6	
9	安全文明生产	工作场地整洁，工具放置整齐合理；否则扣 2～6 分	6	
合计			100	

注：从开始接线计时，该任务 40 min 内完成，每超出 1 min，从总分中扣 2.5 分

任务三　常见焊接缺陷及检验

◎学习目标：了解焊接检验过程及分类；掌握常见的焊接缺陷的特征及影响因素；掌握焊缝外观检验的标准及方法。

◎学习重点：常见的焊接缺陷的特征及影响因素；焊缝外观检验的标准及方法。

◎学习难点：常见的焊接缺陷的特征及影响因素。

【任务描述】

在焊接接头中，因焊接产生的金属不连续、不致密或连接不良的现象称为焊接缺欠。超过规定限值的焊接缺欠，直接影响焊接接头的性能，对焊接结构的使用造成影响。焊接过程中，焊接接头产生的超过规定限值的焊接缺欠称为焊接缺陷。

焊接检验的目的是检验焊接缺陷，判断焊缝质量，为避免不合格品出厂提供依据；焊接检验也可以评定焊接工艺的正确性，方便及时改进焊接技术。焊接检验应贯穿焊接生产的全过程，以免焊接产品最后报废，进而减少原材料和工时的浪费。

【任务分析】

根据《金属熔化焊接头缺欠分类及说明》（GB/T 6417.1—2005）的规定，熔焊的焊接缺欠根据其性质、特征分为裂纹、孔穴、固体夹杂、未熔合及未焊透、形状和尺寸不良、其他缺欠六大类。

【相关知识】

一、焊接检验的过程

焊接检验的过程由焊前检验、焊接过程中的检验和焊后产品检验三个阶段组成。

1. 焊前检验

焊前检验的目的是通过对焊前准备的检查，预先防止和减少焊接时产生缺陷的可能性。

焊前检验的主要内容有：焊接产品图样和焊接工艺规程等技术文件是否齐备；母材及焊条、焊丝、焊剂、保护气体等焊接材料是否符合设计及工艺规程的要求；焊接坡口的加工质量和焊接接头的装配质量是否符合图样要求；焊接设备及其辅助工具是否完好；焊工是否具有上岗资格；等等。

2. 焊接过程中的检验

焊接过程中的检验目的是防止缺陷的形成和及时发现缺陷。其主要检验内容有：焊接设备的运行情况是否正常；焊接参数是否正确；焊接夹具在焊接过程中的夹紧情况等是否牢固；多层焊过程中对夹渣、气孔、未焊透等缺陷进行自检；焊接顺序及施焊方向是否正确；热处理工艺参数是否运用得当；等等。

3. 焊后产品检验

焊后产品检验的目的是确保产品的焊接质量，以保证其安全服役。其主要检验内容有焊缝外观质量及内部质量是否符合要求，产品（结构）的整体形状、尺寸及承载能力是否达到要求等。

二、焊接检验的分类

焊接检验可分为破坏性检验和非破坏性检验两类。

1. 非破坏性检验

非破坏性检验的方法主要有射线探伤、超声波探伤、磁粉探伤、渗透探伤、密封性检验和耐压试验等。射线探伤和超声波探伤主要检验焊缝内部的焊接缺陷；磁粉探伤和渗透探伤主要检验焊缝的表面缺陷。

2. 破坏性检验

破坏性检验的目的是测定焊接接头、焊缝金属的强度、塑性和冲击吸收功等力学性能；分析检查焊缝的化学成分及金相组织等，以确定它们是否可以满足产品设计或使用要求，并验证所选用的焊接工艺、焊接材料正确与否。检验所用的试件是从工件上切取的，或以产品的整体破坏做试验。破坏性检验包括力学性能试验、化学分析及试验、金相检验、焊接性试验等。

三、焊接缺陷的概念

焊接接头中超过规定限值的缺欠称为焊接缺陷。在焊接产品中要获得无缺陷的焊接接头，在技术上是相当困难的，也是不经济的。为了满足焊接产品的使用要求，应该把缺陷控制在一定的范围内，使其对焊接产品的运行不致产生危害。

焊接缺陷的种类很多，按其在焊缝中的位置不同，可分为外部缺陷和内部缺陷。外部缺陷位于焊缝表面，用肉眼或低倍放大镜就可以看到，或用着色等探伤方法能够显示出来；内部缺陷位于焊缝内部，可用超声波、射线探伤或破坏性检验方法来发现。

金属熔焊焊缝缺陷可分为六大类，即裂纹、孔穴、固体夹杂、未熔合和未焊透、形状和尺寸不良、其他缺欠。常见焊接缺陷及特征，见表 1-10。常见焊接缺陷的影响因素，见表 1-11。

表 1-10　常见焊接缺陷及特征

缺陷种类	特征
焊缝外形尺寸及形状	焊缝外形尺寸（如长度、宽度、余高、焊脚等）不符合要求，焊缝成型不良
咬边	工件表面上焊缝金属与母材交界处形成凹下的沟槽
焊瘤	焊缝边缘或工件背面焊缝根部存在未与母材熔合的金属堆积物
凹坑	焊缝末端收弧处的熔池未填充满，在凝固收缩后形成凹坑
气孔	存在于焊缝金属内部表面的孔穴
固体夹杂	残存在焊缝中的宏观非金属夹杂物
未焊透	焊接接头根部未完全熔透
未熔合	在母材与焊缝金属或焊缝层间有局部未完全熔化结合的部分（与裂纹等同对待）
裂纹	存在于焊缝金属或热影响区内部或表面的缝隙

表 1-11　常见焊接缺陷的影响因素

类别	名称	材料因素	工艺因素	结构因素
热裂纹	结晶裂纹	①焊缝金属中的合金元素含量高；②焊缝金属中的 P、S、C、Ni 含量较多；③焊缝金属中 Mn、S 的含量比不合适	①焊接热输入过大，使焊缝区的过热倾向增加，晶粒长大，引起结晶裂纹；②熔深与熔宽比过大；③焊接顺序不合适，焊缝不能自由收缩	①焊缝附近的刚度较大，如大厚度、高拘束度的构件；②接头形式不合适，如熔深较大的对接接头和各种角焊缝（包括搭接接头、T 形接头和外角焊缝）抗裂性差；③接头附近的应力集中（如密集、交叉的焊缝）
	熔化裂纹	母材中的 P、S、B 含量较多	①热输入过大，使过热区晶粒粗大，晶界熔化严重；②熔池形状不合适，凹度太大	①焊缝附近的刚度较大，如大厚度、高拘束度的构件；②接头附近的应力集中，如密集、交叉的焊缝
	高温失塑裂纹	—	热输入过大，使温度过高，容易产生裂纹	

类别	名称	材料因素	工艺因素	结构因素
冷裂纹	氢致裂纹	①钢中的碳或合金元素含量增高，使淬硬倾向增大；②焊接材料中的含氢量较高	①接头熔合区附近的冷却时间小于出现铁素体（800 ℃～500 ℃）的临界冷却时间，热输入过小；②未使用低氢焊条；③焊接材料未烘干，焊口及工件表面有水分、油污及铁锈；④焊后未进行保温处理	①焊缝附近的刚度较大，如材料的厚度大、拘束度高；②焊缝布置在应力集中区；③坡口形式不合适，如V形坡口的拘束应力较大
	淬火裂纹	①钢中的碳或合金元素含量增高，使淬硬倾向增大；②对于多组元合金的马氏体钢，焊缝中出现块状铁素体	①对冷裂倾向较大的材料，其预热温度未做相应的提高；②焊后未立即进行高温回火；③焊条选择不合适	—
	层状撕裂	①焊缝中出现片状夹杂物（硫化物、硅酸盐和氧化铝等）；②母材基体组织硬脆或产生时效脆化；③钢中的含硫量过多	①热输入过大，使拘束应力增加；②预热温度较低；③焊根裂纹的存在导致层状撕裂的产生	①接头设计不合理，拘束应力过大（如T形角焊、角接头和贯通接头）；②拉应力沿板厚方向作用
再热裂纹		①焊接材料的强度过高；②母材中Cr、Mo、V、B、S、P、Cu、Nb、N的含量较高；③热影响区粗晶区域的组织未得到改善（未减少或消除马氏体组织）	①回火温度不够高，持续时间过长；②焊趾处形成咬边而导致应力集中；③焊接顺序不对，使焊接应力增大；④焊缝的余高导致近缝区的应力集中	①结构设计不合理，造成应力集中（如对接焊缝和角焊缝重叠）；②坡口形式不合适，导致较大的拘束应力
气孔		①熔渣的氧化性增加时，由CO引起气孔的倾向增加；当熔渣的还原性增加时，则氢气孔的倾向增加；②工件或焊接材料不清洁（有铁锈、油类和水分等杂质）；③与焊条、焊剂的成分及保护气体的气氛有关；④焊条偏心，药皮脱落	①当电弧功率不变、焊接速度增大时，增加了产生气孔的倾向；②电弧电压太高（电弧过长）；③焊条、焊剂在使用前未进行烘干；④使用交流电源易产生气孔；⑤气体保护焊时，气体流量不合适	仰焊、横焊易产生气孔
固体夹杂		①焊条和焊剂的脱氧、脱硫效果不好；②熔渣的流动性差；③在原材料的夹杂中硫含量较高及硫的偏析程度较大	①焊接电流大小不合适，熔池搅动不足；②焊条药皮成块脱落；③多层焊时，层间清渣不够；④操作不当	立焊、仰焊易产生夹渣
未熔合		—	①焊接电流小或焊接速度快；②坡口或焊道有氧化皮、焊渣及氧化物等高熔点物质；③操作不当	—

类别	名称	材料因素	工艺因素	结构因素
未焊透		焊条偏心	①焊接电流小或焊接速度太快;②焊条角度不对或运条方法不当;③电弧太长或电弧偏吹	坡口角度太小,钝边太厚,间隙太小
形状缺陷	咬边	—	①焊接电流过大或焊接速度太慢;②在立焊、横焊和角焊时,电弧太长;③焊条角度和摆动不正确或运条不当	立焊、仰焊易产生咬边
	焊瘤	—	①焊接参数不当或电压过低,焊接速度不合适;②焊条角度不对或电极未对准焊缝;③运条不正确	坡口太小
	烧穿和下塌		①焊接电流过大,焊接速度太慢;②垫板托力不足	①坡口间隙过大;②薄板或管子的焊接易产生烧穿和下塌
	错边		①装配不正确;②焊接夹具质量不高	—
	角变形	—	①焊接顺序对角变形有影响;②在一定范围内,热输入增加,则角变形也增加;③反变形量未控制好;④焊接夹具质量不高	①角变形程度与坡口形状有关,如对接焊缝 V 形坡口的角变形大于 X 形坡口;②角变形与板厚有关,板厚为中等时,角变形最大;厚板、薄板的角变形较小
	焊缝尺寸形状不符合要求	①熔渣的熔点和黏度太高或太低都会导致焊缝尺寸、形状不合要求;②熔渣的表面张力较大,不能很好地覆盖焊缝表面,使焊纹粗、焊缝高、表面不光滑	①焊接参数不合适;②焊条角度或运条手法不当	坡口不合适或装配不均匀
其他缺陷			①坡口外引弧;②接地不良或电气接线不好	

四、焊缝外观检查

1. 检查的标准或依据

焊缝外观质量检查的依据,主要包括有关的国家标准、专业标准、产品技术条件、考试规则等文件。在上述几类标准或文件中,对焊缝外形尺寸的容许范围、各种表面缺陷的大小和数量,是否允许存在,以及检测手段都有明确的规定。

2. 外形和尺寸的检查

通常借助焊工常用的测量工具对焊缝的外形尺寸进行检查。常用的焊缝外形测量工具有焊缝万能量规（又称焊口检测器）、钢直尺、游标卡尺、样板及通用量具。检查时，用肉眼或用低倍（5～10倍）放大镜观察工件，以发现焊缝表面的缺陷，如气孔、表面裂纹、咬边、焊瘤、烧穿及焊缝尺寸偏差、焊缝成型等。检查前须将焊缝附近10～20 mm范围内母材的飞溅及污物清除干净。对于淬硬倾向比较大的合金钢，应检查两次，即焊接之后检查一次，经过15～30天再检查一次，以便查看是否有延迟裂纹出现。

3. 形状缺陷的评定

经外观检查的焊缝，应能达到以下要求。

（1）焊缝外观尺寸的要求须符合《气焊、焊条电弧焊、气体保护焊和高能束焊的推荐坡口》（GB/T 985.1—2008）的规定，见表1-12。

表1-12　焊缝外形尺寸的要求　　　　　　　　　　　　　　　　　　　mm

焊接方法	焊缝余高		焊缝余高差		焊缝宽度	
	平焊	其他位置	平焊	其他位置	每边比坡口增宽值	宽度差
手工焊、半自动焊	0～3	0～4	≤2	≤3	0.5～2.5	≤3
自动焊	0～3①	0～3	≤2	≤2	2～4	≤2
①对于厚度≥24 mm的埋弧焊工件，可取0～4 mm						

（2）工件焊后的变形角度应不大于3°，错边量应不大于10%δ（δ为工件厚度），如图1-27所示。

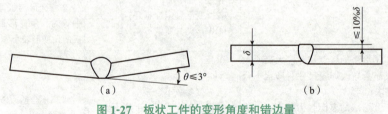

图1-27　板状工件的变形角度和错边量
（a）工件的变形角度；（b）工件的错边量

（3）焊缝表面不允许存在裂纹、未熔合和焊瘤等。焊条电弧焊表面的咬边、未焊透和背面凹坑应不超过表1-13中的规定。

表1-13　手工焊和半自动焊焊缝关于咬边、未焊透和凹坑的规定

缺陷名称	允许的最大尺寸
咬边	深度≤0.5 mm；焊缝两侧咬边总长度：板状工件不超过焊缝有效长度的15%，管状工件或管板工件不超过焊缝长度的20%
未焊透	深度≤15%δ，且深度≤1.5 mm；总长度不超过焊缝有效长度的10%（氩弧焊打底的工件不允许未焊透）
背面凹坑	当δ≤6 mm时，深度≤25%δ，且深度≤1 mm；当δ>6 mm时，深度≤20%δ，且深度≤2 mm；除仰焊位置的板状工件不做规定外，总长度不超过焊缝有效长度的10%

4. 焊缝检验尺及使用

焊缝检验尺是一种精密量规，用来测量工件、焊缝的坡口角度、装配间隙、错边及焊

缝的余高、焊缝宽度和角焊缝焊脚等。焊缝检验尺外形，如图 1-28 所示。焊缝检验尺的使用方法，如图 1-29 所示。

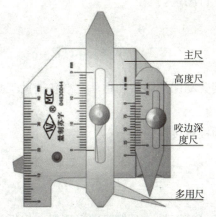

图 1-28　焊缝检验尺外形

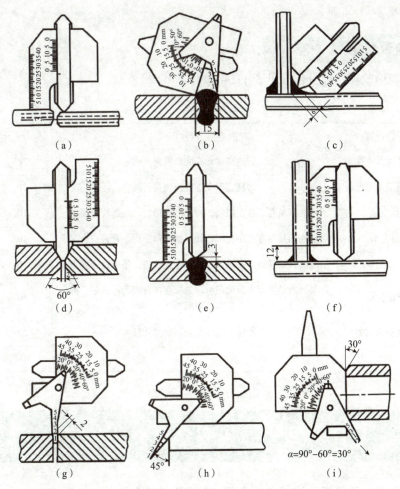

图 1-29　焊缝检验尺的使用方法

（a）测量错边；（b）测量焊缝宽度；（c）测量角焊缝厚度；（d）测量双 Y 形坡口角度；（e）测量焊缝余高；
（f）测量角焊缝焊脚；（g）测量焊缝间隙；（h）测量坡口角度；（i）测量管道坡口角度

准备板对接焊缝，并进行测量。

一、准备工作

（1）按规定穿戴好焊接劳动保护服装和用品。准备辅助工具，如焊缝检验尺、钢板尺等必备工具。

（2）装备被测工件，如板对接焊缝。

二、实际操作

使用焊缝检验尺、钢板尺等工具，对焊缝进行测量。根据测量结果判断焊缝是否符合标准。

【任务评价】

焊缝外观检验项目评分标准见表1-14。

表1-14　焊缝外观检验项目评分标准

序号	操作内容	评分标准	配分/分	得分/分
1	焊缝高度及高度差	焊缝高度和高度差测量正确	20	
2	焊缝宽度及宽度差	焊缝宽度及宽度差测量正确	20	
3	错变量	能够判断是否存在错边，如果存在错边，是否符合要求	10	
4	角变形	能够判断是否存在角变形，如果存在角变形，是否符合要求	10	
5	咬边	能够判断是否存在咬边，如果存在咬边，是否符合要求	10	
6	背面凹坑	能够判断是否存在背面凹坑，如果存在背面凹坑，是否符合要求	10	
7	焊缝表面成型	能够正确评价表面成型质量	20	
	合计		100	

任务四　焊接安全和文明生产

◎学习目标：了解焊接过程中的危害；掌握焊接安全防护技术和标准。

◎学习重点：焊接安全防护技术和标准。

◎学习难点：焊接安全防护技术和标准。

安全生产是指在生产经营活动中，为避免发生人员伤害和财产损失的事故，有效消除或控制风险和有害因素而采取一系列措施，使生产过程在符合规定的条件下进行，以保证从业人员的人身安全与健康及设备和设施免受损坏、环境免遭破坏，保证生产经营活动得以顺利进行的相关活动。

安全生产是保障企业生产作业能够有条不紊地进行的前提保障，是保障生命和财产不受损失的最后防线。安全生产事关国家繁荣稳定，企业兴衰成败、生死存亡。

【任务分析】

从事焊接作业的人员属于特种作业人员，焊接作业人员在进行焊接操作时可能会接触电、可燃及易爆气体、易燃液体、压力容器等，有时作业环境不良（如狭小空间、高空或水下等），并且在焊接过程中会产生有害气体、焊接烟尘、电弧辐射、高频磁场、热辐射、射线、金属飞溅和噪声等对人体健康有害的因素。如果焊接作业人员违反焊接操作规程，就可能引起触电、灼伤、火灾、爆炸、中毒、高空坠落等事故。这就要求焊接作业人员必须认真学习焊接安全知识，严格遵守焊接操作规程。

【相关知识】

一、焊接过程中的危害

焊接过程中产生的危害主要包括弧光辐射、焊接烟尘、有害气体、高频电磁场、噪声和射线等。各种焊接方法焊接过程中产生的危害，见表1-15。

表 1-15　各种焊接方法焊接过程中产生的危害

焊接方法	危害因素						
	弧光辐射	焊接烟尘	有害气体	金属飞溅	射线	高频电磁场	噪声
酸性焊条电弧焊	轻微	中等	轻微	轻微			
碱性焊条电弧焊	轻微	强烈	轻微	中等			
高效铁粉焊条电弧焊	轻微	最强烈	轻微	轻微			
碳弧气刨	轻微	强烈	轻微				轻微
实芯细丝二氧化碳气体保护焊	轻微	轻微	轻微	轻微			
实芯粗丝二氧化碳气体保护焊	中等	中等	轻微	中等			
埋弧焊		中等	轻微				
电渣焊		轻微					
钨极氩弧焊（铝、铁、镍、铜）	中等	轻微	中等	轻微	轻微	中等	
钨极氩弧焊（不锈钢）	中等	轻微	轻微	轻微	轻微	中等	
熔化极氩弧焊（不锈钢）	中等	轻微	中等	轻微			

1. 焊接烟尘

焊接金属烟尘的成分很复杂，焊接黑色金属材料时，烟尘的主要成分是铁、硅、锰。焊接其他金属材料时，烟尘中尚有铝、氧化锌、钼等。其中主要有毒物质是锰，使用碱性低氢型焊条时，烟尘中含有极毒的可溶性氟。焊工长期呼吸这些烟尘，会引起头痛、恶心，甚至引起焊工尘肺（肺尘埃沉着病）及锰中毒等。

2. 有害气体

在各种熔焊方法过程中，焊接区都会或多或少地产生有害气体。特别是电弧焊中在焊接电弧的高温和强烈的紫外线作用下，产生有害气体的程度尤甚。所产生的有害气体主要有臭氧、氮氧化物、一氧化碳和氟化氢等。这些有害气体被吸入体内，会引起中毒，从而影响焊工健康。

排除焊接烟尘和有害气体的有效措施是加强通风和加强个人防护，如戴防尘口罩、防毒面罩等。

3. 弧光辐射

电弧焊主要包括可见光、红外线和紫外线。强烈的可见光会使焊工"晃眼"；红外线会引起眼部强烈的灼伤和灼痛，发生闪光幻觉；紫外线对眼睛和皮肤有较大的刺激性，引起电光性眼炎和皮炎。在各种明弧焊、保护不好的埋弧焊等都会形成弧光辐射。弧光辐射的强度与焊接方法、工艺参数及保护方法等有关，二氧化碳气体保护焊弧光辐射的强度是焊条电弧焊的 2～3 倍，氩弧焊是焊条电弧焊的 5～10 倍，而等离子弧焊割比氩弧焊更强烈。防护弧光辐射的措施主要是根据焊接电流来选择面罩中的电焊防护玻璃；其次在厂房内和人多的区域进行焊接时，尽可能地使用防护屏，避免周围人受弧光伤害。

4. 高频电磁场

当交流电的频率达到每秒振荡 10 万～30 000 万次时，它周围形成的高频率电场和磁场称为高频电磁场。等离子弧焊割、钨极氩弧焊采用高频振荡器引弧时，会形成高频电磁场。焊工长期接触高频电磁场，会引起神经功能紊乱和神经衰弱。防止高频电磁场的常用方法是将焊枪电缆和地线用金属编织线屏蔽。

5. 射线

射线主要是指等离子弧焊割、钨极氩弧焊的钍产生放射线和电子束焊产生的 X 射线。焊接过程中放射线影响不严重，钍钨极一般被铈钨极取代，电子束焊的 X 射线防护主要用屏蔽以减少泄漏。

6. 噪声

在焊接过程中，噪声危害突出的焊接方法是等离子弧割、等离子喷涂以及碳弧气刨，其噪声可达 130 dB 以上，强烈的噪声可以引起听觉障碍、耳聋等症状。防噪声的常用方法是戴耳塞和耳罩。

二、焊接安全防护技术

1. 预防触电安全技术

触电是大部分焊接方法焊接操作的主要危险因素，我国目前生产的焊条电弧电焊机的空载电压限制在 90 V 以下，工作电压可达 25 ~ 40 V；埋弧电焊机的空载电压为 70 ~ 90 V；电渣电焊机的空载电压一般是 40 ~ 65 V；氩弧焊、二氧化碳气体保护电弧电焊机的空载电压是 65 V 左右；等离子弧切割机的空载电压高达 300 ~ 450 V；所有电焊机工作的网络电压为 380 V/220 V，50 Hz 的交流电压，都超过安全电压（一般干燥情况为 36 V、高空作业或特别潮湿场所为 12 V），因此触电危险是比较大的，必须采取措施预防触电。

（1）熟悉和掌握有关焊接方法的安全特点、有关电的基本知识、预防触电及触电后急救方法等知识，严格遵守有关部门规定的安全措施，防止触电事故发生。

（2）遇到焊工触电时，切不可用赤手去拉触电者，应先迅速将电源切断，如果切断电源后触电者呈昏迷状态时，应立即施行人工呼吸法，直至送到医院为止。

（3）在光线暗的场地、容器内操作或夜间工作时，使用的工作照明灯的安全电压应不大于 36 V，高空作业或特别潮湿场所，安全电压不超过 12 V。

（4）焊工的工作服、手套、绝缘鞋应保持干燥。

（5）在潮湿的场地工作时，应用干燥的木板或橡胶板等绝缘物做垫板。

（6）焊工在拉、合电源闸刀或接触带电物体时，必须单手进行。因为双手操作电源闸刀或接触带电物体时，如发生触电，会通过人体心脏形成回路，造成触电者死亡。

（7）在容器或船舱内或其他狭小工作场所焊接时，须两人轮换操作，其中一人留守在外面监护，以防发生意外时，立即切断电源以便于急救。

（8）电焊机外壳接地或接零。

2. 预防火灾和爆炸的安全技术

电弧焊或气焊、火焰钎焊等时，电弧及气体火焰的温度很高并产生大量的金属火花飞溅物，而且在焊接过程中还可能会与可燃及易爆的气体、易燃液体、可燃的粉尘或压力容器等接触，都有可能引起火灾甚至爆炸。因此，焊接时必须防止火灾及爆炸事故的发生。

（1）焊接前要认真检查工作场地周围是否有易燃、易爆物品（如棉纱、油漆、汽油、煤油、木屑等），如有易燃、易爆物，应将这些物品放在距离焊接工作地 10 m 以外的位置。

（2）在进行焊接作业时，应注意防止金属火花飞溅而引起火灾。

（3）严禁在设备带压时焊接或切割，带压设备一定要先解除压力（卸压），并且焊接或切割前必须打开所有孔盖。未卸压的设备严禁操作，常压而密闭的设备也不许进行焊接与切割。

（4）凡被化学物质或油脂污染的设备都应清洗后再焊接或切割。如果是易燃、易爆或者有毒的污染物，更应彻底清洗，经有关部门检查，并填写动火证后，才能焊接与切割。

（5）在进入容器内工作时，焊、割炬应随焊工同时进出，严禁将焊、割炬放在容器内而焊工擅自离去，以防混合气体燃烧和爆炸。

（6）焊条头及焊后的工件不能随便乱扔，要妥善管理，更不能扔在易燃、易爆物品的附近，以免发生火灾。

（7）离开施焊现场时，应关闭气源、电源，应将火种熄灭。

三、特殊环境焊接的安全技术

1. 容器内部焊接作业

（1）进入容器内部前，先要弄清容器内部的情况。

（2）对该容器和外界联系的部位，都要进行隔离和切断，如电源和附带在设备上的水管、料管、蒸汽管、压力管等均要切断并挂牌。如容器内有污染物，应进行清洗并经检查确认无危险后，才能进入内部焊接。

（3）进入容器内部焊接、切割要实行监护制，派专人进行监护。监护人不能随便离开现场，并与容器内部的人员经常取得联系。

（4）在容器内焊接时，内部尺寸不应过小；应注意通风排气工作。通风应用压缩空气，严禁使用氧气通风。

（5）在容器内部作业时，要做好绝缘防护工作，最好垫上绝缘垫，以防止触电等事故。

2. 高空焊接作业

焊工在坠落高度基准面 2 m（含 2 m）以上有可能坠落的高处进行焊接操作时，称为高处焊接作业。高处焊接作业时除遵守一般焊接作业的规定外，还应注意以下事项。

（1）在高处作业时，焊工要先系上带弹簧钩的安全带，并把自身连接在构架上。同时必须使用标准的安全带、安全帽。

（2）使用的梯子、跳板与脚手架应安全可靠。工作时要站稳把牢，谨防失足摔伤。

（3）焊接操作时，为保护下面的人不致被落下的熔融滴和熔渣烧伤，或被偶然掉下来的金属物等砸伤，要在工作处的下方搭设平台，平台上应铺盖薄钢板或石棉板。高出地面1.5 mm 以上的脚手架和吊空平台的铺板须用不低于 1 m 高的栅栏围住。

（4）在上层施工时，下面必须装上护栅以防火花、工具和零件及焊条等落下伤人。在施焊现场 5 m 范围内的刨花、麻絮及其他可燃材料必须清除干净。

（5）高处作业时应有监护人，密切注意焊工安全动态。电源开关应设在监护人近旁，遇到紧急情况立即切断电源。

（6）高处作业的焊工除掌握一般操作安全技术外，一定要经过专门的身体检查，通过有关高处作业安全技术规则考试才能上岗。

3. 露天或野外焊接作业

（1）夏季在露天工作时，必须有防风雨棚或临时凉棚。

（2）露天作业时应注意风向，注意不要让吹散的铁水及熔渣伤人。

（3）雨天、雪天或雾天时不准露天电焊，在潮湿地带工作时，焊工应站在铺有绝缘物品的地方，并穿好绝缘鞋。

（4）应安设简易遮蔽板，遮挡弧光，以免伤害附近工作人员或行人的眼睛。

（5）夏天露天气焊时，应防止氧气瓶、乙炔瓶直接受烈日暴晒，以免气体膨胀发生爆炸。冬天如遇瓶阀或减压器冻结，应用热水解冻，严禁用火烤。

四、焊接实习操作安全注意事项

焊接实习具有场地设备相对固定，指导教师少，学员年龄小多为初学者且集中一起操作的特点，相对现场焊接作业有较大的区别，需特别注意以下事项。

（1）从事焊接实际操作的从业人员要严格遵守本职业的职业道德规范、职业纪律，忠于职守，严禁在焊位内嬉戏、打逗。

（2）必须听从指导教师的要求，按照《焊接安全操作规程》进行焊接操作，焊接实训室内严禁打闹，严禁明火。

（3）不得私自拆装实训室焊接设备或工具。

（4）必须按照安全要求穿戴好工作帽、工作服、绝缘鞋后方可进入焊接实训室进行焊接操作，禁止穿用化纤制品的工作服。

（5）焊接操作之前必须正确检查焊接设备，发现有安全隐患时，及时向指导教师汇报，隐患排除前严禁进行焊接操作。

（6）认真检查施焊现场是否存有易燃易爆、有毒有害物品；是否有良好的自然通风，或良好的通风设备；是否有良好的照明，当确认都符合安全要求时才能操作。

（7）必须时刻保持进出工作通道和消防通道畅通。

（8）严禁把自来水管、暖气管、脚手架管、钢丝等当作焊接地线使用，严禁将焊接电缆搭在气瓶上。

（9）严禁撞击和滚动气瓶，严禁将气瓶放置在热源处。气焊气割设备、胶管、焊割炬禁止沾染油污，防止碰撞碾压，禁止混用胶管，禁止用电弧点燃气焊割炬。

（10）不得私自焊接容器，焊接有毒金属及化学容器时应戴好防毒面具。焊接容器时应把所有的阀门、人孔打开，清洗、化验、置换后方可施焊，严禁在有压力的容器上进行焊接。

（11）焊接过程中如需调整焊接电流应在空载的情况下进行，焊接设备如需改变输出电流时应在断电的情况下进行。焊接过程中，应按焊接电源的负载持续率使用，禁止超载使用。

（12）在进行氩弧焊、等离子焊接时，由于使用的电极有微量放射性，在磨削时应使用有吸尘设施的砂轮，并戴好口罩，磨削后用活水流冲洗双手，并把电极存放于专用铅盒中。

（13）工作结束后，应立即切断电源，盘好电缆线（电缆线应单相盘好，以免再使用时误操作造成短路）、气管，关好气瓶，把所用工具放回工具箱，物料摆放整齐，清扫工作现场。认真检查工作现场，看是否有余火存在，确认无安全隐患后，方可撤离。

【任务实施】

焊接安全事故案例分析。

案例1：焊接点燃可燃物，造成大火

2000年12月25日晚，位于河南省洛阳市老城区的某商厦前灯火通明。当晚20时许，为封闭两个小方孔，负责人李某指派员工王某、宋某和丁某将一台小型电焊机从商厦四层抬到地下一层大厅，并安排王某（无焊工资质证）进行焊接作业，但未做任何安全防护方面的交代。王某在施焊过程中也没有采取任何防护措施，致使电焊火花从方孔溅入地下二层可燃物上，引燃地下二层的绒布、海绵床垫、沙发和木制家具等可燃物品。随后，火势迅速蔓延，并产生大量的一氧化碳、二氧化碳、含氰化合物等有毒烟雾。火势和浓烟顺着楼梯直逼顶层歌舞厅，酿成了特大火灾事故，导致309人中毒窒息死亡，直接经济损失275万元。

原因分析：这起事故的直接责任人王某是未经过培训考核的无证操作人员，不是焊工；施工前对施工场地存在的可燃物没有采取任何隔离防护措施。起火后，现场人员缺乏必要的消防灭火知识，因此可燃物着火后任其燃烧，使灾情不断扩大。

这起事故警示人们：应严禁焊工无证操作；动火必须办理动火手续；采取防火、清除、隔离措施；安排监护人；经批准后方可动火；应开展消防安全知识和技能培训，职工要懂得基本的消防技术。

案例2：进入压力容器内部焊接触电身亡

某化工机械厂一名焊工，在夏季进入压力容器内部焊接时，由于出汗工作服湿透，焊工身体与锅炉金属接触，使湿工作服成为导电体，焊工触电时又将焊钳置于左胸部因此造成触电身亡。

原因分析：压力容器外监护人员不到位，没有定时与焊工沟通；焊工没能定时休息，出汗过多；电焊机无触电保护装置。

【任务评价】

焊接安全项目评分标准见表1-16。

表1-16 焊接安全项目评分标准

序号	操作内容	评分标准	配分	得分
1	事故案例1分析	事故原因分析是否正确	50	
2	事故案例2分析	事故原因分析是否正确	50	
合计/分			100	

刘星彤，中共党员，高级技师，全国技术能手、全国工程建设系统技术能手、全国大学生基层就业典型、中央企业青年岗位能手、辽宁省五一劳动奖章、辽宁省技术能手，辽宁省青年岗位能手获得者（图1-30）。

刘星彤，就读于渤海船舶职业学院智能焊接技术专业，于2017年毕业，同年入职渤海造船厂集团有限公司船体部从事重点产品焊接工作。多年来多次代表集团公司、葫芦岛市以及辽宁省参加国家各类焊接大赛，并且成绩优异。2018年荣获公司"状元杯"焊接赛项第一名；在2018年中国技能大赛——辽宁省"技师杯"全省技能精英挑战赛中，荣获焊工第一名；2021年荣获全国行业职业技能竞赛——中国船舶集团有限公司职业技能竞赛三等奖团体银奖，2021年荣获第十五届全国建设系统职业技能焊接大赛个人总成绩

图 1-30 刘星彤

金奖；2021年第十五届全国工程建设系统职业技能竞赛中荣获焊工个人单项四项铜奖等成绩。

船舶产品严格要求焊缝绝不允许出现任何焊接缺陷。技术攻关、解决难题势在必行。他们师徒两人进行了多次工艺试验，试验方案换了一个又一个，但一次又一次地失败。最终通过查阅资料，他们提出了采用永久性磁铁消除磁偏吹的方法，焊接时用特斯拉计测量焊接区域磁场强度及磁力线状况，铺设永磁铁来改善磁力状态，有效解决了磁偏吹难题，使焊接技术难度降低，焊接质量得到了可靠保证。目前，此焊接方法已经被广泛应用，并形成了专门的作业指导书，为重点船舶顺利建造创造有利条件。船舶产品的管道套筒是船舶重要部件，由两部分构件在合拢现场组装，受到狭小的作业环境限制，结构内部无法进行焊接施工，必须采用单面焊接双面成形的工艺方法。但是对于全位置焊接，仰焊位置会存在受重力影响造成反面成形向内部凹陷的问题，质量不容易控制。通过更改焊接电源极性，将正常的直流反接改变为直流正接，使电弧吹力增强、熔池冷却速度相对提高，解决了内部成形凹陷的技术难题。通过认真的调查研究，提出了管道焊接施工的工艺优化方案，改变原有的装配程序，采取地面部件组装、船台整体合拢的方法，大大降低了焊接的施工难度，确保焊接质量和工期达到要求。

不断思索，敢于创新的刘星彤在工作中表现也很积极。在船体项合龙焊接工作任务中，由于工期紧、任务重，再加上结构的特殊重要性，在保证质量的前提下，要求短短的几天内完成，这是一个很难完成的任务。面对大型气保焊变位机机器老化、操作难度大、突发问题多等不利因素，他想办法，解难题。由于气保焊弧光强度高，长时间连续作业会对眼睛有强烈的刺激，经过与工友反复讨论后，他研究出应对措施：歇人不歇机，轮流上阵，一人1 h，出现问题大家一起解决。就这样，他带着组员干了起来，吃饭都在现场，晚上加班到深夜，期间攻克了送丝不流畅、引弧时打导电嘴、机器黑屏死机等问题，经过

几天几夜的奋斗，最终在规定的时间内保质保量地完成了任务，缩短了工期、为自动化和智能化奠定了坚实基础。

通过焊接培训中心的带徒传艺，刘星彤将自己的经验与技术毫无保留地传授给新入职的焊工，让他们迅速掌握焊接技术技能，结合实践操作提高焊接能力，先后培养出海洋核动力平台焊工28人，耐压高强度钢焊工300余人，为生产一线输送一批批的优秀人才。

（资料来源：中华人民共和国人力资源和社会保障部官网——《刘星彤：匠心筑梦兴船报国》）

项目二 焊条电弧焊技能训练

任务一 焊条的选用和使用

◎学习目标：了解焊条的组成、作用及分类；理解焊条的型号与牌号的表示方法；了解焊条的工艺性能；掌握焊条的正确保管与储存方法。

◎学习重点：焊条的型号与牌号的表示方法，焊条的正确保管与储存方法。

◎学习难点：焊条的型号与牌号的表示方法。

【任务描述】

焊接时，选用 $\phi3.2$ mm，型号为 E4303 的焊条若干，要求理解该型号焊条所表示的含义并在焊接前做好焊条准备工作。

【任务分析】

国产焊条目前有型号和牌号两种表示形式，其中型号是根据《非合金钢及细晶粒钢焊条》（GB/T 5117—2012）的规定制定的。因此，要求理解焊条型号要表达的技术信息，掌握国家标准关于型号命名的相关规范，这是对焊接技术人员的基本要求。此外，在焊接前焊接技术人员还必须了解有关焊条烘干和焊条储存方面的知识。

【相关知识】

焊条电弧焊的焊接材料就是焊条。焊条由焊芯和药皮组成，如图 2-1 所示。焊条电弧焊时，焊条既做电极，又做填充金属，熔化后与母材熔合形成焊缝。焊条规格是以焊芯直径来表示的，常用的有 $\phi2$、$\phi2.5$、$\phi3.2$、$\phi4$、$\phi5$、$\phi6$（mm）等几种。

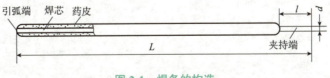

图 2-1 焊条的构造

L—焊条长度；l—夹持端长度；d—焊条直径

一、焊条的分类

按照焊条的用途，焊条可以分为结构钢焊条（碳钢和低合金钢焊条）、耐热钢焊条、不锈钢焊条、堆焊焊条、低温钢焊条、铸铁焊条、镍和镍合金焊条、铜和铜合金焊条、铝和铝合金焊条，以及特殊用途焊条。

按照焊条药皮熔化后熔渣的特性，焊条可分为酸性焊条和碱性焊条。酸性焊条药皮的主要成分为酸性氧化物，如二氧化硅、二氧化钛、三氧化二铁等。碱性焊条药皮的主要成分为碱性氧化物，如大理石、萤石等。酸性焊条工艺性能优于碱性焊条，碱性焊条的力学性能、抗裂性能强于酸性焊条。

二、焊条的型号与牌号

焊条型号与牌号都是按照材料类别与用途分类编制的。其中，型号分为 8 大类，牌号分为 11 大类。其编制方法和含义都有所差异。

焊条型号和牌号都是焊条的代号。焊条型号是指国家标准规定的各类焊条的代号，牌号则是焊条制造厂对作为产品出厂的焊条规定的代号。焊条牌号虽然不是国家标准，但是考虑到经多年使用已成习惯，现在生产中仍得到广泛应用。

1. 焊条的型号

焊条的型号是根据熔敷金属的化学成分、力学性能、药皮类型、焊接位置和电流种类划分的。

（1）碳钢和低合金钢焊条型号。《非合金钢及细晶粒钢焊条》（GB/T 5117—2012）和《热强钢焊条》（GB/T 5118—2012）分别规定了碳钢焊条和低合金钢焊条型号。

字母"E"表示焊条；前两位数字表示熔敷金属抗拉强度的最小值，数值为 $\times 10$ MPa；第三位数字表示焊条的焊接位置，"0"及"1"表示焊条适用于全位置焊接，"2"表示焊条只适用于平焊及平角焊，"4"表示焊条适用于向下立焊；第三位数字和第四位数字组合时，表示焊接电流种类及药皮类型，见表2-1。最后是熔敷金属的化学成分代号，可为"无标记"或"一"及后面的字母、数字或字母和数字的组合。

表 2-1　碳钢焊条和低合金钢焊条型号中第三和第四位数字组合的含义

焊条型号	药皮类型	焊接位置	电流种类
E × × 03	钛型	平、立、横、仰（此处全位置不一定包含向下立焊，由制造商确定）	交流和直流正、反接
E × × 10	纤维素		直流反接
E × × 11	纤维素		交流和直流反接
E × × 12	金红石		交流和直流正接
E × × 13	金红石		交流和直流正、反接
E × × 14	金红石 + 铁粉		交流和直流正、反接
E × × 15	碱性		直流反接
E × × 16	碱性		交流和直流反接
E × × 18	碱性 + 铁粉		交流和直流反接
E × × 19	钛铁矿		交流和直流正、反接

焊条型号	药皮类型	焊接位置	电流种类
E××20	氧化铁	平焊、平角焊	交流和直流正接
E××24	金红石＋铁粉		交流和直流正、反接
E××27	氧化铁＋铁粉		
E××28	碱性＋铁粉		
E××48	碱性	平、横、仰	交流和直流反接

碳钢焊条型号举例说明如下：

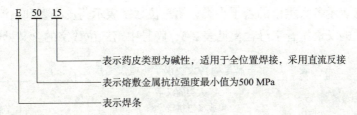

低合金钢焊条型号举例说明如下：

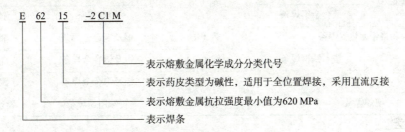

（2）不锈钢焊条型号。根据《不锈钢焊条》（GB/T 983—2012）的规定，不锈钢焊条型号根据熔敷金属的化学成分、药皮类型、焊接位置等划分。

字母"E"表示焊条；"E"后面的数字表示熔敷金属的化学成分分类代号；数字后的字母"L"表示碳含量较低，"H"表示碳含量较高，若有特殊要求的化学成分，则该化学成分用元素符号表示，放在后面；短画线"—"后面的第一位数字表示焊接位置，第二位数字表示药皮类型和电流类型，见表2-2。

表2-2　焊接电流、药皮类型及焊接位置

代号		焊接电流	焊接位置	药皮类型
焊接位置	1	—	平焊、平角焊、仰角焊、向上立焊	—
	2		平焊、平角焊	
	4		平焊、平角焊、仰角焊、向上立焊、向下立焊	
药皮类型及电流类型	5	直流	—	碱性
	6	直流和交流		金红石
	7	直流和交流		钛酸型

不锈钢焊条型号举例说明如下：

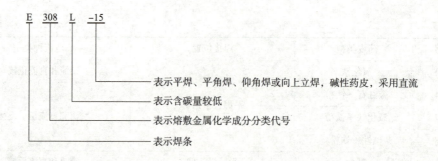

表示平焊、平角焊、仰角焊或向上立焊，碱性药皮，采用直流
表示含碳量较低
表示熔敷金属化学成分分类代号
表示焊条

2. 焊条牌号

焊条牌号由汉语拼音字母和三位数字组成。汉语拼音字母表示按用途分的焊条各大类，前两位数字表示各大类中的若干小类，第三位数字表示药皮类型和电流种类。焊条牌号中表示各大类的汉语拼音字母含义见表 2-3，牌号中第三位数字的含义见表 2-4。

表 2-3　焊条牌号中各大类汉字（或汉语拼音字母）

焊条类别		大类的汉字（或汉语拼音字母）	焊条类别	大类的汉字（或汉语拼音字母）
结构钢焊条	碳钢焊条	结（J）	低温钢焊条	温（W）
	低合金钢焊条		铸铁焊条	铸（Z）
钼和铬钼耐热钢焊条		热（R）	铜及铜合金焊条	铜（T）
不锈钢焊条	铬不锈钢焊条	铬（G）	铝及铝合金焊条	铝（L）
	铬镍不锈钢焊条	奥（A）	镍及镍合金焊条	镍（Ni）
堆焊焊条		堆（D）	特殊用途焊条	特殊（TS）

表 2-4　焊条牌号中第三位数字的含义

焊条牌号	药皮类型	电流种类	焊条牌号	药皮类型	电流种类
××0	不定型	不规定	××5	纤维素型	交直流
××1	氧化钛型	交直流	××6	低氢钾型	交直流
××2	钛钙型	交直流	××7	低氢钠型	直流
××3	钛铁矿型	交直流	××8	石墨型	交直流
××4	氧化铁型	交直流	××9	盐基型	直流

（1）结构钢焊条牌号。"J"表示结构钢焊条；第一、第二位数字表示熔敷金属抗拉强度等级；第三位数字表示药皮类型和电流种类。

例如，J422 表示熔敷金属抗拉强度最小值为 420 MPa，药皮类型为钛钙型，交直流两用的结构钢焊条。

（2）不锈钢焊条牌号。不锈钢焊条包括铬不锈钢焊条和铬镍不锈钢焊条，"G"表示铬不锈钢焊条，"A"表示铬镍不锈钢焊条；第一位数字表示熔敷金属主要化学成分等级，见表 2-5；第二位数字表示同一熔敷金属主要化学成分组成等级中的不同编号，按 0、1…、9 顺序排列；第三位数字表示药皮类型和电流种类。

表 2-5 不锈钢焊条牌号第一位数字的含义

焊条牌号	熔敷金属主要化学成分等级 /%	
	铬	镍
G2××	13	—
G3××	17	—
A0××	18 $W_{(c)}$ ≤ 0.04%（超低碳）	
A1××	18	8
A2××	18	12
A3××	25	13
A4××	25	20
A5××	16	25
A6××	15	35
A7××	铬锰氮不锈钢	—
A8××	18	18
A9××	待发展	

例如，G202 表示熔敷金属含铬量为 13%，编号为 0，药皮类型为钛钙型，交直流两用的铬不锈钢焊条；A137 表示熔敷金属含铬量为 18%、含镍量为 8%，编号为 3，药皮类型为低氢钠型，直流反接的铬镍奥氏体不锈钢焊条。

（3）钼和铬钼耐热钢焊条牌号。汉字"热（R）"表示钼和铬钼耐热钢焊条；第一位数字表示熔敷金属主要化学成分等级，见表 2-6；第二位数字表示同一熔敷金属主要化学成分组成等级中的不同编号，按 0、1…、9 顺序排列；第三位数字表示药皮类型和电流种类。

表 2-6 钼和铬钼耐热钢焊条牌号第一位数字的含义

焊条牌号	熔敷金属主要化学成分等级 /%	
	铬	钼
R1××	—	0.5
R2××	0.5	0.5
R3××	1～2	0.5～1
R4××	2.5	1
R5××	5	0.5
R6××	7	1
R7××	9	1
R8××	11	1

例如，R407 表示熔敷金属含铬量为 2.5%、含钼量为 1%，编号为 0，药皮类型为低氢钠型，直流反接的钼和铬钼耐热钢焊条。

（4）低温钢焊条牌号。"W"表示低温钢焊条；第一、第二位数字表示低温钢焊条工作温度等级，见表 2-7；第三位数字表示药皮类型和电流种类。

表 2-7　低温钢焊条牌号第一、第二位数字的含义

焊条牌号	低温温度等级 /℃	焊条牌号	低温温度等级 /℃
W70×	-70	W19×	-196
W90×	-90	W25×	-253
W10×	-100		

例如，W707 表示工作温度等级为 -70 ℃，药皮类型为低氢钠型，直流反接的低温钢焊条。

（5）堆焊焊条牌号。"D"表示堆焊焊条；第一位数字表示焊条的用途、组织或熔敷金属的主要成分，见表 2-8；第二位数字表示同一用途、组织或熔敷金属的主要成分中的不同牌号顺序，按 0、1…、9 顺序排列；第三位数字表示药皮类型和电流种类。

表 2-8　堆焊焊条牌号第一位数字的含义

焊条牌号	用途、组织或熔敷金属 主要化学成分	焊条牌号	用途、组织或熔敷金属 主要化学成分
D0××	不规定	D5××	阀门用
D1××	普通常温用	D6××	合金铸铁用
D2××	普通常温用及常温高锰钢	D7××	碳化钨型
D3××	刀具及工具用	D8××	钴基合金
D4××	刀具及工具用	D9××	待发展

例如，D127 表示普通常温用，编号为 2，药皮类型为低氢钠型，直流反接的堆焊焊条。

对于不同特殊性能的焊条，可在焊条牌号后加表示主要用途的汉语拼音字母，如压力容器用焊条为 J507R；超低氢焊条为 J507H；打底层焊接条为 J507D；低尘焊条为 J507DF；立向下焊条为 J507X 等。

3. 焊条型号与牌号的对照

（1）常用非合金钢及细晶粒钢焊条、热强钢焊条型号与牌号对照，见表 2-9。

表 2-9　常用非合金钢及细晶粒钢焊条、热强钢焊条型号与牌号对照

序号	型号	牌号	药皮类型	电源种类	主要用途	焊接位置
1	E4303	J422	钛钙型	交流或直流	焊接较重要的低碳钢结构和同等强度的普通低碳钢	平、立、横、仰

序号	型号	牌号	药皮类型	电源种类	主要用途	焊接位置
2	E4311	J425	纤维素型	交流或直流	焊接低碳钢结构的向下立焊底层焊接	平、立、横、仰
3	E4316	J426	低氢钾型	交流或直流	焊接重要的低碳钢及某些低合金钢结构	平、立、横、仰
4	E4315	J427	低氢钠型	直流	焊接重要的低碳钢及某些低合金钢结构	平、立、横、仰
5	E5003	J502	钛钙型	交流或直流	焊接相同强度等级的低合金钢一般结构	平、立、横、仰
6	E5016	J506	低氢钾型	交流或直流	焊接中碳钢及重要低合金钢结构	平、立、横、仰
7	E5015	J507	低氢钠型	直流	焊接中碳钢及重要低合金钢结构	平、立、横、仰

（2）常用低合金钢焊条型号与牌号对照，见表2-10。

表 2-10　常用低合金钢焊条型号与牌号对照

序号	型号	牌号	序号	型号	牌号
1	E5015-G	J507MoNb J507NiCu	8	E5503-B1	R202
				E5515-B1	R207
2	E5515-G	J557 J557Mo J557MoV	9	E5503-B2	R302
				E5515-B2	R307
3	E6015-G	J607Ni	10	E5515-B3-VWB	R347
4	E6015-D1	J607	11	E6015-B3	R407
5	E7015-D2	J707	12	E1-5MoV-15	R507
6	E8515-G	J857	13	E5515-C1	W707Ni
7	E5015-A1	R107	14	E5515-C2	W907Ni

（3）常用不锈钢焊条型号与牌号对照，见表2-11。

表 2-11　常用不锈钢焊条型号与牌号对照

序号	型号（新）	型号（旧）	牌号	序号	型号（新）	型号（旧）	牌号
1	E410-16	E1-13-16	G202	8	E309-15	E1-23-13-15	A307
2	E410-15	E1-13-15	G207	9	E310-16	E2-24-21-16	A402
3	E410-15	E1-13-15	G217	10	E310-15	E2-24-21-15	A407
4	E308L-16	E00-19-10-16	A002	11	E347-16	E0-19-10Nb-16	A132
5	E308-16	E0-19-10-16	A102	12	E347-15	E0-19-10Nb-15	A137
6	E308-15	E0-19-10-15	A107	13	E316-16	E0-18-12Mo2-16	A202
7	E309-16	E1-23-13-16	A302	14	E316-15	E0-18-12Mo2-15	A207

三、焊条的选用与保管

1. 焊条的选用原则

（1）考虑工件的力学性能、化学成分。

1）对于低碳钢、中碳钢和低合金钢，可按其强度等级来选用相应强度的焊条。当焊接结构刚度大、受力情况复杂时，应选用强度比焊接结构强度低一级的焊条。这样，焊后可保证焊缝既有一定的强度，又有一定的塑性，以免因结构刚度过大而使焊缝撕裂。

对于不锈钢、耐热钢等材料，在选择焊条时，应从保证焊接接头的特殊性能出发，要求熔敷金属的主要合金成分与母材相近或相同。

2）对于异种钢的焊接，如低碳钢与低合金钢、不同强度等级的低合金钢焊接，一般选用与较低强度等级钢材相匹配的焊条。

3）选择酸性焊条还是碱性焊条，主要取决于焊接结构、钢材厚度（刚度的大小）、工件荷载（静荷载还是动荷载）和钢材的抗裂性及得到直流电源的难易程度等。一般来说，塑性、冲击韧度和抗裂性能要求较高，在低温条件下工作的焊缝都应选用碱性焊条。当受条件限制而无法清理低碳钢工件坡口处的铁锈、油污和氧化皮等脏物时，应选用对铁锈、油污和氧化皮敏感性小，抗气孔性能较强的酸性焊条。

（2）考虑工件的工作条件及使用性能。

1）由于承受动荷载和冲击荷载的工件，除要满足强度要求外，还要保证焊缝具有较高的塑性和韧性，因此应选用塑性和韧性指标较高的低氢型焊条。

2）对于接触腐蚀介质的工件，应根据介质的性质及腐蚀特征，选用相应的不锈钢焊条或其他耐腐蚀焊条。

3）对于在高温或低温条件下工作的工件，应选用相应的耐热钢或低温钢焊条。

（3）考虑简化工艺、提高生产率、降低成本。在满足工件使用性能和焊条操作性能的前提下，应选用规格大、效率高的焊条。在使用性能基本相同时应尽量选择价格较低的焊条。

除根据上述原则选用焊条外，有时为了保证工件的质量还需通过试验来选用焊条。另外，为了保障焊工的身体健康，在允许的情况下应尽量多采用酸性焊条。

2. 焊条的保管

（1）焊条必须在干燥、通风良好的仓库中存放。存放焊条的仓库内不允许放置有害气体和腐蚀性介质，应保持整洁，配置温度计、湿度计和除湿机。库房的温度与湿度必须符合一定的要求：当温度为 5 ～ 20 ℃时，相对湿度应在 60% 以下；当温度为 20 ～ 30 ℃时，相对湿度应在 50% 以下；当温度高于 30 ℃时，相对湿度应在 40% 以下。

（2）当仓库内无地板时，焊条应放在架子上。架子的高度应不小于 300 mm，与墙壁之间的距离应不小于 300 mm，架子下应放干燥剂，严防焊条受潮。

（3）应按种类、牌号、批次、规格及入库时间对焊条进行分类堆放，每垛应有明确的标注，避免混乱。

（4）特种焊条的储存与保管条件高于一般焊条，应将其堆放在专用仓库内或指定的区域。受潮或包装破损的焊条未经处理不准入库。

（5）对于受潮、药皮变色及焊芯有锈迹的焊条，必须将其烘干并进行质量评定，各项性能指标满足要求时方可入库。

（6）一般焊条的出库量不能超过两天的用量，已经出库的焊条必须由焊工保管好。

（7）焊条的烘干。一般酸性焊条的烘干温度为 $100 \sim 150$ ℃，烘干时间为 $1 \sim 2$ h；碱性焊条由于极易吸潮，因此烘干温度较酸性焊条高，一般为 $350 \sim 400$ ℃，烘干时间为 $1 \sim 2$ h。焊条累计烘干次数一般不宜超过 3 次。焊条的烘干时间和烘干温度应按标准要求进行选择，并做好记录。如果烘干温度过高，则焊条中的一些成分会发生氧化，过早分解，从而失去保护作用；如果烘干温度过低，则焊条中的水分在焊接时可能形成气孔、裂纹等缺陷。

需要指出的是，在烘干焊条时还要注意温度、时间的配合问题，烘干温度与烘干时间相比，烘干温度较为重要。

【任务实施】

根据焊条的型号和牌号不同，在施焊前按规定应做以下工作。

一、焊条准备

（1）根据 E4303 中的 "E" 确定焊条的型号。其熔敷金属抗拉强度最小值为 430 MPa，"0" 表示全位置焊接，"03" 表示药皮类型为钛钙型。

（2）按规定准备好 $\phi 3.2$ mm，型号为 E4303 的焊条，置于烘干炉中烘干。焊条数量根据焊工人数和工作量定出。

（3）烘干焊条时，焊条不应成垛或成捆地堆放，应铺成层状，每次烘干焊条堆放不能太厚（一般为 $1 \sim 3$ 层），避免焊条烘干时受热不均匀和潮气不易排除。

（4）烘干时特别注意：应使焊条烘干箱温度缓慢上升，防止焊条烘干箱骤冷骤热，使焊条药皮爆裂，影响焊接质量。

（5）在焊条烘干期间，应有专门的技术人员，负责对操作过程进行检查和核对。每批焊条不得少于一次，并在操作记录上签字。

二、操作步骤

（1）严格按照焊接安全操作规程操作，在专业老师的指导下，必须穿戴好工作服、鞋盖和手套等防护服务用品，并按焊接安全技术和焊接安全注意事项做好安全检查。

（2）一般焊条一次出库量不能超过两天的用量，已经出库的焊条，焊工必须按规定保管好。

（3）将选定的适当数量的 $\phi 3.2$ mm，型号为 E4303 的焊条，按焊条烘干温度 $100 \sim 150$ ℃和烘干时间 $1 \sim 2$ h。烘干完成后，把焊条放入预先准备的焊条保温桶（箱）

中，盖上盖子，待用。做好领取焊条时间和次数记录。

（4）若使用通电恒温桶，要接通电源。

（5）每根焊条用完后，要将焊条头回收，妥善保管，以免烫伤。

（6）一根焊条应尽量一次焊完，避免焊缝接头过多而降低焊接质量。

（7）未用完的焊条重新入库时必须单独摆放，再使用时应优先出库，且同一焊条重复烘干不得超过 3 次。

（8）在实习场所周围应设置灭火器材。

【任务评价】

评分标准，见表 2-12。

表 2-12　评分标准

序号	操作内容	评分标准	配分 / 分	得分
1	焊条烘干时的摆放	烘干时摆放以 1～3 层为宜。不符合要求每多一层扣 5 分，直到扣完为止	15	
2	焊条烘干温度	E4303 焊条的烘干温度为 100～150 ℃，烘干温度不对，扣 15 分	15	
3	焊条烘干时间	E4303 焊条的烘干时间为 1～2 h，烘干时间不对扣 15 分	15	
4	焊条放入与取出	禁止烘干箱骤冷骤热，不符合要求扣 15 分	15	
5	烘干焊条的保管	焊条烘干后放入 100～150 ℃ 的保温桶（箱）内，及时盖盖保湿，不符合要求扣 10 分	10	
6	焊条烘干次数	焊条烘干次数不得超过 3 次，不符合要求扣 10 分	10	
7	焊条烘干记录	记录焊条型号或牌号、批号、温度、时间。记录不全每项扣 2 分，无记录扣 10 分	10	
8	安全操作规程	劳动保护用品穿戴不全扣 3 分。设备、工具使用不正确扣 2 分	5	
9	文明生产规定	工作场地应整洁，工具摆放整齐。按情况扣分，最多扣 5 分	5	
合计			100	

任务二　平敷焊技能训练

◎学习目标：了解平敷焊的特点；掌握焊条电弧焊引弧、运条、收弧及连接接头等基本操作技术。

◎学习重点：焊条电弧焊引弧、运条、收弧及连接接头等基本操作技术。

◎学习难点：焊条电弧焊引弧、运条、收弧及连接接头等基本操作技术。

【任务描述】

本任务通过平敷焊操作练习，学习焊条电弧焊常用的工具、辅具的使用方法，初步掌握引弧、运条、收弧和连接接头等平位焊条电弧焊中的基本操作技术。平敷焊在工程实践中，主要用于工件的堆焊。

平敷焊工件如图 2-2 所示，板件材料为 Q235B，规格为 300 mm × 150 mm × 12 mm。

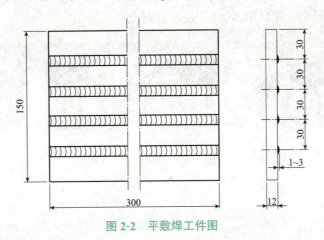

图 2-2　平敷焊工件图

技术要求如下：

（1）焊接方法采用焊条电弧焊。

（2）工件材料为 Q235B。

（3）接头形式为敷焊。

（4）要求焊缝表面无缺陷，焊缝波纹均匀，宽窄一致，高低平整，焊缝与母材圆滑过渡，焊后无变形，具体要求参照评分标准。

【任务分析】

平敷焊在操作时易出现以下问题：初学者在施焊时容易将焊条粘在工件上造成短路，即粘条；运条过程中，将焊条向熔池送进时，易使电弧长短不均，造成电弧燃烧不稳定，进而导致焊缝宽窄不均，高低不平；收弧时如果因收弧方法不正确，易出现弧坑；焊缝连接时，引弧与上次收弧时，因操作方法不当，造成连接处成型不良等。因此，初学者应加强操作基本姿势和操作手法的稳定性训练，同时还要熟悉安全操作规程。

【相关知识】

熔敷平焊是工件处于水平位置时，在工件上堆敷焊道的一种操作方法。在已确定焊接参数和操作方法的基础上，控制弧长、焊接速度，达到控制熔池温度、熔池形状的目的，完成焊接。

熔敷平焊是初学者进行焊接技能训练时必须掌握的一项基本焊接方法，这种焊接方法易掌握，焊缝无烧穿、焊瘤等缺陷，易获得良好的焊缝成型和焊缝质量。

一、焊条的装夹

夹持焊条时，可根据焊缝与操作者的相对位置来决定焊条与钳口的夹持角度，如

图 2-3 所示，既便于保证焊条与焊缝的相对位置，又使操作者方便操作。一手握持遮光面罩，另一手握持焊钳。蹲位平焊时，选择合适的操作位置，焊接方向可以从左到右（右焊法），也可以从右到左（左焊法），而不是从远到近。

（a）　　　　　　（b）　　　　　　（c）

图 2-3　焊条的夹持（焊条与焊钳的夹角）

（a）90°；（b）135°；（c）45°

二、基本操作方法

1. 引弧

焊条电弧焊施焊时，用焊条引燃焊接电弧的过程，称为引弧。引弧操作时，姿势很重要，需找准引弧位置，身心放松，精力集中；操作时动作主要是手腕运动，动作幅度不能过大。焊条电弧焊常用的引弧方法为接触引弧，即先使电极和工件短路，再迅速拉开电极引燃电弧。根据手法不同，又可分为划擦法和直击法两种。

（1）划擦法。其优点：易掌握，不受焊条端部清洁情况限制，一般在开始施焊或更换焊条后施焊使用此法。其缺点：操作不熟练时，易损伤工件。

操作要领：类似划火柴。先将焊条端部对准焊缝，然后将手腕扭转，使焊条在工件表面上轻轻划擦，划擦的长度以 20 ~ 30 mm 为宜，以减少对工件表面的损伤，然后将手腕扭平后迅速将焊条提起，使电弧弧长约为所用焊条外径的 1.5 倍，做"预热"动作（停留片刻），保持电弧弧长不变，预热后将电弧弧长压短至与所用焊条直径相符。在始焊点做适量横向摆动，且在起焊处稳弧（稍停片刻），形成熔池后，再进行正常焊接，如图 2-4（a）所示。

（2）直击法。其优点：一种理想的引弧方法，适用于各种位置引弧，不易碰伤工件。一根焊条未用完熄弧，用这根未用完的焊条再次引弧施焊使用此法引弧。其缺点：受焊条端部清洁情况限制，用力过猛时药皮易大块脱落，造成暂时电弧偏吹，操作不熟练时易粘在工件表面上。

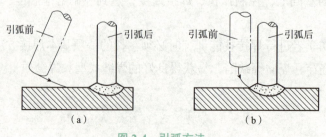

引弧前　　　　　引弧后　　　　　引弧前　　　　　引弧后

（a）　　　　　　　　　（b）

图 2-4　引弧方法

（a）划擦法；（b）直击法

操作要领：焊条垂直于工件，使焊条末端对准焊缝，然后将手腕下弯，使焊条轻碰工件，引燃后，手腕放平，迅速将焊条提起，使弧长约为焊条外径的1.5倍，稍做"预热"后，压低电弧，使弧长与焊条外径相等，且焊条横向摆，待形成熔池后向前移动，如图2-4（b）所示。

（3）引弧注意事项。注意清理工件表面，以免影响引弧及焊缝；引弧前应尽量使焊条端部焊芯裸露，若不裸露可用锉刀轻锉，或轻击地面使焊芯裸露；焊条与工件接触后，提起时间应适当；引弧时，若焊条与工件出现粘连，将焊条左右摇动几下，就可以使焊条脱离工件，如果不能脱离，应迅速使焊钳脱离焊条，以免烧损弧焊电源，待焊条冷却后，用手将焊条拿下；引弧前应夹持好焊条，然后用正确的操作方法进行焊接；初学引弧，要注意防止电弧光灼伤眼睛。不要用手触摸刚焊完的工件，焊条头也不要乱丢，以免造成烫伤和火灾。

2. 运条方法

焊接过程中，焊条相对焊缝所做的各种动作总称为运条。在正常焊接时，焊条一般有3个基本运动相互配合，即沿焊条中心线向熔池送进、沿焊接方向移动、焊条横向摆（平敷焊练习时焊条可不摆动），如图2-5所示。

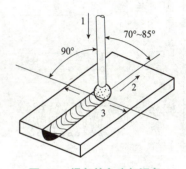

图 2-5　焊条的角度与运条
1—送进方向；2—前进方向；3—摆动方向

（1）焊条送进。焊条送进是沿焊条中心线向熔池进给焊条，主要用来维持所要求的电弧长度和向熔池添加填充金属。焊条送进的速度应与焊条熔化速度一致，如果焊条送进速度比焊条熔化速度慢，电弧长度会增加；反之，如果焊条送进速度太快，则电弧长度迅速缩短，焊条与工件接触，造成粘条，从而影响焊接过程的顺利进行。

电弧长度指焊条端部与熔池表面之间的距离。电弧的长度超过所选用的焊条直径时，称为长弧；小于焊条直径时，称为短弧。长弧焊接所得焊缝质量较差，因为电弧易左右飘移，不稳定，电弧的热量散失，焊缝熔深变浅，又因为空气侵入易产生气孔，所以在焊接时应选用短弧。

（2）焊条沿焊接方向移动。焊条沿焊接方向移动的目的是控制焊缝成型，若焊条移动速度太慢，则焊缝会过高、过宽，外形不整齐，如图2-6（a）所示，焊接薄板时甚至会发生烧穿等缺陷。若焊条移动太快，则焊条和工件熔化不均，会造成焊缝较窄，甚至发生未焊透等缺陷，如图2-6（b）所示。只有焊条移动速度适中时，才能焊成表面平整、波纹细致、均匀的焊缝，如图2-6（c）所示。焊条沿焊接方向移动的速度由焊接电流、焊条直径、工件厚度、组装间隙、焊缝位置以及接头形式决定，并通过变化直线速度控制每道焊缝的横截面积。

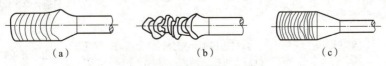

（a）　　　　　　　（b）　　　　　　　（c）

图 2-6　焊条沿焊接方向移动
（a）移动速度太慢；（b）移动速度太快；（c）移动速度适中

（3）焊条横向摆动。焊条横向摆动，主要是为了获得一定宽度的焊缝，同时也可以控制熔池的存在时间，以利于排除熔池内的熔渣和气泡。横向摆动的作用是保证两侧坡口根部与每个焊缝波纹之间良好熔合及获得适量的焊缝熔深与熔宽。横向摆动范围受工件厚度、坡口形式、焊道层次和焊条直径的影响，摆动的范围越宽，则得到的焊缝越大。稳弧动作（电弧在某处稍加停留）的作用是保证坡口根部很好地熔合，增加熔合面积。为了控制好熔池温度，使焊缝具有一定的宽度和高度及良好的熔合边缘，对焊条的横向摆动可采用多种方法，见表2-13。

表 2-13　运条方法特点及适用范围

运条方法		运条轨迹	特点	适用范围
直线形运条			焊条不做横向摆动，而是沿焊接方向直线运动。焊缝宽度较小，熔深较大。在正常焊接速度下，焊缝波纹饱满、平整	适用于板厚为 3～5 mm 的不开坡口平焊、多层焊的打底层焊接及多层多道焊缝
直线往复运条			焊条末端沿焊缝纵向做往复直线摆动，焊接速度快，焊缝窄，散热快	适用于接头间隙较大的多层焊的第一层焊缝和薄板的焊接
锯齿形运条			焊条末端做锯齿形连续摆动并沿焊缝纵向移动，运动到边缘稍停。这种运条方式可以防止咬边，通过摆动可以控制液体金属流动和焊缝宽度，改善焊缝成型	运条手法操作容易，应用较广，适用于中、厚钢板的平焊、立焊、铆焊的对接接头和立焊的角接接头
月牙形运条			焊条末端沿着焊接方向做月牙形左右摆动，并在两边的适当位置稍做停顿，使焊缝边缘有足够的熔深，防止产生咬边缺陷。此法会使焊缝的宽度和余高增大。其优点是金属熔化良好且有较长的保温时间，熔池中的气体和熔渣易上浮到焊缝表面	适用于铆焊、立焊、平焊及需要比较饱满焊缝的场合
三角形运条	斜三角形		焊条末端做连续的斜三角形运动，并不断向前移动。通过焊条的摆动控制熔化金属，使焊缝成型良好	适合焊接 T 形接头的仰焊缝和有坡口的横焊缝
	正三角形		一次能焊出较厚的焊缝断面，有利于提高生产率，而且焊缝不易产生夹渣等缺陷	适用于开坡口的对接接头和 T 形接头的立焊
圆圈形运条	斜圆圈		焊条末端连续做斜圆圈形运动并不断前进。可控制熔化金属不受重力影响，能防止金属液体下淌，有助于焊缝成型	适用于 T 形接头的横焊（平角焊）和仰焊，以及对接接头的横焊
	正圆圈		能使熔化金属有足够高的温度，可防止焊缝产生气孔	只适合焊接较厚工件的平焊缝
单 8 字形和双 8 字形运条			焊缝边缘加热充分，熔化均匀，焊透性好，可控制两边停留时间不同，调节热量分布	适用于开坡口的厚件和不等厚度工件的对接焊

（4）焊条角度。焊接时工件表面与焊条所形成的夹角称为焊条角度。焊条角度应根据焊接位置、工件厚度、工作环境、熔池温度等进行选择，如图2-7所示。掌握好焊条角度，可以使铁水与熔渣很好地分离，防止熔渣超前的现象，并可控制一定的熔深。立焊、横焊、仰焊时，还有防止铁水下坠的作用。

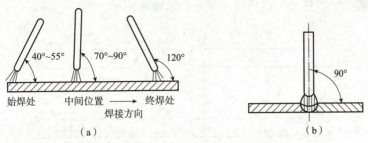

图 2-7 焊条的角度

（a）焊条与焊缝轴线方向的夹角；（b）焊条与焊缝轴线垂直方向的夹角

（5）运条注意事项。焊条运至焊缝两侧时应稍做停顿，并压低电弧；做运条、送进和摆动这三个动作时节奏要均匀且有规律，应根据焊接位置、接头形式、焊条直径与性能、焊接电流大小，以及技术熟练程度等因素来掌握；对于碱性焊条应选用较短电弧进行操作；焊条在向前移动时，应达到匀速运动，不能时快时慢；运条方法的选择应根据焊接位置，接头形式等情况确定。

3. 焊缝的接头

焊条电弧焊时，对于一条较长的焊缝，一般都需要多根焊条才能焊完；每根焊条焊完更换焊条时，焊缝就有一个衔接点。在焊缝连接处处理不当时，易造成气孔、夹渣和成型不良等缺陷。后焊焊缝与先焊焊缝的连接处称为焊缝的接头，接头处的焊缝应当力求均匀，防止过高、脱节、宽窄不一致等缺陷。

（1）首尾连接法。后焊焊缝从先焊焊缝收尾处开始焊接，如图2-8（a）所示。这种接头最好焊，操作适当时基本看不出接头。操作时，一般在前段焊缝弧坑前10 mm附近引弧，将弧坑里的熔渣向后赶并略微拉长电弧，预热连接处，然后回移至弧坑处，压低电弧填满弧坑后转入正常焊接。采用这种连接方法，换焊条动作要快，不要使弧坑过分冷却，因为在热态连接可以使焊缝衔接处的外形美观。

（2）首首连接法。后焊焊缝的起首与先焊焊缝起首相连接，如图2-8（b）所示。要求先焊焊缝的起焊处稍低，后焊焊缝在先焊焊缝前10 mm左右引弧，然后稍拉长电弧，并将电弧移至衔接处，覆盖住先焊焊缝的端部，等熔合后再向焊接方向移动。焊前段焊缝时，在起焊处焊条移动要快，使焊缝在起焊处略低一些。为使衔接处平整，可将先焊焊缝的起焊处用角向磨光机磨成斜面后再进行连接。

（3）尾尾连接法。后焊焊缝的结尾与先焊焊缝结尾相连，如图2-8（c）所示。当后焊焊缝焊到先焊焊缝的收尾处时，应降低焊接速度，将先焊焊缝的弧坑填满后，以较快的速度向前焊一段，然后熄弧。这种衔接同样要求前段焊缝收尾处略低些，以使衔接处焊缝的高低、宽窄均匀。若先焊焊缝的收尾处过高，为保证衔接处平整，可预先将先收尾处焊缝抽样打磨成斜面。

（4）尾首连接法。后焊焊缝的结尾与先焊焊缝起首相接，主要用于分段退焊，如图 2-8（d）所示。要求焊缝的起焊处较低，最好成斜面；后焊焊缝至前段焊缝起首时，改变焊条角度，将前倾改为后倾，将焊条指向先焊焊缝的起首；然后拉长电弧，待形成熔池后，再压低电弧并往返移动，最后返回原来的熔池收尾处。

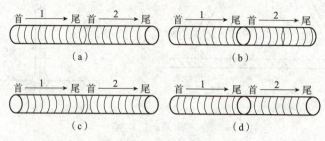

图 2-8　焊缝接头的连接方式

1—先焊焊缝；2—后焊焊缝

（a）首尾连接法；（b）首首连接法；（c）尾尾连接法；（d）尾首连接法

在焊接对接管的环形焊缝时也使用以上焊缝连接方式。

焊缝连接注意事项：接头时，引弧应在弧坑前 10 mm 任何一个待焊面上进行，然后迅速移至弧坑处画圈进行正常焊接，如图 2-9 所示；接头时，应对前一道焊缝端头进行认真的清理，必要时可对接头处进行修整，这样有利于保证连接接头的质量；温度越高，接头越平整。对于首尾连接的焊缝，接头动作要快，操作方法如图 2-10（a）所示；对于首首连接的焊缝，应先拉长电弧再压低电弧，操作方法如图 2-10（b）所示；对于尾尾连接、尾首连接的焊缝应压低电弧，操作方法如图 2-10（c）所示，且可采用多次单击法加画圆圈法连接。

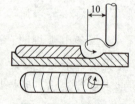

图 2-9　接头引弧处

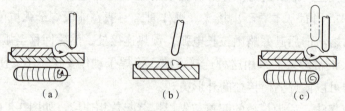

图 2-10　焊缝接头操作法

（a）首尾连接，接头要快；（b）首首连接，先拉电弧再压低；（c）尾尾连接、尾首连接，压低电弧多次单击加画圆圈

4. 焊缝的收尾

焊缝的收尾是指一条焊缝完成后进行收弧的过程。焊缝收尾不仅是为了熄灭电弧，还要将弧坑填满。收尾不当时会产生弧坑，易出现疏松、裂纹、气孔、夹渣等缺陷。为了克服这些缺陷，必须采用正确的收尾方法，一般常用的收尾方法有以下 3 种。

（1）画圈收尾法。当焊条移至焊缝终点时，应使焊条做圆圈运动，直到填满弧坑再拉断电弧。此法适用于厚板收尾，如图 2-11（a）所示。

（2）反复断弧收尾法。当焊条移至焊缝终点时，在弧坑处反复熄弧、引弧数次，直到填满弧坑为止，如图 2-11（b）所示。此法一般用于大电流焊接和薄板焊接，此法不适用于使用碱性焊条。

（3）回焊收尾法。当焊条移至焊缝收尾处即停止运条，但不熄弧，此时改变焊条角度回焊一段，待填满弧坑后再拉断电弧，如图 2-11（c）所示；此法适用于碱性焊条。

具体收尾方法的选用还应根据实际情况来确定，可单项使用，也可多项结合使用。无论选用何种方法都必须将弧坑填满，达到无缺陷为止。

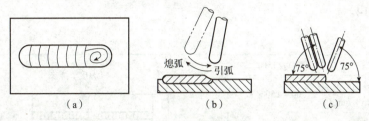

图 2-11　焊缝收尾方法
（a）画圈收尾法；（b）反复断弧收尾法；（c）回焊收尾法

【任务实施】

一、安全检查

焊工必须穿戴好棉质或皮质工作服、工作帽、焊工绝缘鞋（防砸绝缘鞋），工作服要宽松，裤脚盖住鞋盖（护脚盖），上衣盖住下衣，不要扎在腰带里。并戴平光防护眼镜，防尘卫生口罩，绝缘工作手套不要有油污，不可破漏，必要时佩戴耳塞等。选用合适的遮光面罩护目玻璃色号。牢记焊工操作时应遵循的安全操作规程，在作业中贯彻始终。

检查设备状态，电缆线接头是否接触良好，焊钳电缆是否松动破损，确认焊接回路地线连接可靠，避免因地线虚接线路降压变化而影响电弧电压稳定；避免因接触不良造成电阻增大而发热，烧毁焊接设备。检查安全接地线是否断开，避免因设备漏电造成人身安全隐患。

二、焊前准备

1. 工件准备

检查钢板平直度，并修复平整。为保证焊接质量，需打磨工件表面，去除锈蚀、油污，露出金属光泽。用石笔在工件上画出间距为 30 mm 的平行直线作为焊缝中心线。

2. 焊接材料准备

选用 E4303（J422），ϕ 3.2 mm 的焊条，严格要求进行 150 ～ 200 ℃烘干，并保温 1 h。

3. 辅助工具及量具准备

在焊工操作作业区附近准备好钢丝刷、清渣锤、錾子、钢直尺等工具和量具。

4. 固定工件

把被焊工件水平固定在操作平台或焊接胎架上。

5. 焊接参数

开启电焊机，按照焊接工艺卡设定焊接参数。12 mm 厚 Q235B 焊条电弧焊平敷焊工艺卡，见表 2-14。

表 2-14　焊条电弧焊平敷焊工艺卡

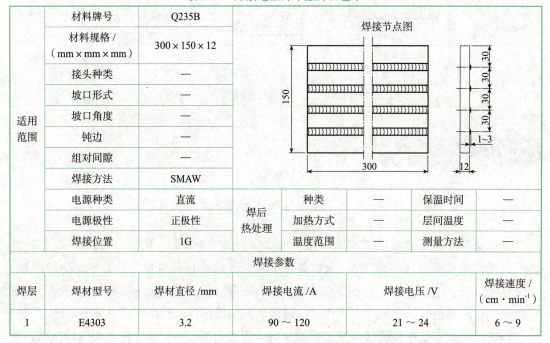

适用范围	材料牌号	Q235B				
	材料规格 /（mm×mm×mm）	300×150×12				
	接头种类	—				
	坡口形式	—				
	坡口角度	—				
	钝边	—				
	组对间隙	—				
	焊接方法	SMAW				
	电源种类	直流	焊后热处理	种类	—	保温时间	—
	电源极性	正极性		加热方式	—	层间温度	—
	焊接位置	1G		温度范围	—	测量方法	—

焊接参数					
焊层	焊材型号	焊材直径 /mm	焊接电流 /A	焊接电压 /V	焊接速度 /（cm·min^{-1}）
1	E4303	3.2	90～120	21～24	6～9

三、焊接操作

1. 引弧焊接

手持面罩，看准引弧位置，用面罩挡着面部，将焊条端部对准引弧处，用划擦法。引弧后，稍微拉长电弧（大于焊条直径即可），手臂向工件边缘移动（相当于对焊缝起头部分进行电弧预热），当电弧到达工件边缘时，预热结束，压低电弧（小于焊条直径），稍做停顿，同时扭动手腕，调整焊条角度，焊条向行进方向的倾角为 70°～85°，工作角为 90°。工作角即焊条轴线与焊缝轴线组成的平面与工件表面的夹角。

采用直线运条，以训练手臂控制电弧稳定匀速前进的能力。在直线运条中，焊条同时有两个运动方向，即朝熔池方向逐渐送进；沿焊接方向移动。焊接中手腕一边匀速缓慢下压，以保证电弧长度，手臂一边匀速向右移动，以保证焊缝宽窄高低一致。

焊接过程中应注意观察电弧燃烧情况、熔池长大情况、熔渣和铁液流动情况，并及时调整手臂动作，控制熔池、熔渣。正常情况下，熔池在电弧下后方，在熔渣下前方，呈椭圆形紧跟电弧向前移动，而熔渣呈上浮状覆盖在熔池的后面紧跟熔池向前移动，如图 2-12（a）所示。

若出现熔渣超前，应将焊条前倾，并将焊条端部向后推顶，利用电弧力，将熔渣推后，如图 2-12（b）所示；若熔池与熔渣混合不清，说明熔池温度不足，应该放慢前移速度，调大焊条角度，甚至调大焊接电流；若出现熔渣后拖，熔池变长完全暴露，说明熔池温度过高，或焊条角度太小，应加快前移速度，或调大焊条角度减小电弧力向后作用。

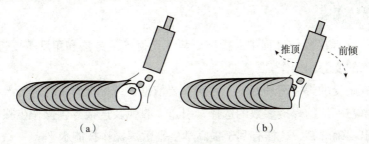

（a）　　　　　　　　　　（b）

图 2-12　运条方法

（a）正常熔渣和熔池位置；（b）熔渣超前熔池位置

一根焊条即将焊完时，需要收弧处理。即在完成最后一两个熔池长度的焊道时，稍加快焊接速度，以使最后焊道低一些，断弧时应果断。

2. 接头

焊接的常用接头方法有热接头和冷接头。

（1）冷接头。冷接头适于初学者，将焊缝收弧处的渣壳清除，在弧坑前方 10 ～ 15 mm 处引弧，拉长电弧回焊，至弧坑处覆盖原弧坑 2/3，压低电弧稍做停顿，转入正常焊接，如图 2-13 所示。

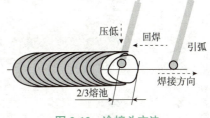

图 2-13　冷接头方法

（2）热接头。热接头不去渣壳，更换焊条动作要迅速，已焊的焊缝收弧处熔池还没有冷却，处于红热状态时，焊条端部对准原熔池直接引弧，引弧后稍微停顿，即转入正常焊接。此方法适于熟练焊工，初学者由于动作不能协调，引弧不能一次成功，焊条易黏结。

3. 收尾

当焊接到达工件边缘时，工件整体温度升高，应采取合适的收尾方法，否则，焊缝结尾将产生弧坑裂纹、缩孔甚至烧穿。酸性焊条收尾的方法是反复断弧收尾或画圆圈收尾。对于本任务，可采用画圆圈收尾，在最后一个熔池长度的范围内控制电弧原地画圈，并逐渐提高电弧长度，待填满弧坑拉断电弧。

四、清理现场

必须整理工具设备，关闭电源，将电缆线盘好，清扫场地。确认无安全隐患，并做好使用记录。

五、焊后检验

将焊好的工件用钢丝刷反复拉刷焊道,除去焊缝氧化层。严禁破坏焊缝原始表面,禁止用水冷却。

对焊缝表面质量进行目视检验,使用 5 倍放大镜观察表面是否存在缺陷。并使用焊接检验尺对焊缝进行测量,应满足要求。

【任务评价】

教师对学生在焊接操作过程中的操作姿势、夹持焊条方法和角度等要进行巡回检查,及时纠正不正确的姿势和操作。

教师在接到上交的焊完清理好的工件后,要依据评分标准对工件进行严格检测,准确打分。并对学生在工件的焊接参数的选择、引弧、收弧及连接等各操作步骤中存在的问题进行更正,给出明确解答,这样有利于提高学生平敷焊操作技能水平。

焊条电弧焊平敷焊评分标准,见表 2-15。

表 2-15　焊条电弧焊平敷焊评分标准

序号	操作内容	评分标准	配分	得分
1	操作姿势	蹲、坐、站姿每项不正确各扣 3 分	9	
2	夹持焊条	焊钳握法、焊条夹持角度不正确各扣 3 分	6	
3	引弧方法	引弧方法不正确、粘条各扣 5 分	10	
4	运条方法	运条方法不正确、焊条摆动超差各扣 5 分	10	
5	焊缝宽度	宽 9～11 mm,每超差 1 mm 扣 4 分	10	
6	焊缝高度	高 1～3 mm,每超差 1 mm 扣 4 分	10	
7	焊缝成型	要求波纹细、均匀、光滑,否则每处扣 3 分	9	
8	弧坑	弧坑填满,否则每处扣 4 分	8	
9	接头	要求接头连接圆滑,否则每处扣 4 分	10	
10	电弧擦伤	若有电弧擦伤,每处扣 2 分	6	
11	飞溅	飞溅清理干净,否则每处扣 2 分	6	
12	安全文明生产	服从管理,安全操作,否则各扣 3 分	6	
		合计	100	

注:从开始引弧计时,该工件 40 min 内完成,每超出 1 min,从总分中扣 2.5 分

任务三　T 形接头平角焊技能训练

◎学习目标:能正确选择 T 形接头平角焊焊接参数;掌握 T 形接头平角焊的操作方法。

◎学习重点:T 形接头平角焊的装配定位焊、T 形接头平角焊的操作方法。

◎学习难点：焊条角度的调整、多层多道焊的操作技术。

平角焊在工程中，多用于梁、柱、架及船的球鼻、龙骨的角接或T形接头平焊位焊接结构件中，常见的桥梁、大型的高压线柱和各种桁架等大多采用平角焊。

图2-14所示为T形接头平角焊的工件图，板件材料为Q235B。要求读懂工件图样，学习T形接头平角焊的基本操作技能，完成工件实作任务，达到工件图样要求。

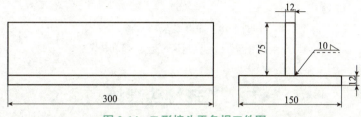

图 2-14　T 形接头平角焊工件图

技术要求如下：

（1）焊接方法采用焊条电弧焊。

（2）工件材料为Q235B。

（3）接头形式为T形接头，焊接位置为平角焊，单面焊接。

（4）焊脚尺寸 $K = 10$。

（5）焊缝截面为等腰直角三角形。要求焊缝表面无缺陷，焊缝波纹均匀，宽窄一致，高低平整，焊缝与母材圆滑过渡，焊后无变形，具体要求参照评分标准。

【任务分析】

平角焊缝焊接时，由于两板之间有一定的夹角，降低了熔敷金属和熔渣的流动性，容易出现以下问题。

（1）在平角焊操作过程中，如果焊条放置角度不当、焊接电流过大或电弧过长，在工件的立板面很容易产生咬边缺陷。

（2）如果各层间清渣不彻底，或选择的焊接电流过小，熔渣不能及时浮出，在焊道间容易产生夹渣缺陷。

（3）焊缝偏下是平角焊接时最容易出现的问题，可通过调整焊条角度和调整焊接电流解决。

【相关知识】

一、平角焊概念及分类

焊接角接接头处于水平位置（角接焊缝倾角为0°、180°、转角为45°、135°的角焊位置）时的焊接操作为平角焊。平角焊是对平角焊缝施焊时的焊接操作。图 2-15 所示为平角焊的接头形式。以下仅介绍具有代表性的 T 形接头的平角焊和船形焊操作技术。

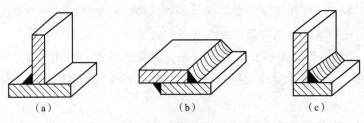

图 2-15　平角焊的接头形式

（a）T 形接头；（b）搭接接头；（c）角接接头

二、T 形接头焊接

1. T 形接头平角焊

（1）角焊缝各部位名称。在焊接结构中，广泛采用角焊缝连接。角焊缝各部位的名称，如图 2-16 所示。角焊缝的焊脚尺寸应符合国家标准和设计图样要求，以保证焊接接头的强度。一般焊脚尺寸随工件厚度的增大而增加。角焊缝的焊脚尺寸与钢板厚度的关系，见表 2-16。

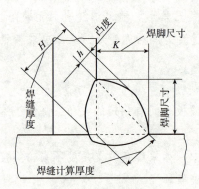

图 2-16　角焊缝各部位名称

表 2-16　角焊缝的焊脚尺寸与钢板厚度的关系

钢板厚度 /mm	6～10	10～12	12～16	16～23
最小焊脚尺寸 /mm	4	5	8	10

（2）焊缝层数的选择。角焊缝的焊接方式有单层焊、多层焊和多层多道焊，焊接层数和焊道数量主要取决于所要求的焊脚尺寸的数值和工件厚度。通常焊脚尺寸在 6 mm 以下时，选 ϕ4.0 mm 的焊条，采用单层焊；焊脚尺寸为 6～10 mm 时，采用多层焊，选 ϕ4.0～ϕ5.0 mm 的焊条；焊脚尺寸大于 10 mm 时，采用多层多道焊，选 ϕ5.0 mm 的焊条。这样便于操作，并能提高焊接生产率。

当焊脚尺寸大于 10 mm 时，采用二层三道焊接。如果焊脚尺寸大于 12 mm，可以采用三层六道、四层十道焊接，如图 2-17 所示。

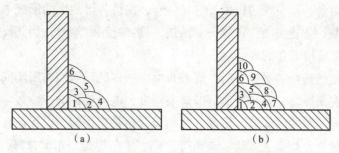

图 2-17　多层多道焊枪的焊道排列
（a）三层六道焊接；（b）四层十道焊接

平角焊时，还可在工件的立板开单边 V 形坡口，如图 2-18（a）所示；在工件的立板开带钝边双边 V 形坡口，如图 2-18（b）所示。

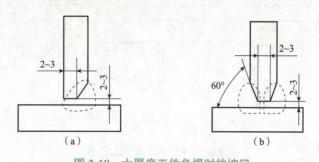

图 2-18　大厚度工件角焊时的坡口
（a）单边 V 形坡口；（b）带钝边双边 V 形坡口

（3）运条方式的选择。

1）直线形运条法。对于角接平焊单层焊可选择 ϕ4.0 mm 的焊条。焊接操作时，可采用直线形运条法，短弧焊接，焊接速度要均匀。焊条与平板的夹角为 45°，与焊接方向的夹角为 70° ~ 80°。运条过程中，要始终注视熔池的熔化情况，要保持熔池在接口处不偏上或偏下，以便使立板与平板焊道充分熔合；熔渣拖后，焊缝表面波纹粗糙。运条时通过对焊接速度的调整和适当的焊条摆动，保证工件所要求的焊脚尺寸。

对于平角焊采用多层多道焊接时，焊接第一层，一般选用直径小一些的焊条，焊接电流应稍大些，以达到一定的熔深。可以采用直线运条法，收尾时要填满弧坑。焊接第二道焊缝前必须认真清理第一层焊道的熔渣。焊接时，可采用 ϕ4.0 mm 的焊条，加大焊道的熔宽。由于工件温度升高，应采用较小的电流和较快的焊接速度，以防止垂直板产生咬边现象。

2）斜圆圈形运条法。采用斜圆圈形运条法时应注意焊条在焊道两侧的停顿节奏，否则容易产生咬边、夹渣、边缘熔合不良等缺陷。斜圆圈形运条法，如图 2-19

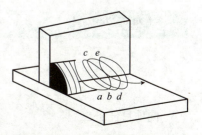

图 2-19　平角焊的斜圆圈形运条法

所示：由 $a \rightarrow b$ 要慢，焊条做微微的往复前移，以防熔渣超前，以保证水平焊一侧熔深；由 $b \rightarrow c$ 稍快，以防熔化金属下淌，形成焊瘤缺陷；在 c 处稍做停顿，以保证填充适量并确保在垂直一侧熔合，避免咬边；由 $c \rightarrow d$ 稍慢，保持各熔池之间形成 1/2 ～ 2/3 的重叠，以利于焊道的成型，防止夹渣；由 $d \rightarrow e$ 稍快，到 e 处稍做停顿，如此反复运条。焊道收尾时填满弧坑，能获得满意的焊缝。

（4）焊条角度的选择。平角焊时，焊条角度因板厚的不同而有所不同，由不等厚度板组装的角焊缝，在角焊时，要相应地调节焊条角度，电弧要偏向于厚板一侧，使厚板所受热量增加。通过焊条角度的调节，使厚、薄两板受热趋于均匀，以保证接头良好熔合，否则，容易产生未焊透、焊偏、咬边、夹渣等缺陷。平角焊焊条角度选择，如图 2-20 所示。另外，多层多道焊时，焊条的角度随每一道焊缝的位置不同而有所不同。

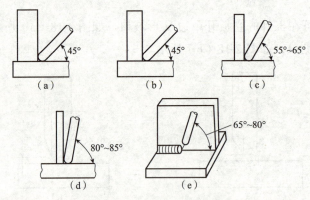

图 2-20　平角焊焊条角度选择

（a）立板比平板厚；（b）两板等厚；（c）、（d）平板比立板厚；（e）焊条与焊接方向的夹角

2. T 形接头船形焊

在平角焊的实际生产中，将 T 形、十字形或角接接头的工件翻转 45°，使角接接头处于平焊位置进行的焊接，称为船形焊，如图 2-21 所示。船形位置焊接时，因熔池处于水平位置，能避免咬边、焊脚下偏等焊接缺陷。同时焊缝美观平整，操作方便，有利于使用大直径焊条和大的焊接电流，而且能一次焊成较大截面的焊缝，即焊脚最大尺寸可超过 10 mm，提高焊接生产率；如果施工条件允许，应尽可能采用船形焊。运条可用月牙形或锯齿形运条方法。

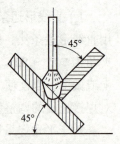

图 2-21　船形焊

【任务实施】

一、安全检查

同项目任务二。

二、焊前准备

1. 工件准备

Q235B 钢板，300 mm×150 mm×12 mm 和 300 mm×75 mm×12 mm 各一块。检查钢板平直度，并修复平整。采用角磨机或钢丝刷对焊接区进行清理，需打磨工件表面，去除锈蚀、油污等，露出金属光泽。

2. 焊接材料准备

选用 E4303（J422），ϕ3.2 mm 和 ϕ4.0 mm 的焊条，严格要求进行 150 ～ 200 ℃烘干，并保温 1 h。

3. 辅助工具及量具准备

在焊工操作作业区附近准备好钢丝刷、清渣锤、錾子、钢直尺、焊接检验尺等工具和量具。

4. 装配定位

将 150 mm 宽的钢板放于水平位置，将 75 mm 宽的钢板垂直置于水平板的 1/2 处，不留间隙，两端头应平齐。在工件角焊缝的背面两端进行定位焊，定位焊缝的长度为 10 ～ 15 mm，如图 2-22 所示。定位焊时采用正式焊缝所用的焊条，焊接电流要比正式焊接电流大 15% ～ 20%，以保证定位焊缝的强度和焊透。用直角尺检查两钢板是否垂直，若不垂直应进行矫正。

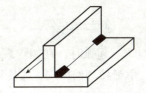

图 2-22　定位焊缝位置图

5. 固定工件

把装配好的工件水平固定在操作平台或焊接胎架上。

6. 焊接参数设定

开启电焊机，按照焊接工艺卡设定焊接参数。Q235B 钢板焊条电弧焊 T 形接头平角焊工艺卡，见表 2-17。

表 2-17　焊条电弧焊 T 形接头平角焊工艺卡

适用范围	材料牌号	Q235B 钢板	焊接节点图
	材料规格 /（mm×mm×mm）	300×150×12 和 300×75×12	
	接头种类	T 形接头	
	坡口形式	I 形	
	坡口角度	—	
	钝边	—	
	组对间隙 /mm	≤ 0.5	
	焊接方法	SMAW	

适用范围	电源种类	直流	焊后热处理	种类	—	保温时间	—
	电源极性	反接		加热方式	—	层间温度	—
	焊接位置	2F		温度范围	—	测量方法	—

焊接参数					
焊道	焊材型号	焊材直径 /mm	焊接电流 /A	焊接电压 /V	焊接速度 /(cm·min⁻¹)
1	E4303	3.2	110 ～ 130	20 ～ 24	14 ～ 16
2	E4303	4.0	140 ～ 160	20 ～ 24	14 ～ 16
3	E4303	4.0	130 ～ 150	20 ～ 24	12 ～ 14

三、焊接操作

1. 打底层焊接

起弧时，在始焊端约 10 mm 处引弧，再将电弧拉到始焊端，弧长约 10 mm，停顿 1 ～ 2 s，迅速压低电弧，弧长保持 2 ～ 4 mm，开始正常焊接。直线运条时，焊条角度如图 2-23 所示。焊接时采用短弧，速度要均匀，焊条中心与焊缝的夹角中心重合；注意排渣和熔敷效果。

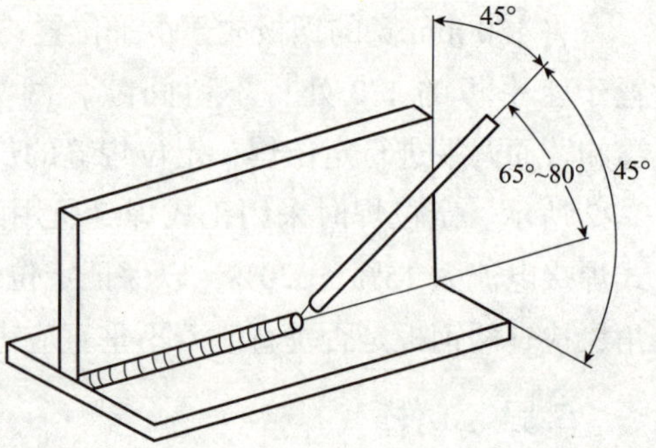

图 2-23　打底层焊接焊条角度

2. 盖面层焊接

如图 2-24 所示，第二道和第三道焊缝合称为盖面层焊接。注意焊前清理干净焊渣和飞溅；先焊第二道焊缝，再焊第三道焊缝。焊接时，焊条中心对准打底层焊缝与水平钢板、垂直钢板的夹角中心，焊条角度要有适当变化；焊缝表面应光滑，略呈内凹，避免立板侧出现咬边。焊脚对称并符合尺寸要求。

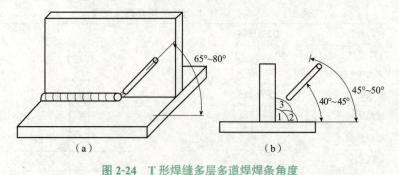

图 2-24　T 形焊缝多层多道焊焊条角度
（a）焊缝与焊条之间夹角；（b）焊条与底板之间夹角

（1）第二道焊缝焊接。焊条中心对准打底层焊缝和平板之间的夹角的中心，焊条与平板的角度为60°。直线运条时，运条要稳；第二道焊缝要覆盖第一道焊缝的 1/2 ~ 2/3；焊缝与底板之间熔合良好，边缘整齐。焊接速度比打底层焊接时稍快。

（2）第三道焊缝焊接。操作同第二道焊缝；要覆盖第二道焊缝的 1/3 ~ 1/2；焊接速度要均匀，不能太慢，否则易产生咬边或焊瘤，使焊缝成型不美观。

四、清理现场

必须整理工具设备，关闭电源，将电缆线盘好，清扫场地。确认无安全隐患，并做好使用记录。

五、焊后检验

将焊好的工件用钢丝刷反复拉刷焊道，除去焊缝氧化层。严禁破坏焊缝原始表面，禁止用水冷却。

对焊缝表面质量进行目视检验，使用 5 倍放大镜观察表面是否存在缺陷，并使用焊接检验尺对焊缝进行测量，测量结果应满足要求。

【任务评价】

教师对学生焊接操作过程中的不准确动作及各参数的选定等进行巡回检查，及时纠正。教师在接到学生上交的焊完清理好的工件后，对工件要依据评分标准的内容进行严格检测，给出分值。并对焊接参数选择的准确性及引弧、运条、收尾操作的正确性等给出明确指导，做出准确解答。

焊条电弧焊 T 形接头平角焊评分标准，见表 2-18。

表 2-18 焊条电弧焊 T 形接头平角焊评分标准

检查项目	评判标准及得分	评判等级				测评数据 /mm	实得分数 / 分
		I	II	III	IV		
焊脚尺寸	尺寸标准 /mm	10	>10，≤ 11	>11，≤ 12	<10，>12		
	得分标准 / 分	12	8	4	0		
焊缝凸度	尺寸标准 /mm	≤ 1	>1，≤ 2	>2，≤ 3	>3		
	得分标准 / 分	12	8	4	0		
咬边	尺寸标准 /mm	无咬边	深度≤ 0.5 且长度≤ 15	深度≤ 0.5 且长度 >15，≤ 30	深度 >0.5 或长度 >15		
	得分标准 / 分	12	8	4	0		
电弧擦伤	标准	无	有				
	得分标准 / 分	4	0				

检查项目	评判标准及得分		评判等级				测评数据 /mm	实得分数 / 分
			I	II	III	IV		
焊道层数	标准		两层三道	其他				
	得分标准 / 分		4	0				
垂直度	尺寸标准 /mm		0	<1	>1, <2	>2		
	得分标准 / 分		8	6	4	0		
焊缝成型	标准		优	良	中	差		
	得分标准 / 分		8	6	4	0		
宏观金相	根部熔深	尺寸标准 /mm	>1	>0.5, <1	>0, <0.5	未熔		
		得分标准 / 分	16	8	4	0		
	条状缺陷	尺寸标准 /mm	无	<1	<1.5	>1.5		
		得分标准 / 分	12	8	4	0		
	点状缺陷	标准	无	<ϕ1 数目: 1 个	<ϕ1 数目: 2 个	>ϕ1 或 数目 >1 个		
		得分标准 / 分	12	8	4	0		
合计 / 分			100					
焊缝外观成型评判标准								
优		良		中		差		
成型美观,焊缝均匀、细密,高低宽窄一致		成型较好,焊缝均匀、平整		成型尚可,焊缝平直		焊缝弯曲,高低、宽窄明显		

注: 工件焊接未完成;表面修补及焊缝正反两面有裂纹、夹渣、气孔、未熔合缺陷;该件做 0 分处理

任务四　板对接平焊技能训练

◎学习目标:能够正确选择板对接平焊焊条电弧焊焊接参数;掌握板对接平焊焊条电弧焊的操作方法。

◎学习重点:板对接的装配定位焊、板对接平焊的操作方法。

◎学习难点:焊接接头的操作要领、单面焊双面成型操作技术。

【任务描述】

单面焊双面成型是指采用普通焊条,在坡口背面没有任何辅助措施的条件下,在坡口正面进行焊接,焊后坡口的正反面都能得到均匀、成型良好、符合质量要求焊缝的操作方法。在生产实践中,单面平焊双面成型多用于人无法进去施工的小型容器或小直径管道的

平位纵环焊缝的焊接生产中，为提高生产效率，这种焊接方式可以实现在容器外面施焊而里面也能形成焊缝。

图 2-25 所示为 V 形坡口板对接单面焊双面成型焊接工件图，板件材料为 Q235B。要求读懂工件图样，完成工件制作任务，达到工件图样技术要求。

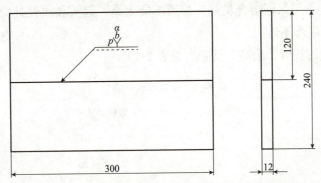

图 2-25　V 形坡口板对接单面焊双面成型焊接工件图

技术要求如下：

（1）焊接方法采用焊条电弧焊，单面焊双面成型。

（2）工件材料为 Q235B。

（3）接头形式为板板对接接头，焊接位置为平位。

（4）根部间隙 $b = 3.2 \sim 4.0$ mm，坡口角度 $\alpha = 60° \pm 5°$，钝边 $p = 0.5 \sim 1$ mm。

（5）要求单面焊双面成型，焊缝表面无缺陷，焊缝波纹均匀，宽窄一致，高低平整，焊缝与母材圆滑过渡，焊后无变形，具体要求参照评分标准。

【任务分析】

V 形坡口板对接单面焊双面成型焊接，由于钢板下部悬空，造成熔池悬空，液体金属在重力和电弧吹力的作用下，极易产生下坠；如果焊接参数选择不当，打底层焊接时容易在根部产生焊瘤、烧穿、未焊透，填充盖面层容易产生夹渣、未融合、焊缝外观尺寸不合格等缺陷。在装配时要留有合适的装配间隙，焊接过程中要根据装配间隙和熔池温度变化的情况，及时调整焊条的角度、摆动幅度和焊接速度，控制熔池和熔孔的尺寸，保证正、反两面焊缝成型良好。另外，焊接电弧不能出现偏吹，否则，由于操作不当和焊接工艺参数选择不当，容易在焊道背面产生未焊透、超高、焊瘤等缺陷。

【相关知识】

焊前为固定工件的相对位置进行的焊接操作称为定位焊，定位焊形成的短小而断续的焊缝称为定位焊缝。通常定位焊缝比较短小，焊接过程中，作为正式焊缝的一部分保留在焊缝金属中，因此定位焊缝质量的好坏、位置、长度和高度是否合适，将直接影响正式焊缝的质量及工件的变形。根据经验，生产中发生的一些质量事故，如结构变形大，出现未焊透及裂纹等缺陷，往往是定位焊不合格造成的，因此对定位焊缝必须引起足够的重视。

焊接定位焊缝时，必须做到以下几点。

（1）必须按照焊接工艺的要求焊接定位焊缝。如采用与工艺规定的同牌号的焊条，用相同的焊接工艺参数进行施焊；若工艺规定焊前需预热，焊后需缓冷，则定位焊缝焊前也需预热，焊后需缓冷。

（2）定位焊缝必须保证熔合良好，焊道不能太高，起头和收弧处应圆滑而不能太陡，防止焊缝接头处两端焊不透。

（3）定位焊缝的长度、余高、间距，见表 2-19。

表 2-19　定位焊缝的尺寸　　　　　　　　　　　　　　　　　　　　　　　　mm

工件厚度	定位焊缝余高	定位焊缝长度	定位焊缝间距
≤ 4	< 4	5 ～ 10	50 ～ 100
4 ～ 12	3 ～ 6	10 ～ 20	100 ～ 200
>12	>6	15 ～ 30	200 ～ 300

（4）定位焊缝不能位于焊缝交叉或焊缝方向发生急剧变化的地方，通常应离开 50 mm 以上。

（5）为防焊接过程中工件开裂，应尽量避免强制装配，必要时可增加定位焊缝的长度，并减小定位焊缝的间距。

（6）定位焊后必须尽快焊接正式焊缝，避免中途停顿或存放时间过长。定位焊使用的焊接电流可比正式焊缝的焊接电流大 10% ～ 15%。

【任务实施】

一、安全检查

同项目任务二。

二、焊前准备

1. 工件准备

Q235B 钢板，300 mm × 120 mm × 12 mm，两块。采用气割的方式开坡口，坡口单边角度为 30°，钝边为 0.5 ～ 1 mm。检查钢板平直度，并修复平整。采用角磨机将坡口及其附近 20 ～ 30 mm 范围内清理干净，露出金属光泽。

2. 焊接材料准备

选用 E4303（J422），ϕ 3.2 mm 和 ϕ 4.0 mm 的焊条，严格要求进行 150 ～ 200 ℃烘干，并保温 1 h。

3. 辅助工具及量具准备

在焊工操作作业区附近准备好钢丝刷、清渣锤、錾子、钢直尺、焊接检验尺等工具和量具。

4. 装配定位

将两块钢板放于水平位置，使两端头平齐，在两端头进行定位焊，定位焊焊缝长度为 10 ～ 15 mm。装配间隙为始焊处为 3.2 mm，终焊处为 4 mm，反变形量约为 3°，错边量 ≤ 1 mm，如图 2-26 所示。初学时可将定位点点焊在钢板背面，熟练以后再将定位焊焊在坡口内，同时要保证背面焊透，无表面气孔、夹渣、未融合等缺陷，定位焊点两端应先打磨成斜坡，以利于接头。

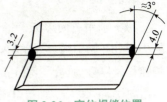

图 2-26　定位焊缝位置

5. 固定工件

把装配好的工件水平固定在操作平台或焊接胎架上。采用右焊法焊接，所以将组对间隙小的放在左侧。

6. 焊接参数设定

开启电焊机，按照焊接工艺卡设定焊接参数。Q235B 板对接平焊焊条电弧焊的焊接工艺卡，见表 2-20。

表 2-20　板对接平焊焊条电弧焊工艺卡

适用范围	材料牌号	Q235B 钢板	焊接接头简图			
	材料规格 /（mm × mm × mm）	300 × 120 × 12				
	接头种类	对接				
	坡口形式	V 形				
	坡口角度 /（°）	60				
	钝边 /mm	0.5 ～ 1				
	组对间隙 /mm	3.2 ～ 4				
	焊接方法	SMAW				
	电源种类	直流	焊后热处理	种类	—	保温时间	—
	电源极性	反接 / 正接		加热方式	—	层间温度	—
	焊接位置	1G		温度范围	—	测量方法	—

焊接参数					
焊道	焊材型号	焊材直径 /mm	焊接电流 /A	焊接电压 /V	焊接速度 /（cm · min⁻¹）
打底层		3.2	90 ～ 110	20 ～ 24	12 ～ 14
填充层	E4303	3.2	130 ～ 150	20 ～ 24	14 ～ 16
盖面层		4.0	120 ～ 130	20 ～ 24	14 ～ 16

三、焊接操作

1. 打底层焊接

（1）采用右向焊法，将工件间隙小的一端放于左侧，打底层焊接从工件左端定位焊缝的始焊处开始引弧，焊条与焊接方向的夹角为45°～55°，如图2-27所示。电弧引燃后，可长弧稍做停顿预热，当看到定位焊缝和坡口根部有"出汗"现象时，说明预热温度已合适，然后横向摆动向右施焊，待电弧达到定位焊缝右侧前沿时，将焊条下压并稍做停顿，听到电弧穿透坡口而发出"噗噗"声，同时可以观察到形成的熔孔。熔孔形状大小，如图2-28所示。

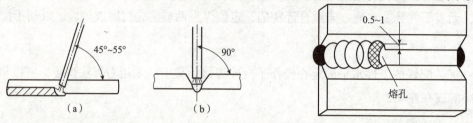

图 2-27　焊条夹角
（a）焊条与焊缝轴线方向夹角；（b）焊条与焊缝轴线垂直方向夹角

图 2-28　熔孔

（2）采用灭弧焊法，焊接电弧要控制短些，点焊要均匀，前进的速度不宜过快，引弧熄弧频率控制为40～60次/min。要注意将焊接电弧的2/3覆盖在熔池上，电弧的1/3保持在熔池前，用来熔化和击穿工件的坡口根部形成熔孔。施焊过程中要严格控制熔池的形状，尽量保持大小一致。并观察熔池的变化和坡口根部的熔化情况，如果发现熔孔增大，则焊条稍做提起，同时减小焊条与前进方向的角度；反之，当熔孔缩小时，则压低电弧，同时增大焊条与前进方向的角度。

（3）焊缝接头。当焊条即将焊完，更换焊条时，将焊条下压，使熔孔稍微扩大，向焊接反方向拉回10～15 mm，并迅速提起焊条，使电弧逐渐拉长且熄弧，形成斜坡形再熄弧，这样可把收弧缩孔消除或带到焊道表面，以便在用下一根焊条焊接时将其熔化。焊缝接头分冷接法和热接法。采用热接法时，换焊条速度要快，即收弧时熔池还未完全冷却就立即接头，在熔池后约10 mm处引弧，并立即将电弧拉回至原弧坑的前沿，下压电弧，重新击穿间隙再生成一个熔孔，待新熔孔形成后，再按前述进行正常施焊。采用冷接时，把距弧坑15～20 mm斜坡上的熔渣敲掉并清理干净，在收弧熔池后约10 mm处引弧，焊条做横向摆动向前施焊，焊至收弧处前沿时，填满弧坑，焊条下压并稍做停顿。当听到电弧击穿声，形成新的熔孔后，逐渐将焊条抬起，进行正常施焊，如图2-29所示。

2. 填充层焊接

（1）填充层为两层，施焊前先将前道焊缝的焊渣、飞溅等清除干净，将打底层焊缝接头的焊瘤打磨平整，然后进行填充层焊接。填充层焊接的焊条角度如图2-30所示。

（2）填充层焊接采用连续焊，在距焊缝起始处10～15 mm处引弧后，将电弧拉回起始处施焊，每次接头或其他填充层也都按此方法操作，以防产生焊接缺陷，如图2-31所示。

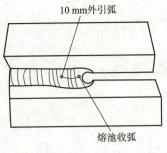

图 2-29 接头方法

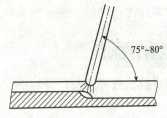

图 2-30 焊条与焊接方向夹角

（3）采用月牙形或横向锯齿形摆动运条，控制好焊道两侧熔合情况，焊条摆幅加大，在坡口两侧稍加停顿，以保证熔池及坡口两侧温度均衡，并且有利于良好的熔合和排渣。最后一层填充后应比母材表面低 0.5～1.5 mm，如图 2-32 所示，并且焊缝中心稍向下凹，两边与母材交界处要高，注意不许熔化坡口两侧的棱边，确保焊接盖面层时能看清坡口，以保证盖面层焊接缝边缘平直。

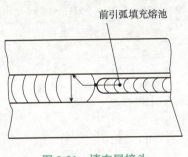

图 2-31 填充层接头

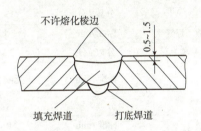

图 2-32 填充层焊道

3. 盖面层焊接

盖面层施焊时的焊条角度、运条方法及接头方法与填充层相同，但盖面层施焊时焊条摆动的幅度要比填充层大。焊条电流可适当小些，摆动时要注意摆动幅度一致，运条速度均匀，摆动至坡口两侧稍做停顿，以焊条焊芯到达坡口边缘为止，坡口边缘熔化 1～2 mm，以便使焊缝两侧边缘熔合良好，避免产生咬边，以得到优质的盖面层焊接缝，当工件焊接至末端收弧时，由于温度较高，为避免产生未填满等缺陷，应采用画圆圈法填满弧坑。

四、清理现场

必须整理工具设备，关闭电源，将电缆线盘好，清扫场地。确认无安全隐患，并做好使用记录。

五、焊后检验

将焊好的工件用钢丝刷反复拉刷焊道，除去焊缝氧化层。严禁破坏焊缝原始表面，禁止用水冷却。

对焊缝表面质量进行目视检验，使用 5 倍放大镜观察表面是否存在缺陷，并使用焊接检验尺对焊缝进行测量，测量结果应满足要求。

【任务评价】

焊接质量检查要求及评分标准，见表 2-21。

表 2-21　焊条电弧焊板对接平焊评分标准

检查项目		标准分数	焊缝等级				测量数值 / mm	实际得分 / 分
			I	II	III	IV		
正面	焊缝余高	标准 /mm	>0，≤ 2	>2，≤ 3	>3，≤ 4	>4，<0		
		分数 / 分	5	3	2	0		
	焊缝高低差	标准 /mm	≤ 1	>1，≤ 2	>2，≤ 3	>3		
		分数 / 分	2.5	1.5	1	0		
	焊缝宽度	标准 /mm	>18，≤ 19	>19，≤ 20	>20，≤ 21	>21，<18		
		分数 / 分	5	3	2	0		
	焊缝宽窄差	标准 /mm	≤ 1.5	>1.5，≤ 2	>2，≤ 3	>3		
		分数 / 分	2.5	1.5	1	0		
	咬边	标准 /mm	无咬边	深度 <0.5 且长度 ≤ 10	深度 <0.5 且长度 ≤ 20	深度 >0.5 或长度 >20		
		分数 / 分	5	3	2	0		
	错变量	标准 /mm	0	≤ 0.5	>0.5，≤ 1	>1		
		分数 / 分	5	3	2	0		
	角变形	标准 /mm	0～1	>1，≤ 3	>3，≤ 5	>5		
		分数 / 分	5	3	2	0		
	表面成型	标准 /mm	优	良	一般	差		
		分数 / 分	10	6	4	0		
反面	焊缝高度	0～3 mm　5分		>3 mm 或 <0　0 分				
	咬边	无咬边　5分		有咬边　0 分				
	凹陷	无内凹　10分		深度 ≤ 0.5 mm，每 2 mm 长扣 0.5 分 深度 >0.5 mm　0 分				
焊缝内部质量检验		按《焊缝无损检测 射线检测 第 1 部分：X 和伽马射线的胶片技术》（GB/T 3323.1—2019）	I 级片无缺陷 / 有缺陷	II 级片	III 级片	IV 级片		
		40	40/35	30	20	0		
合计			100 分					
焊缝外观成型评判标准								
优			良		中		差	
成型美观，焊缝均匀、细密，高低宽窄一致			成型较好，焊缝均匀、平整		成型尚可，焊缝平直		焊缝弯曲，高低、宽窄明显	

注：工件焊接未完成；表面修补及焊缝正反两面有裂纹、夹渣、气孔、未熔合缺陷；该件做 0 分处理

任务五　T形接头立角焊技能训练

◎学习目标：能正确选择焊条电弧焊T形接头立角焊（向上立焊）焊接参数；掌握焊条电弧焊低碳钢或T形接头立角焊的操作方法。

◎学习重点：T形接头立角焊的装配定位焊、T形接头立角焊的操作方法。

◎学习难点：运条方法的掌握、T形接头立角焊熔池金属的控制。

【任务描述】

在工程中，立角焊多用于梁、柱、架及船的球鼻、龙骨的角接或T形接头的立角焊缝的焊接结构件中，日常所见的有桥梁、大型的高压线柱和多种多样的桁架等。

图2-33所示为T形接头立角焊工件图，工件材料为Q235B钢板。要求读懂工件图样，完成T形接头立角焊的实作任务，达到工件图样技术要求。

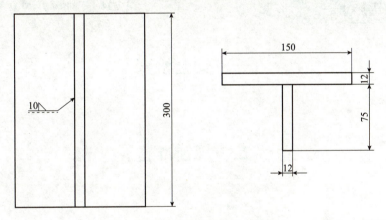

图 2-33　T形接头立角焊工件图

技术要求如下：

（1）焊接方法采用焊条电弧焊。

（2）工件材料为Q235B。

（3）接头形式为T形接头，焊接位置为立角焊，单面焊接。

（4）焊脚尺寸 $K=10$。

（5）焊缝截面为等腰直角三角形。要求焊缝表面无缺陷，焊缝波纹均匀，宽窄一致，高低平整，焊缝与母材圆滑过渡，焊后无变形，具体要求参照评分标准。

【任务分析】

由于在重力作用下，熔滴和熔池中的熔化金属要下淌，造成焊缝成型困难，焊接质量受影响。因此，立焊时采用较小的焊条直径和较小的焊接电流，焊接电流比平焊时的电流小10%～15%，并应采用短弧焊接。如果焊接时焊条角度不正确，焊缝两侧停顿时间过短，在工件的板面上就容易产生咬边缺陷。若熔池温度控制不当，温度过高，熔池下边缘轮廓就会逐渐凸起变圆，甚至会产生焊瘤等焊接缺陷。

对于焊脚尺寸较小的焊缝，可采用挑弧运条法；对于焊脚尺寸较大的焊缝，可采用月牙形、三角形、锯齿形等运条手法，如图2-34所示。为避免出现咬边等缺陷，除选用合适的焊接电流外，焊条在焊缝两侧应稍停片刻，使熔化金属能填满焊缝两侧的边缘部分。焊条的摆动宽度应小于所要求的焊脚尺寸，如当要求焊出焊脚尺寸为10 mm的焊缝时，焊条的摆动范围应在8 mm以内，否则焊缝两侧将不均匀。

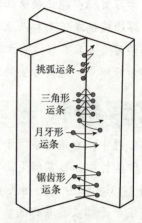

图2-34　不同焊脚尺寸立角焊的运条方法

【任务实施】

一、安全检查

同项目任务二。

二、焊前准备

1. 工件准备

Q235B钢板，300 mm×150 mm×12 mm和300 mm×75 mm×12 mm各一块。检查钢板平直度，并修复平整。采用角磨机或钢丝刷对焊接区进行清理，需打磨工件表面，去除锈蚀、油污等，露出金属光泽。

2. 焊接材料准备

选用E4303（J422），ϕ3.2 mm和ϕ4.0 mm的焊条，严格要求进行150～200 ℃烘干，并保温1 h。

3. 辅助工具及量具准备

在焊工操作作业区附近准备好钢丝刷、清渣锤、錾子、钢直尺、焊接检验尺等工具和量具。

4. 装配定位

将150 mm宽的钢板放于水平位置，将75 mm宽的钢板垂直置于水平板的1/2处，不留间隙，两端头应平齐。在工件角焊缝的背面两端进行定位焊，定位焊缝的长度为 10 ～ 15 mm。定位焊时采用正式焊缝所用的焊条，焊接电流要比正式焊接电流大 15% ～ 20%，以保证定位焊缝的强度和焊透。用直角尺检查两钢板是否垂直，若不垂直应进行矫正。

5. 固定工件

把装配好的工件竖直固定在操作平台或焊接胎架上，焊缝与地面垂直。

6. 焊接参数设定

开启电焊机，按照焊接工艺卡设定焊接参数。T 形接头立角焊焊条电弧焊的焊接工艺卡，见表 2-22。

表 2-22　T 形接头立角焊焊条电弧焊焊接工艺卡

适用范围	材料牌号	Q235B 钢板				
	材料规格 /（mm × mm × mm）	300 × 150 × 12 和 300 × 75 × 12				
	接头种类	T 形接头				
	坡口形式	I 形				
	坡口角度	—				
	钝边	—				
	组对间隙 /mm	≤ 0.5				
	焊接方法	SMAW				
	电源种类	直流	焊后热处理	种类	—	保温时间	—
	电源极性	反接		加热方式	—	层间温度	—
	焊接位置	3F		温度范围	—	测量方法	—

焊接节点图

焊接参数					
焊层	焊材型号	焊材直径 /mm	焊接电流 /A	焊接电压 /V	焊接速度 /（cm · min⁻¹）
打底层	E4303	3.2	110 ～ 130	20 ～ 24	12 ～ 14
盖面层		4.0	100 ～ 120	20 ～ 24	12 ～ 14

三、焊接操作

1. 打底层焊接

打底层焊接焊条角度如图 2-35 所示，采用三角形运条方法焊接（也可采用灭弧法打底）。

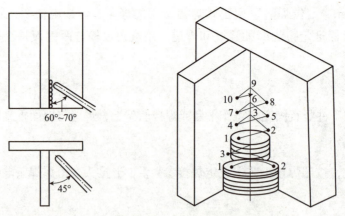

图 2-35　T 形接头立角焊焊条角度和运条方法

焊接时从工件下端定位焊缝处引弧，引燃电弧对工件预热 1～2 s 后，压低电弧至 2～3 mm，使焊缝根部形成椭圆形，形成第一个熔池，随即迅速将电弧向上提高 3～5 mm，等熔池冷却为一个暗点，直径约为 3 mm 时，立即将电弧沿焊接方向挑起（电弧不熄灭），让熔池冷却凝固。待熔池颜色由亮变暗时，再将电弧下降到引弧处，重新引弧焊接，新熔池与前一个熔池重叠 2/3，然后提高电弧，这样不断地挑弧—下移熔池—挑弧，有节奏地运条，形成一条较窄的立角焊道，作为第一层焊道。此即打底层焊接采用挑弧操作手法施焊。

2. 盖面层焊接

（1）盖面层焊接前，应清理前一层焊道的熔渣和飞溅，焊缝接头处凸起部分需打磨平整。

（2）在试板最下端引弧，焊条角度如图 2-35 所示，采用小间距锯齿形运条法，横向摆动向上焊接。采用锯齿形运条法进行焊接，焊条摆动的宽度要小于所要求的焊脚尺寸，如所要求的焊脚尺寸为 10 mm，焊条摆动的范围应在 8 mm 以内（考虑熔池的熔宽，待焊缝成型后就可达到焊脚尺寸的要求）。为了避免出现咬边等缺陷，除选用合适的焊接电流外，焊条在焊道中间摆动应稍快些，两侧稍做停顿，使熔化金属填满焊道两侧边缘部分，并保持每一个熔池均呈扁圆形，即可获得平整的焊道。

（3）盖面层焊接可选用连弧焊，但焊接时要控制好熔池温度，若出现温度过高应随时随地灭弧，降低熔池温度后再起弧焊接，从而避免焊缝过高或焊瘤的出现。

（4）焊缝接头应采用热接法焊接，做到快、准、稳。若用冷接法，可通过预热法的操作来完成。焊后应对焊缝质量进行检查，发现问题应及时处理。

四、清理现场

必须整理工具设备，关闭电源，将电缆线盘好，清扫场地。确认无安全隐患，并做好使用记录。

五、焊后检验

将焊好的工件用钢丝刷反复拉刷焊道，除去焊缝氧化层。严禁破坏焊缝原始表面，禁止用水冷却。

对焊缝表面质量进行目视检验，使用 5 倍放大镜观察表面是否存在缺陷，并使用焊接检验尺对焊缝进行测量，测量结果应满足要求。

【任务评价】

焊条电弧焊 T 形接头立角焊评分标准，见表 2-23。

表 2-23　焊条电弧焊 T 形接头立角焊评分标准

检查项目		评判标准及得分	评判等级				测评数据 /mm	实得分数 /分
			I	II	III	IV		
焊脚尺寸		尺寸标准 /mm	10	>10，≤ 11	>11，≤ 12	<10，>12		
		得分标准 /分	12	8	4	0		
焊缝凸度		尺寸标准 /mm	≤ 1	>1，≤ 2	>2，≤ 3	>3		
		得分标准 / 分	12	8	4	0		
咬边		尺寸标准 /mm	无咬边	深度≤ 0.5 且长度≤ 15	深度≤ 0.5 且长度 >15，≤ 30	深度 >0.5 或长度 >15		
		得分标准 / 分	12	8	4	0		
电弧擦伤		标准	无	有				
		得分标准 / 分	4	0				
焊道层数		标准	2 层	其他				
		得分标准 / 分	4	0				
垂直度		尺寸标准 /mm	0	<1	>1，<2	>2		
		得分标准 / 分	8	6	4	0		
焊缝成型		标准	优	良	中	差		
		得分标准 / 分	8	6	4	0		
宏观金相	根部熔深	尺寸标准	>1	>0.5，<1	>0，<0.5	未熔		
		得分标准 / 分	16	8	4	0		
	条状缺陷	尺寸标准 /mm	无	<1	<1.5	>1.5		
		得分标准 / 分	12	8	4	0		
	点状缺陷	标准	无	$<\phi 1$ 数目：1 个	$<\phi 1$ 数目：2 个	$>\phi 1$ 或数目 >1 个		
		得分标准 / 分	12	8	4	0		

检查项目	评判标准及得分	评判等级				测评数据 / mm	实得分数 / 分
		I	II	III	IV		
合计 / 分		100					
焊缝外观成型评判标准							
优		良		中		差	
成型美观，焊缝均匀、细密，高低宽窄一致		成型较好，焊缝均匀、平整		成型尚可，焊缝平直		焊缝弯曲，高低、宽窄明显	

注：工件焊接未完成；表面修补及焊缝正反两面有裂纹、夹渣、气孔、未熔合缺陷；该件做 0 分处理

任务六　板对接立焊技能训练

◎学习目标：能正确选择焊条电弧焊板对接立焊焊接参数；掌握焊条电弧焊板对接立焊的操作方法。

◎学习重点：板对接立焊的装配定位焊、板对接立焊的操作方法。

◎学习难点：焊接接头操作要领、焊接熔池金属的控制。

【任务描述】

在工程实际中，双面立焊多用于大型容器、大口径管线及船甲板的立焊位焊缝的焊接生产。为提高生产效率，这种焊接方式可以在容器内外错开焊位的情况下同时施焊，既提高了生产效率，又可以减少因焊接加热引起的工件变形。

图 2-36 所示为开 V 形坡口板对接立焊位工件图，钢板材料为 Q235B，要求读懂工件图样，完成工件实作任务，达到工件技术要求。

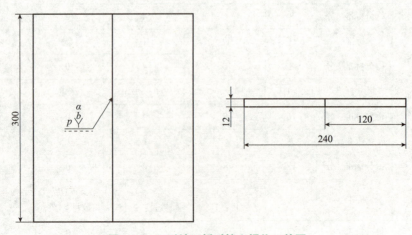

图 2-36　V 形坡口板对接立焊位工件图

技术要求如下：

（1）焊接方法采用焊条电弧焊，单面焊双面成型。

（2）工件材料为Q235B。

（3）接头形式为板板对接接头，焊接位置为立位。

（4）根部间隙 $b = 3.2 \sim 4.0$ mm，坡口角度 $\alpha = 60° \pm 5°$，钝边 $p = 0.5 \sim 1$ mm。

（5）要求单面焊双面成型，焊缝表面无缺陷，焊缝波纹均匀，宽窄一致，高低平整，焊缝与母材圆滑过渡，焊后无变形，具体要求参照评分标准。

【任务分析】

板对接立焊单面焊双面成型是工件和焊缝都垂直水平面的焊接位置，焊条熔化的液态金属和熔渣受重力作用容易下淌，加之熔渣的熔点低、流动性强，熔池金属和熔渣易分离，会造成熔池部分脱离熔渣的保护，当焊接电流选择或操作方法不当时，易产生焊瘤、未焊透和气孔等缺陷，且成型差；因此，焊接时须采用较小的焊接参数、短弧焊，适当地调整焊条倾角和相应的运条方法，控制熔池和熔孔的尺寸，保证正、反两面焊缝成型良好。

在立焊时密切注意熔池形状，发现椭圆形熔池下部边缘曲比较平直轮廓逐步变成鼓肚变圆时，表示熔池温度已稍高或过高，应立即灭弧，降低熔池温度，可避免产生焊瘤。打底层焊接在正常焊接时，熔孔直径大约为所用焊条直径的1.5倍，将坡口钝边熔化 $0.8 \sim 1.0$ mm，可保证焊缝背面焊透，同时不出现焊瘤，当熔孔直径过小或没有熔孔时，就有可能产生未焊透。盖面层焊接焊条横向摆动以焊芯到达坡口边缘为止，使坡口边缘熔化 $1 \sim 2$ mm，并且横向摆动的频率比平位焊稍快，前进速度也要均匀一致，以保证焊缝平整。

【相关知识】

板对接立焊可采用自上而下和自下而上两种焊接方法，分别称为立向下焊和立向上焊。

一、不开坡口的立向上焊

采用立向上焊时，根据焊条选择的原则可选用碱性焊条，焊条直径为 2.5 mm 或 3.2 mm，焊接电流要比平焊时小。对于不开坡口的对接立焊，当焊接薄板时，容易产生烧穿、咬边和变形等缺陷。采用短弧焊接，可使熔滴过渡的距离缩短，易于操作，有利于避免烧穿和缩小受热面积。运条手法可用直线形、月牙形或锯齿形等。如发现有熔化金属下淌、焊缝成型不良的部位，应立即铲去，一般可用电弧吹掉后再向上焊接。当发现有烧穿时，应立即停止焊接，将烧穿部位焊补后，再进行焊接。

二、不开坡口的立向下焊

采用立向下焊时，应采用立向下焊焊条，焊接时焊条不摆动，焊条套筒直接放在工件表面，直拖而下。向下立焊时，所用焊条的熔渣凝固温度范围较小，这样焊接时既不淌渣，又能盖住焊缝，焊接速度比立向上焊快 1 倍，焊缝成型良好，是一种值得推广的焊接技术。立向下焊一般用于薄板的焊接，在造船行业中用得比较多。

当采用酸性焊条时，也必须用小直径焊条，并注意焊条的角度，一般采用长电弧焊接法。在操作中应注意观察焊缝的中心线、焊接熔池和焊条的起落位置。酸性焊条的熔渣为长渣，因此要求焊条摆动速度快而准确。焊条的摆动方法是以焊缝中心线为准的，应从左右两侧向中间做半圆形摆动。

三、开 V 形坡口对接的多层立焊

开 V 形坡口对接立焊，一般采用多层焊。在焊接时，一定要注意每层焊缝的成型，如果焊缝不平，中间高，两侧低，甚至形成尖角，则不仅给清渣带来困难，而且成型不良会造成夹渣、未焊透等缺陷。开坡口的对接立焊分为打底层焊接、中间层焊缝焊接、盖面层焊接接、封底焊。

1. 打底层焊接

多层焊时，在焊接接头根部焊接的焊道为打底层焊接道。打底层焊接时应选用直径较小的焊条和较小的焊接电流。对开 V 形坡口的厚板可采用小三角形运条法；对开 V 形坡口的中厚板或较薄板，可采用小月牙形运条法。打底层焊接时一定要保证焊缝质量，特别要注意避免产生气孔。如果第一层焊缝产生了气孔，就会形成自下而上的贯穿气孔。在焊接厚板时，打底层焊接宜采用逐步退焊法，每段长度不宜过长，应按每根焊条可能焊接的长度来计算。

2. 中间层焊缝焊接

中间层焊缝焊接的主要要求是填满焊缝。为提高生产效率，可采用月牙形运条，焊接时应避免产生未熔合、夹渣等缺陷。接近表面的一层焊缝的焊接非常重要，首先要将以前各层焊缝凸凹不平处加以平整，为焊接盖面层焊接缝打好基础；这层焊缝一般比板面低 1 mm 左右，而且焊缝中间应有些凹，以保证表面焊缝成型美观。

3. 盖面层焊接接

盖面层焊接多层焊的最外层焊缝，应满足焊缝外观尺寸的要求。运条手法可按要求的焊缝余高加以选择。如果余高要求较高，焊条可做月牙形摆动；如果对余高要求稍平整，焊条可做锯齿形或单 8 字形摆动。在盖面层焊接缝焊接时，应注意运条的速度必须均匀一致。当焊条在焊缝两侧时，要将电弧进一步缩短，并稍微停留，这样有利于熔滴的过渡和减小电弧的辐射面积，以防产生咬边等缺陷。

4. 封底焊

封底焊是下面对接坡口焊完后，在焊缝背面施焊的最终焊道。封底焊焊前应用碳弧气刨清除焊根。立焊时，这一焊缝的操作与盖面层焊接接相似，只是横向摆动幅度小些。

【任务实施】

一、安全检查

同项目任务二。

二、焊前准备

1. 工件准备

Q235B 钢板，300 mm × 120 mm × 12 mm，两块。采用气割的方式开坡口，坡口单边角度为 30°，钝边为 0.5 ～ 1 mm。检查钢板平直度，并修复平整。采用角磨机将坡口及其附近 20 ～ 30 mm 范围内清理干净，露出金属光泽。

2. 焊接材料

焊条为 E4303（J422），ϕ 3.2 mm。烘干温度为 100 ～ 150 ℃，并保温 1 ～ 2 h，随取随用。

3. 辅助工具及量具准备

在焊工操作作业区附近准备好钢丝刷、清渣锤、錾子、钢直尺、焊接检验尺等工具和量具。

4. 装配定位

将两块钢板放于水平位置，使两端头平齐，在两端头进行定位焊。定位焊焊缝长度为 10 ～ 15 mm，装配间隙为始焊处 3.2 mm，终焊处 4 mm，反变形量为 2° ～ 3°，错边量 ≤ 1 mm，如图 2-37 所示。

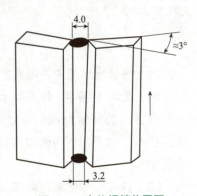

图 2-37　定位焊缝位置图

5. 固定工件

把装配好的工件竖直固定在操作平台或焊接胎架上，焊缝与地面垂直。间隙小的一端在下，立向上焊接。

6. 焊接参数设定

Q235B 板对接立位焊条电弧焊的焊接工艺卡，见表 2-24。

表 2-24　焊条电弧焊板对接立焊工艺卡

材料牌号	Q235B 钢板				
材料规格 /（mm×mm×mm）	300×120×12				
接头种类	对接				
坡口形式	V 形				
坡口角度 /（°）	60				
钝边 /mm	1～1.5				
组对间隙 /mm	3～4	接头简图			
焊接方法	SMAW				
电源种类	直流	焊后热处理	种类 —	保温时间 —	
电源极性	反接		加热方式 —	层间温度 —	
焊接位置	3G		温度范围 —	测量方法 —	

焊接参数					
焊层	焊材型号	焊材直径 /mm	焊接电流 /A	焊接电压 /V	焊接速度 /（cm·min⁻¹）
打底层		3.2	90～100	20～24	/
填充层	E4303	3.2	120～135	20～24	/
盖面层		3.2	115～125	20～24	/

三、焊接操作

1. 打底层焊接

（1）将装配好的工件垂直固定在离地面一定距离的工装上，间隙小的一端在下，从间隙小的一端向上施焊，焊条与水平方向的夹角为 90°，与垂直方向的夹角为 60°～80°，如图 2-38 所示，开始焊接时，由于试板两侧温度较低，可将焊条角度提高到 85°。

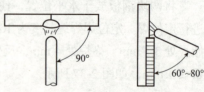

图 2-38　焊条角度

（2）打底层焊接采用断弧焊法，在试板下端定位焊缝上面引燃电弧，电弧稍做停顿，预热 1～2 s 后，开始摆动并向上运动，到定位焊缝前沿时，稍加大焊条角度，同时下压电弧并稍做摆动，当听到击穿声时形成熔孔，注意控制熔孔和熔池的大小，合适的熔孔大小如图 2-39 所示。立焊熔孔可以比平焊时稍大些，熔池表面呈水平的椭圆形，焊接电弧应控制短些，使焊条药皮熔化时产生的气体和熔渣能可靠地保护熔池，防止产生气孔，焊条末端离坡口底边的距离为 1.5～2 mm，使电弧的 1/2 对着坡口间隙，电弧的 1/2 覆盖在熔池上，大约有 1/2

电弧在熔池的上部坡口间隙中燃烧。

（3）焊缝接头。每当焊完一根焊条收弧时，应将焊条向焊接反方向拉回 10～15 mm，并将电弧迅速拉长直至熄灭，这样可避免弧坑处出现缩孔，并使冷却后的熔池形成一个缓坡，有利于接头。当采用热接法时，更换焊条要迅速，在熔池上方约 10 mm 处的一侧坡口面上引弧，引燃后立即拉回到原来的弧坑上进行预热，焊条角度比正常焊接角度大 10°左右，压低电弧向焊道根部背面压送，稍做停留，等焊缝根部被击穿并形成熔孔时，焊条倾角恢复正常角度，不宜急于熄弧，最好在连弧锯齿形摆动几下之后，再恢复正常的断弧焊法。冷接法施焊前，先清理接头处焊渣并将收弧处焊缝打磨成缓坡状，然后按热接法的引弧位置、操作方法进行焊接。

2. 填充层焊接

（1）填充层采用连弧焊法，在施焊前，应将打底层的熔渣和飞溅清理干净，焊接接头过高处打磨平整。焊条与试板的下倾角为 70°～80°，比打底层焊接时可稍小些，以防由于重力作用熔化金属下淌，造成焊缝成型困难和形成焊瘤。采用月牙形或锯齿形横向摆动，由于焊缝增宽，焊条摆动的幅度应较打底层宽，坡口两侧稍做停顿，焊条从坡口一侧摆至另一侧时应稍快些，防止焊缝形成凸形，电弧控制短些，保证焊缝与母材熔合良好和避免夹渣。填充层焊接的熔孔如图 2-39 所示。填充层焊接的运条方法，如图 2-40 所示。

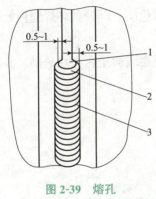

图 2-39　熔孔

1—熔孔；2—熔池；3—焊缝

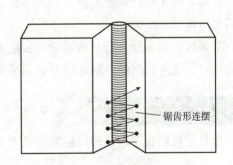

图 2-40　填充层焊接的运条方法

（2）填充层焊完后的焊缝应比坡口边缘低 1～1.5 mm，如图 2-41 所示，焊缝平整或呈凹形，便于盖面层时看清坡口边缘，为盖面层的施焊打好基础。接头时，应先在弧坑上方 10 mm 处引弧，再将电弧拉至弧坑处，将弧坑填满，然后转入正常焊接。

3. 盖面层焊接

盖面层施焊前应将前一层的熔渣和飞溅清除干净，施焊时的焊条角度、运条方式和接头方法与填充层相同，但焊条水平摆动幅度比填充层更宽。在施焊时应注意运条速度要均匀、宽窄要一致，焊条摆动到坡口两侧时应将电弧进一步压低，并稍做停顿，避免咬边，从一侧摆至另一侧时应稍微快些，防止产生焊瘤。运条时使每个新熔池覆盖前一个熔池的2/3～3/4，始终控制电弧熔化母材棱边 1 mm 左右范围内的金属，这样可有效地获得宽度一致的平直焊缝，如图 2-42 所示。盖面层焊接接头时，在何处收弧则在何处接弧，使接头圆滑过渡。

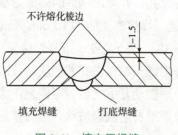

图 2-41　填充层焊缝

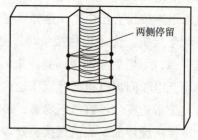

图 2-42　盖面层焊接的运条方法

四、清理现场

必须整理工具设备，关闭电源，将电缆线盘好，清扫场地。确认无安全隐患，并做好使用记录。

五、焊后检验

将焊好的工件用钢丝刷反复拉刷焊道，除去焊缝氧化层。严禁破坏焊缝原始表面，禁止用水冷却。

对焊缝表面质量进行目视检验，使用 5 倍放大镜观察表面是否存在缺陷，并使用焊接检验尺对焊缝进行测量，测量结果应满足要求。

【任务评价】

焊接质量检查要求及评分标准，见表 2-25。

表 2-25　焊条电弧焊板对接立焊评分标准

检查项目		标准分数	焊缝等级				测量数值 / mm	实际得分 / 分
			I	II	III	IV		
正面	焊缝余高	标准 /mm	>0, ≤ 2	>2, ≤ 3	>3, ≤ 4	>4, <0		
		分数 / 分	5	3	2	0		
	焊缝高低差	标准 /mm	≤ 1	>1, ≤ 2	>2, ≤ 3	>3		
		分数	2.5	1.5	1	0		
	焊缝宽度	标准 /mm	>18, ≤ 19	>19, ≤ 20	>20, ≤ 21	>21, <18		
		分数 / 分	5	3	2	0		
	焊缝宽窄差	标准 /mm	≤ 1.5	>1.5, ≤ 2	>2, ≤ 3	>3		
		分数 / 分	2.5	1.5	1	0		

检查项目		标准分数	焊缝等级				测量数值 / mm	实际得分 / 分
			Ⅰ	Ⅱ	Ⅲ	Ⅳ		
正面	咬边	标准 /mm	无咬边	深度 <0.5 且长度≤ 10	深度 <0.5 且长度≤ 20	深度 >0.5 或长度 >20		
		分数 / 分	5	3	2	0		
	错变量	标准 /mm	0	≤ 0.5	>0.5，≤ 1	>1		
		分数 / 分	5	3	2	0		
	角变形	标准 /mm	0～1	>1，≤ 3	>3，≤ 5	>5		
		分数 / 分	5	3	2	0		
	表面成型	标准 /mm	优	良	一般	差		
		分数 / 分	10	6	4	0		
反面	焊缝高度	0～3 mm　5 分		>3 mm 或 <0　0 分					
	咬边	无咬边　5 分		有咬边　0 分					
	凹陷	无内凹　10 分		深度≤ 0.5 mm，每 2 mm 长扣 0.5 分 深度 >0.5 mm　0 分					
焊缝内部质量检验		按《焊缝无损检测 射线检测 第 1 部分：X 和伽马射线的胶片技术》（GB/T 3323.1—2019）	I 级片无缺陷 / 有缺陷	Ⅱ级片	Ⅲ级片	Ⅳ级片		
		40	40/35	30	20	0		
合计			100 分					

焊缝外观成型评判标准			
优	良	中	差
成型美观，焊缝均匀、细密，高低宽窄一致	成型较好，焊缝均匀、平整	成型尚可，焊缝平直	焊缝弯曲，高低、宽窄明显

注：工件焊接未完成；表面修补及焊缝正反两面有裂纹、夹渣、气孔、未熔合缺陷；该件做 0 分处理

任务七　板对接横焊技能训练

◎学习目标：能正确选择焊条电弧焊板对接横焊焊接参数，掌握板对接横焊的操作方法。

◎学习重点：板对接横焊的装配定位焊、板对接横焊的操作方法。

◎学习难点：焊接接头操作技术、运条方法和焊条角度。

在工程实际中，板对接横焊多用于大型容器和大口径管线的横位焊缝的焊接生产。这种焊接方式可以在容器内外错位下同时施焊，既提高了生产效率，又可以减小因焊接加热而引起的工件变形。图 2-43 所示为板对接横焊工件图，板件材料为 Q235B。要求读懂工件图样，完成板对接双面横焊任务，达到工件图样技术要求。

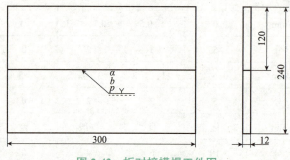

图 2-43　板对接横焊工件图

技术要求如下：

（1）焊接方法采用焊条电弧焊，单面焊双面成型。

（2）工件材料为 Q235B。

（3）接头形式为板板对接接头，焊接位置为横位。

（4）根部间隙 $b = 3.2 \sim 4.0$ mm，坡口角度 $\alpha = 60° \pm 5°$，钝边 $p = 0.5 \sim 1$ mm。

（5）要求单面焊双面成型，焊缝表面无缺陷，焊缝波纹均匀，宽窄一致，高低平整，焊缝与母材圆滑过渡，焊后无变形，具体要求参照评分标准。

【任务分析】

板对接横焊时，熔滴和熔池中熔化的金属受重力作用容易下淌，焊缝成型较困难，如果焊接参数选择不当或运条操作不当，则容易产生焊缝上侧咬边、焊缝下侧金属下坠、焊瘤、夹渣、未焊透等缺陷。为避免上述缺陷的产生，应采用短弧、多层多道焊接，并根据焊道的不同位置，及时调整焊条的角度和焊接速度，控制熔池和熔孔的尺寸，保证正、反两面焊缝成型良好。

【相关知识】

一、对接横焊的特点

对接横焊的熔池与熔渣容易分清，铁水发亮，熔渣发暗，与立焊类似。采用多层多道焊能防止熔滴下淌，但焊缝外观不平整。根据钢板的厚度不同，对接横焊可分为不开坡口双面焊、开坡口多层焊或多层多道焊和单面焊双面成型等。

二、不开坡口板对接横焊技术

1. 焊条角度

当工件厚度≤6 mm时，适合不开坡口对接横焊。进行正面横焊时，焊条直径宜为3.2～4.0 mm，焊条与焊接速度方向的焊缝中心线呈70°～80°夹角，焊条与下板呈75°～80°夹角，如图2-44所示。

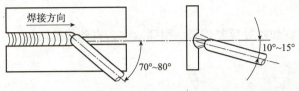

图2-44　对接横焊焊条角度

2. 焊接电流

焊接正面时，焊接电流可比平焊对接时小10%～15%，否则会使熔池温度升高，金属处于液态的时间较长，容易下淌形成焊瘤。如果熔渣超前，焊接操作时需要特别注意，要用焊条沿焊缝将熔渣轻轻拨掉，否则熔化金属也会下淌。

反面封底焊时，应选用细焊条，焊接电流可适当加大，一般可采用平焊时的焊接电流，用直线形运条法进行焊接。

（1）正面焊缝的焊接。要留有适当的间隙（1～2 mm），以得到一定的熔透深度，通常采取两层焊。

第一层焊道采用直线往复形运条法，选择小直径焊条。借助电弧的吹力托住熔化金属，防止其下淌。

第二层焊道（盖面层焊接缝）可采用多道焊来修饰焊缝。一般堆焊两条焊道；第一条焊道应该紧靠在第一层焊道的下边缘，覆盖第一层焊道约1/2的宽度；第二条焊道达到全覆盖，要注意使焊道与母材圆滑过渡。为防止咬边缺陷，最好使焊道窄而薄，所用焊条的直径和焊接电流要小，运条速度要快，用直线形或直线往复形运条方法进行焊接。

（2）背面封底焊。为保证一定的熔透深度，在封底焊前，要清理正面打底层焊接缝根部的熔渣，使封底焊缝与正面焊缝良好熔合；应选用小直径的焊条和稍大的焊接电流，采用直线形运条法，用一条焊道完成背面的封底焊接。

3. 运条方法

当工件较薄时，用直线形或直线往复形运条法，可利用焊条向前移动使熔池得到冷却，防止烧穿。

当工件较厚时，可采用短弧直线形或小斜圆圈形运条法，以得到合适的熔深。用直线形或斜圆圈形运条法时，斜圆圈与焊缝中心线约45°，如图2-45所示。要注意焊接速度应稍快些，而且

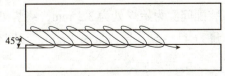

图2-45　对接横焊斜圆圈形运条法

要均匀，以免熔滴过多地熔化在某一点上，形成焊瘤并造成焊缝上部咬边，影响焊缝成型。

4. 接头方法

在弧坑前（约 10 mm 处）引弧，电弧可比正常焊接时略微长些，然后将电弧后移到原弧坑的 2/3 处，填满弧坑后即向焊接方向移动。必须注意后移量，如果电弧后移太多，则可能造成接头过高，后移太少将造成接头脱节，产生弧坑、未填满的缺陷。

5. 收尾方法

焊缝收尾时，可在弧坑处反复熄弧、引弧数次，直到将弧坑填满为止。

【任务实施】

一、安全检查

同项目任务二。

二、焊前准备

1. 工件准备

Q235B 钢板，300 mm × 120 mm × 12 mm，两块。采用气割的方式开坡口，坡口单边角度为 30°，钝边为 0.5 ～ 1 mm。检查钢板平直度，并修复平整。采用角磨机将坡口及其附近 20 ～ 30 mm 范围内清理干净，露出金属光泽。

2. 焊接材料准备

选用 E4303（J422），ϕ 3.2 mm 和 ϕ 4.0 mm 的焊条，严格要求进行 150 ～ 200 ℃烘干，并保温 1 h。

3. 辅助工具及量具准备

在焊工操作作业区附近准备好钢丝刷、清渣锤、錾子、钢直尺、焊接检验尺等工具和量具。

4. 装配定位

将两块钢板放于水平位置，使两端头平齐，在两端头进行定位焊，定位焊焊缝长度为 10 ～ 15 mm。装配间隙为始焊处为 3.2 mm，终焊处 4 mm，反变形量为 4° ～ 5°，错边量 ≤ 1 mm，如图 2-46 所示。

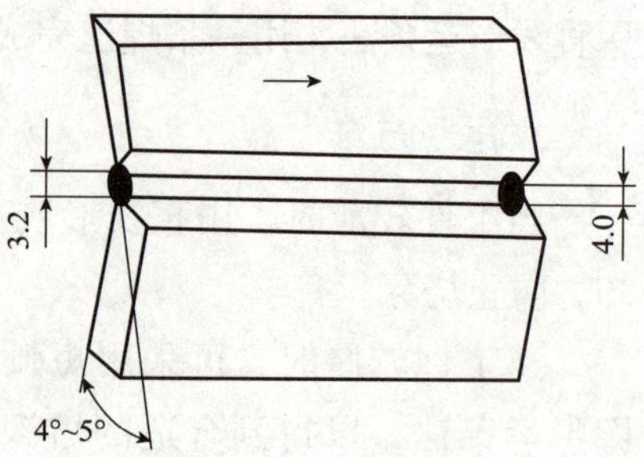

图 2-46　定位焊缝位置

5. 固定工件

把装配好的工件横向固定在操作平台或焊接胎架上，焊缝与地面平行。采用右焊法焊接，所以将组对间隙小的放在左侧。

6. 焊接参数设定

低碳钢板对接横焊焊条电弧焊的焊接工艺卡，见表2-26。

表 2-26　板对接横焊焊条电弧焊工艺卡

材料牌号	Q235B 钢板				
材料规格 /mm	12				
接头种类	对接				
坡口形式	V 形				
坡口角度 /（°）	60				
钝边 /mm	0.5 ～ 1				
组对间隙 /mm	3.2 ～ 4				
焊接方法	SMAW				
电源种类	直流	焊后热处理	种类 ｜ —	保温时间	—
电源极性	反接		加热方式 ｜ —	层间温度	—
焊接位置	2G		温度范围 ｜	测量方法	

焊接坡口图（60°，12，0.5~1，3.2~4）

焊接参数					
焊层	焊材型号	焊材直径 /mm	焊接电流 /A	焊接电压 /V	焊接速度 /（cm·min⁻¹）
打底层		3.2	100 ～ 110	20 ～ 24	12 ～ 14
填充层	E4315	3.2	145 ～ 150	20 ～ 24	12 ～ 14
盖面层		3.2	130 ～ 140	20 ～ 24	12 ～ 14

三、焊接操作

1. 打底层焊接

板对接横焊采取三层六道，焊道分布如图 2-47 所示。

（1）横板直流反接灭弧打底。焊接打底层时，由于过渡液态金属受重力影响，容易偏离焊条轴线，向下倾斜。因此，在短弧施焊的基础上，除保持一定的下倾角 80° ～ 90° 外，还需与工件的水平轴线倾斜 70° ～ 80°，如图 2-48 所示。

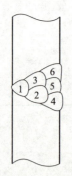

图 2-47 焊道分布

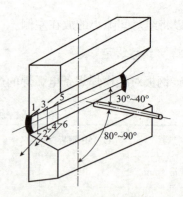

图 2-48 打底层焊接运条

（2）在定位焊缝前 10 ～ 15 mm 处的坡口面上划擦引弧，然后将电弧迅速回拉到定位焊缝中心部位处加热坡口，当见到坡口两侧金属即将熔化时，将熔滴金属送至坡口根部，并压一下电弧，使熔滴与熔化的定位焊缝和母材金属熔合成第一个熔池。当听到背面电弧的穿透声时，表明已形成了明显可见的熔孔，这时使焊条与工件保持呈一定的倾角，依次在下坡口面和上坡口面上接近钝边处击穿施焊。熔孔如图 2-49 所示。

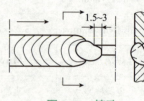

图 2-49 熔孔

（3）横焊打底层在使用碱性焊条灭弧焊法施焊时，不能像酸性焊条那样靠长弧预热或跳弧控制熔池温度，必须采用短弧焊；否则容易产生气孔，工件背面弧长应保持约 1/2 弧柱长度。

2. 填充层焊接

（1）填充第一道：填充层采用两道，自下向上焊，在坡口内引弧，将电弧拉到起焊处下坡口熔合线处，并使一部分电弧外露于试板，待熔渣向外流时，向焊接方向倾斜焊条，并向前运动 3 ～ 5 mm，然后压低电弧向上向右运动到起焊处上方熔合线处并稍做停留，待上方充分熔合并填满后，再压低电弧以 45° 向下运动，至下熔合线后，焊条再沿下熔合线向前运动 1 ～ 3 mm，不停留，然后快速向上运动。

注意：随焊接的进行，电弧偏吹程度减小，焊条向前倾斜的程度也逐渐减小，当焊接至最后方时电弧会向左侧偏吹，同样焊条应向左倾。

（2）填充第二道：第一层填充层焊完后焊道宽度较宽，如果再采用圆圈法或斜锯齿法会由于熔池体积过大而不易控制，所以这一层应采用多道焊（有的称为排焊）。因为并不是很宽，所以采用一层两道的方法。

（3）下侧一道的焊接：焊条与下方母板约呈 70° 角，如图 2-50 所示，与前方夹角视电弧偏吹及熔渣流动而定。在坡口内起焊，引弧位置要离开起焊处大约 10 mm，引燃电弧后拉至起焊处，一部分电弧稍外露于试板，待熔渣稍外流时，压低电弧倾斜焊条直线法向前运动，要保证一少部分电弧熔化下熔合线及下坡口，大部分电弧位于前一层焊道上。

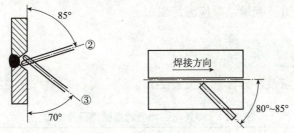

图 2-50　焊条角度示意图

3. 盖面层焊接

盖面层焊接时，同填充层采用多道焊。最下方一道焊接时焊条稍向下倾 85° ～ 90°。焊条角度如图 2-51 所示。焊条电弧的下边缘与下坡口边平，采用低电弧直线法。焊条与焊接方向的夹角要随熔渣的流动而改变。始终使熔渣紧跟电弧，要控制熔渣不可向下流淌，以获得与下坡口过渡圆滑的焊道。最上方一道的预留位置不要大，要稍小一些，这样最上方一道可以压低电弧快焊，熔池体积小，成型易控制，不咬边。

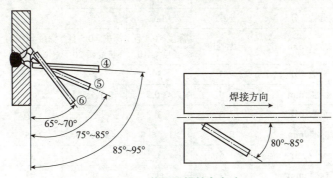

图 2-51　盖面层焊接条角度

在实践中大多焊工在横焊的多道焊时采用带渣焊，其好处为快且平滑，不咬边，但前提是大电流热焊。这样会使焊道长时间处于高温状态，导致晶粒粗大，机械性能降低，所以宜采用清渣焊。

四、清理现场

必须整理工具设备，关闭电源，将电缆线盘好，清扫场地。确认无安全隐患，并做好使用记录。

五、焊后检验

将焊好的工件用钢丝刷反复拉刷焊道，除去焊缝氧化层。严禁破坏焊缝原始表面，禁止用水冷却。

对焊缝表面质量进行目视检验，使用 5 倍放大镜观察表面是否存在缺陷，并使用焊接检验尺对焊缝进行测量，测量结果应满足要求。

【任务评价】

焊接质量检查要求及评分标准，见表 2-27。

表 2-27　焊条电弧焊板对接横焊评分标准

检查项目		标准分数	焊缝等级				测量数值/mm	实际得分/分
			I	II	III	IV		
正面	焊缝余高	标准/mm	>0，≤1.5	>1.5，≤2	>2.5，≤3	>3，<0		
		分数/分	5	3	2	0		
	焊缝高低差	标准/mm	≤1	>1，≤2	>2，≤3	>3		
		分数/分	2.5	1.5	1	0		
	焊缝宽度	标准/mm	>15，≤16	>16，≤17	>17，≤18	>18，<15		
		分数/分	5	3	2	0		
	焊缝宽窄差	标准/mm	≤1.5	>1.5，≤2	>2，≤3	>3		
		分数/分	2.5	1.5	1	0		
	咬边	标准/mm	无咬边	深度<0.5且长度≤10	深度<0.5且长度≤20	深度>0.5或长度>20		
		分数/分	5	3	2	0		
	错变量	标准/mm	0	≤0.5	>0.5，≤1	>1		
		分数/分	5	3	2	0		
	角变形	标准/mm	0～1	>1，≤3	>3，≤5	>5		
		分数/分	5	3	2	0		
	表面成型	标准/mm	优	良	一般	差		
		分数/分	10	6	4	0		
反面	焊缝高度	0～3 mm　5分		>3 mm 或 <0　0分				
	咬边	无咬边　5分		有咬边　0分				
	凹陷	无内凹　10分		深度≤0.5 mm，每2 mm长扣0.5分 深度>0.5 mm　0分				
焊缝内部质量检验		按《焊缝无损检测 射线检测 第1部分：X和伽马射线的胶片技术》（GB/T 3323.1—2019）	I级片无缺陷/有缺陷	II级片	III级片	IV级片		
		40	40/35	30	20	0		
合计			100分					
焊缝外观成型评判标准								
优			良		中		差	
成型美观，焊缝均匀、细密，高低宽窄一致			成型较好，焊缝均匀、平整		成型尚可，焊缝平直		焊缝弯曲，高低、宽窄明显	

注：工件焊接未完成；表面修补及焊缝正反两面有裂纹、夹渣、气孔、未熔合缺陷；该件做0分处理

任务八　管对接垂直固定焊技能训练

◎学习目标：能正确选择焊条电弧焊管对接垂直固定焊焊接参数；掌握焊条电弧焊管对接垂直固定焊的操作方法。

◎学习重点：管对接垂直固定焊的装配定位焊和管对接垂直固定焊多层多道焊的操作方法。

◎学习难点：防止背面焊缝下垂，控制表面焊缝宽度和中间凹槽方法。

【任务描述】

在生产实践中，管对接垂直固定单面焊双面成型多用于锅炉、换热器或采暖小口径管道垂直固定的环焊缝的焊接生产和维修中。这种焊接方式可以在垂直固定的小口径管道外面施焊而内面也能形成焊缝。

图 2-52 所示为管对接垂直固定 V 形坡口单面焊双面成型工件图，材料为 20 钢。要求读懂工件图样，学习管对接垂直固定焊的基本操作技能，完成工件的实作任务，达到工件图样技术要求。

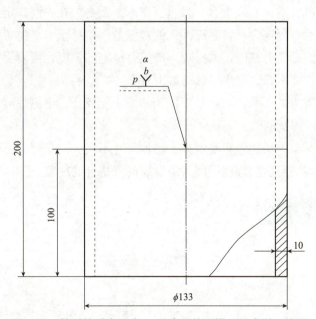

图 2-52　管对接垂直固定 V 形坡口单面焊双面成型工件图

技术要求如下：

（1）焊接方法为焊条电弧焊，单面焊双面成型。

（2）工件材料为 20 钢。

（3）根部间隙 $b = 2 \sim 4.0$ mm，坡口角度 $\alpha = 60° \pm 5°$，钝边 $p = 1 \sim 1.5$ mm。

（4）工件空间位置符合垂直固定焊要求。

图 2-52 所示的工件为两段管端部开 V 形 60° 坡口，对接并垂直固定，要用焊条电弧焊完成单面焊双面成型的环形焊缝。焊接位置为横焊，但与板对接横焊不同，在管对接垂直固定焊缝的焊接过程中，要不断地沿着管子圆周调整焊条角度。焊接时应注意以下问题：

（1）管垂直固定焊缝焊接运条时，要随管子圆周位置而变，手腕转动的不灵活会使电弧过长，电弧电压过大，在盖面层焊接缝上边缘容易产生咬边。

（2）焊接电流过小时，熔渣与熔池混淆不清，熔渣来不及浮出，如果运条速度快慢不匀，在焊缝下边缘处容易产生熔合不良或夹渣。

（3）焊接电流过大时，运条速度过慢或动作不协调，在焊缝下边缘处容易出现下坠的焊瘤。

管垂直固定焊单面焊双面成型时，液态金属受重力影响，容易下淌形成焊瘤或下坡口边缘熔合不良，坡口上侧易产生咬边等缺陷。因此，焊接过程中应始终保持较短的焊接电弧、较少的送进量和较快的间断熄弧频率，并有效控制熔池温度，从而防止液态金属下淌。注意，焊条角度随着环形焊缝的周向变化而变化，以获得满意的焊缝成型。

【相关知识】

两段同径等壁厚管的中心线重合，且垂直于水平面叠放在一起固定，这种管类固定位置焊接称为管对接垂直固定焊。管垂直固定的焊缝是一条处于水平位置的环缝，与平板对接横焊类似，不同的是管垂直固定的横焊环缝具有一定的弧度，因而焊条在焊接过程中是随弧度运条焊接的。管垂直固定焊接具有如下特点。

（1）熔池因自重力的影响，有自然下淌而造成上侧咬边、下侧焊瘤的趋势，焊缝隙表面易出现凸凹不平的焊缝缺陷。

（2）多道焊的运条方法比较容易掌握，熔池尺寸不大。

（3）多层多道焊时易引起焊缝层间夹渣及层间未熔合的现象。

【任务实施】

一、安全检查

同项目任务二。

二、焊前准备

1. 工件准备

20 钢管，$\phi 133 \text{ mm} \times 12 \text{ mm}$，长度为 100 mm，两段。采用角磨机或钢丝刷对焊接区进行清理，需打磨工件表面，去除锈蚀、油污等，露出金属光泽。

2. 焊接材料准备

选用 E4303（J422），ϕ 3.2 mm 的焊条，严格要求进行 150～200 ℃烘干，并保温 1 h。

3. 辅助工具及量具准备

在焊工操作作业区附近准备好钢丝刷、清渣锤、錾子、钢直尺、焊接检验尺等工具和量具。

4. 装配定位

装配间隙为 2～4 mm，错边量 ≤ 0.5 mm；两点定位（图 2-53），焊缝长 10 mm 左右，定位焊点两端应先打磨成斜坡，以利于接头。

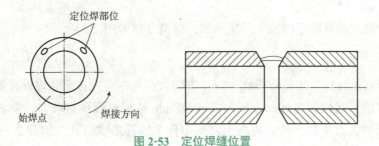

定位焊部位

始焊点　　焊接方向

图 2-53　定位焊缝位置

5. 固定工件

把装配好的工件竖直固定在操作平台或焊接胎架上。从组对间隙小的一侧开始焊接。

6. 焊接参数设定

焊条电弧焊管对垂直固定焊焊接工艺卡，见表 2-28。

表 2-28　焊条电弧焊管对接垂直固定焊工艺卡

材料牌号	20 钢管				
材料规格 /（mm×mm）	ϕ 133 × 12				
接头种类	对接				
坡口形式	V 形				
坡口角度 /（°）	60				
钝边 /mm	1～1.5				
组对间隙 /mm	2～4				
焊接方法	SMAW				
电源种类	直流	焊后热处理	种类	—	保温时间	—
电源极性	反接		加热方式	—	层间温度 / ℃	≤ 100
焊接位置	2G		温度范围	—	测量方法	—

接头简图

1~1.5 mm
2~4 mm
12 mm
60°
1 2 3 4 5 6

焊接坡口图

焊接参数					
焊层	焊材型号	焊材直径 /mm	焊接电流 /A	焊接电压 /V	焊接速度 / （cm·min⁻¹）
打底层		3.2	90～100	20～24	10～12
填充层	E4315	3.2	100～120	20～24	10～12
盖面层		3.2	100～130	20～24	10～12

三、焊接操作

低碳钢管对接垂直固定焊采取三层六道，焊道分布如图 2-54 所示。

1. 打底层焊接

（1）采用直流反接，连弧焊操作。焊接方向从左到右，先选定始焊处，焊接起弧点选择在下管坡口面，起弧后迅速向左回退 5～10 mm 拉长电弧预热坡口，待坡口处接近熔化状态时压低电弧，形成熔池，再向上斜拉熔化上侧管形成熔孔，如图 2-55 所示。正常形成熔孔后采用斜圆圈形或斜锯齿形运条法向右连续前进，始终保持短弧焊接。在焊接过程中，为防止熔池金属流淌，电弧在上坡口侧停留的时间应略长些，同时要有 1/3 电弧通过坡口间隙在管内燃烧。电弧在下坡口侧只是稍加停留，有 2/3 的电弧通过坡口间隙在管内燃烧。打底层焊接道应在坡口正中偏下，焊缝上部不要有尖角，下部不允许有熔合不良等缺陷。

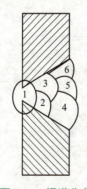

图 2-54　焊道分布

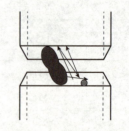

图 2-55　打底层焊接起弧

（2）操作时的焊条角度：焊条下倾角为 5°～10°，如图 2-56 所示，焊条与管子切线方向（焊接方向）的夹角为 80°～85°。随着焊接向右进行，电弧深度逐渐减小，焊条角度逐渐增大，如图 2-57 所示。

（3）接头操作时，换焊条的速度要快，趁熔孔还是红色的状态，在熔孔的 1/2 处起弧，听到击穿声稍做斜矩齿形运条动作，正常向前连续焊接。

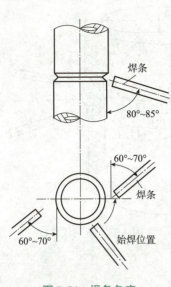

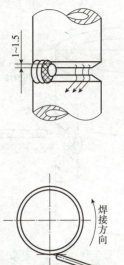

图 2-56　焊条角度　　　　　　图 2-57　焊条角度及电弧轨迹

（4）收弧操作时，焊条下压，熔孔稍有增大后，缓慢将电弧带至熔孔上方坡口内侧 10 mm 左右熄灭，防止产生冷缩孔。

（5）打底层操作的关键在于控制好熔池温度和熔孔的大小。熔孔过小，容易造成未焊透；应在压低电弧的同时增大焊条角度，适当减慢运条速度。熔孔过大，会出现背面焊缝超高及焊瘤缺陷；应减小焊条角度，加快运条速度。在操作过程中，只有控制好熔孔大小和熔池温度，才能焊出成型美观的根部焊缝。

2. 填充层焊接

填充层操作分两道进行，采用直流反接，斜锯齿形或斜圆圈形运条。第一道操作时，电弧在根部焊缝两侧适当停留，以防焊道两侧产生死角。第二道操作时，电弧在坡口上侧的停留时间稍长于下侧，焊接速度要均匀，使填充层焊道圆滑平整。填充过程中，控制好熔池的形状和温度，始终保持熔池处于近似水平状态；防止出现根部焊缝烧穿和铁液下坠现象；控制填充层焊道距离坡口表面 1 ～ 1.5 mm，避免熔化坡口边缘，为盖面层的操作打好基础。收尾时注意填满弧坑。焊接过程中注意始终保持熔池的水平状态，如图 2-58 所示。

3. 盖面层焊接

盖面层操作分三道进行，采用直流反接，斜锯齿形或斜圆圈形运条。操作时，掌握好焊条角度，尽量压低电弧，控制好熔池温度和形状；电弧在坡口上侧稍做停留，防止产生咬边、超高和焊瘤缺陷。接头操作时，要确保准确、到位，避免出现脱节和超高现象。焊缝宽度以坡口两边各熔化 1 mm 左右为宜，余高控制为 0 ～ 3 mm，如图 2-59 所示。

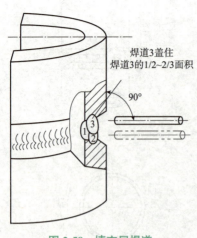

图 2-58　填充层焊道

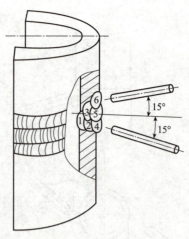

图 2-59　盖面层焊道

四、清理现场

必须整理工具设备，关闭电源，将电缆线盘好，清扫场地。确认无安全隐患，并做好使用记录。

五、焊后检验

将焊好的工件用钢丝刷反复拉刷焊道，除去焊缝氧化层。严禁破坏焊缝原始表面，禁止用水冷却。

对焊缝表面质量进行目视检验，使用 5 倍放大镜观察表面是否存在缺陷，并使用焊接检验尺对焊缝进行测量，测量结果应满足要求。

【任务评价】

焊接质量检查要求及评分标准，见表 2-29。

表 2-29　焊条电弧焊管对接垂直固定评分标准

检查项目		标准分数	焊缝等级				测量数值/mm	实际得分/分
			I	II	III	IV		
正面	焊缝余高	标准/mm	>0，≤2	>2，≤3	>3，≤4	>4，<0		
		分数/分	4	2	1	0		
	焊缝高低差	标准/mm	≤1	>1，≤2	>2，≤3	>3		
		分数/分	8	4	2	0		

检查项目		标准分数	焊缝等级				测量数值 / mm	实际得分 / 分
			I	II	III	IV		
正面	焊缝宽度	标准 /mm	>17，≤ 19	≥ 16，<17 或 >19，≤ 20	≥ 15，<16 或 >20，≤ 22	>22，<17		
		分数 / 分	4	2	1	0		
	焊缝宽度差	标准 /mm	>0，≤ 1.5	>1.5，≤ 2	>2，≤ 3	>3		
		分数 / 分	8	4	2	0		
	咬边	标准 /mm	无咬边	深度 <0.5 且长度≤ 10	深度 <0.5 且长度≤ 20	深度 >0.5 或长度 >20		
		分数 / 分	8	4	2	0		
	表面成型	标准 /mm	优	良	一般	差		
		分数 / 分	12	6	3	0		
反面	背面凹	标准 /mm	0	>0，≤ 1	>1，≤ 2	长度 >30		
		分数 / 分	4	2	0	0		
	背面凸	标准 /mm	0	>0，≤ 3	>3			
		分数 / 分	4	2	0			
	角变形	标准 / (°)	>0，≤ 1	>1，≤ 3	>3，≤ 5	>5		
		分数 / 分	4	2	1	0		
	错变量	标准 /mm	>0，≤ 0.5	>0.5，≤ 1	>1			
		分数 / 分	4	2	0			
焊缝内部质量检验		按《焊缝无损检测 射线检测 第 1 部分：X 和伽马射线的胶片技术》（GB/T 3323.1—2019）	I 级片无缺陷 / 有缺陷	II 级片	III 级片	IV 级片		
		40	40/35	30	20	0		
合计			100 分					
焊缝外观成型评判标准								
优			良		中		差	
成型美观，焊缝均匀、细密，高低宽窄一致			成型较好，焊缝均匀、平整		成型尚可，焊缝平直		焊缝弯曲，高低、宽窄明显	

注：工件焊接未完成；表面修补及焊缝正反两面有裂纹、夹渣、气孔、未熔合缺陷；该件做 0 分处理

◎学习目标：能正确选择焊条电弧焊管对接水平固定焊焊接参数，掌握焊条电弧焊管对接水平固定焊的操作方法。

◎学习重点：焊缝位置变化时手臂和手腕的转动方法。

◎学习难点：管对接水平固定焊仰位、平位接头技术，焊接位置变化焊条角度调整。

【任务描述】

在生产实践中，管对接水平固定单面焊双面成型多用于小型锅炉、换热器或采暖小口径管道水平固定的环焊缝的焊接和维修，这种焊接方式可以在水平固定的小口径管道外面施焊，而内面也能形成焊缝。

图 2-60 所示为管对接水平固定 V 形坡口单面焊双面成型工件图，材料为 20 钢。要求读懂工件图样，学习管对接水平焊的基本操作技能，完成工件实作任务，达到工件图样技术要求。

技术要求如下：

（1）焊接方法为焊条电弧焊，单面焊双面成型。

（2）工件材料为 20 钢。

（3）根部间隙 $b = 2 \sim 4.0$ mm，坡口角度 $\alpha = 60° \pm 5°$，钝边 $p = 1 \sim 1.5$ mm。

（4）工件空间位置符合水平固定焊要求。

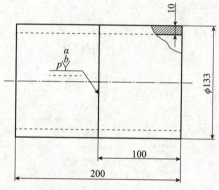

图 2-60　管对接水平固定焊工件图

【任务分析】

管对接水平位置固定焊又称为全位置焊接，在焊接过程中经历了仰焊、立焊和平焊三个过程。在这三个过程中，会出现不同的焊接缺陷和焊接问题，所以在焊接过程当中，应当在不同的焊接位置采用不同的焊接手法，以满足不同位置的焊接需要。随着焊接位置的变化，焊条角度要随着焊接位置的变化而变化，要始终与管子切线方向呈 80° ～ 90° 角，控制熔池和熔孔的尺寸，保证正、反两面焊缝成型良好。

【相关知识】

管水平固定焊接按直径不同可分为大直径管（ ≥ ϕ 108 mm）的焊接和小直径管（< ϕ 108 mm）的焊接；按管的厚度不同可分为厚壁管（ ≥ 10 mm）焊接和薄壁管（< 10 mm）焊接。管水平固定焊接具有以下主要特点。

一、焊接空间位置不断变化

管件的水平固定焊接空间位置沿环形连续不断地变化，而焊工不易随管件空间位置的变化而相应地改变运条角度，给焊接操作带来比较大的困难。

二、熔池形状不易控制

由于熔池形状不易控制，焊接过程中常出现打底层根部第一层焊不均匀的问题，焊道表面易出现凹凸不平的情况。

三、易产生焊接缺陷

管水平固定开 V 形坡口，焊缝根部经常出现焊接缺陷，其缺陷分布状况，如图 2-61 所示。位置 1 与 6 易出现多种焊接缺陷；位置 2 易出现塌腰与气孔；位置 3 和 4 液态熔池易下淌形成焊瘤；位置 5 易出现塌腰，使焊瘤或焊缝成型不均匀。

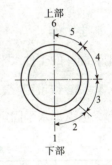

图 2-61　管水平固定焊接缺陷分布

【任务实施】

一、安全检查

同项目任务二。

二、焊前准备

1. 工件准备

20 钢管，ϕ133 mm × 12 mm，长度为 100 mm，两段。采用角磨机或钢丝刷对焊接区进行清理，需打磨工件表面，去除锈蚀、油污等，露出金属光泽。

2. 焊接材料准备

选用 E4303（J422），ϕ3.2 mm 的焊条，严格要求进行 150 ～ 200 ℃烘干，并保温 1 h。

3. 辅助工具及量具准备

在焊工操作作业区附近准备好钢丝刷、清渣锤、錾子、钢直尺、焊接检验尺等工具和量具。

4. 装配定位

装配间隙为 2 ～ 3 mm，错边量 ≤ 0.5 mm；两点定位，如图 2-62 所示，焊缝长 10 mm 左右，定位焊点两端应先打磨成斜坡，以利于接头。

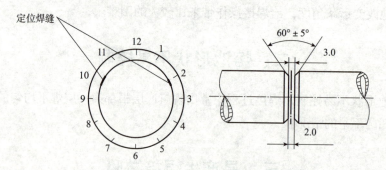

图 2-62　定位焊缝位置图

5. 固定工件

把装配好的工件水平固定在操作平台或焊接胎架上。组对间隙小的一侧在下方。

6. 焊接参数设定

焊条电弧焊水平固定焊焊接工艺卡，见表 2-30。

表 2-30　焊条电弧焊对接水平固定焊焊接工艺卡

材料牌号	20				
材料规格 / （mm × mm）	$\phi\,133 \times 12$				
接头种类	对接				
坡口形式	V 形				
坡口角度 /（°）	60				
钝边 /mm	1 ～ 1.5				
组对间隙 /mm	2 ～ 4				
焊接方法	SMAW				
电源种类	直流	焊后 热处理	种类	—	保温时间	—
电源极性	反接		加热方式	—	层间温度 / ℃	≤ 100
焊接位置	5G		温度范围	—	测量方法	—

焊接参数					
焊层	焊材型号	焊材直径 /mm	焊接电流 /A	焊接电压 /V	焊接速度 / （cm · min⁻¹）
打底层		3.2	90 ～ 110	20 ～ 24	8 ～ 10
填充层	E4315	3.2	100 ～ 120	20 ～ 24	8 ～ 10
盖面层		3.2	100 ～ 130	20 ～ 24	8 ～ 10

三、焊接操作

1. 打底层焊接

把管子的横断面看成钟表面，焊接开始时，以 6 点、12 点位置前向分为两个半周，分别进行焊接。焊接时从正仰焊位置由下向上分左右两半周进行焊接，先焊前半周，引弧和收弧部位要超过中心线 5～10 mm。前半周焊缝引弧与收弧位置，如图 2-63 所示。

（1）前半周的焊接：在仰焊部位 6 点位置前 10 mm 处坡口内采用划擦法引弧，用长弧进行预热，经 2～3 s 后，坡口两侧接近熔化状态时，立即压低电弧，坡口内形成熔池后，随即抬起焊条熄弧，使熔池降温，待熔池变暗时，重新引弧并压低电弧向上给送，形成第二个熔池，如此反复，向前施焊。

图 2-63　前半周焊缝引弧与收弧位置
1—引弧处；2—收弧处

（2）当运条到定位焊缝时，必须用电弧击穿根部间隙，使之充分熔合，在焊接过程中，焊条角度也必须相应改变，如图 2-64 所示。

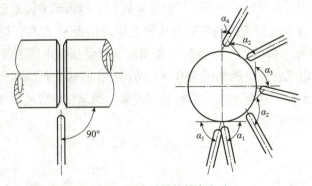

图 2-64　打底层焊接焊条角度
$\alpha_1 = 80° \sim 85°$；$\alpha_2 = 100° \sim 105°$；$\alpha_3 = 100° \sim 110°$；$\alpha_4 = 110° \sim 120°$

（3）收弧操作时，焊条下压，熔孔稍有增大后，缓慢将电弧带至熔孔上方坡口内侧 10 mm 左右熄灭，防止产生冷缩孔。接头操作时，在收弧处后方约 15 mm 处引弧，待电弧稳定后迅速移至收弧熔孔的 1/2 处，听到击穿声稍做斜矩齿形运条动作，向前灭弧焊接。

（4）后半周的焊接：后半部分焊缝焊接的操作方法与前半部分相似，但上下接头一定要接好，仰焊接头时，应把起头焊缝端头用工具修磨成斜口，这样既可把可能存在的缺陷去除，又有利于接头。接头处焊接时要使原焊缝充分熔化，并使之形成熔孔，以保证根部焊透，平焊接头时，应压低电弧，焊条前后摆动，推开熔渣，并击穿根部以保证焊透，熄弧前填满弧坑。

（5）打底层操作的关键在于控制好熔池温度和熔孔的大小，打点要准确。熔孔过小，容易造成未焊透；应在压低电弧的同时增大焊条角度，适当延长电弧燃烧时间。熔孔过大，会出现背面焊缝超高及焊瘤缺陷；应减小焊条角度，加快灭弧频率。操作过程中，只有控制好熔孔大小和熔池温度，才能焊出成型美观的根部焊缝。

2. 填充层焊接

填充层操作方法分两层进行，从仰焊位置开始、平焊位置终止，焊条角度与打底层焊接一样，分前、后两半周进行。焊接时，通常将打底层焊接前半周作为填充层焊接的后半周，目的是将上、下接头错开，如图 2-65 所示。采用横向锯齿形运条，在坡口两侧稍加停顿，但中间过渡稍快，以保证焊道与母材的良好熔合又不咬边，避免熔化坡口边缘，焊条前进速度要均匀一致，以保证焊道高低平整，为盖面层的操作打好基础，填充层焊接道的高度控制：仰焊部位及平焊部位距母材表面约 0.5 mm，立焊部件距母材表面约 1 mm。

接头时，迅速更换焊条，在弧坑上方 10 ～ 15 mm 处引燃电弧，把焊条拉至收弧处焊道中间，压住 2/3 熔池稍加停顿，形成熔池后横向摆动，当看到收弧处完全熔化时，即可转入正常焊接。

3. 盖面层焊接

盖面层操作采用直流反接，分前、后两半周进行，锯齿形或圆圈形运条，操作手法跟填充层焊接一样，焊条与管切线的前倾角比打底层焊接大 5° 左右。焊条与管子焊接方向夹角，如图 2-66 所示。操作时，掌握好焊条角度，尽量压低电弧，控制好熔池温度和形状；操作过程中，电弧在坡口两侧稍做停留，防止产生咬边、超高和焊瘤缺陷。接头操作时，要确保准确、到位，避免出现脱节和超高现象。焊缝宽度以坡口两边各熔化 1 mm 左右为宜，余高控制为 0 ～ 3 mm。

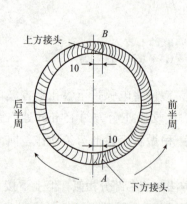

图 2-65　填充层焊接接头位置

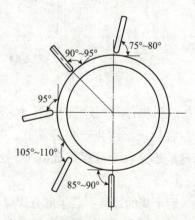

图 2-66　盖面层各位置焊条角度

焊接过程中，熔池始终保持椭圆形状且大小一致，在前半周收弧时，要对弧坑稍填些熔化金属，使弧坑呈斜坡状，为后半周的焊缝收尾创造条件。焊接后半周之前，应把前半周起头焊缝的焊渣敲掉 10 ～ 15 mm，焊缝收尾时应注意填满弧坑。

四、清理现场

必须整理工具设备，关闭电源，将电缆线盘好，清扫场地。确认无安全隐患，并做好使用记录。

五、焊后检验

将焊好的工件用钢丝刷反复拉刷焊道，除去焊缝氧化层。严禁破坏焊缝原始表面，禁止用水冷却。

对焊缝表面质量进行目视检验，使用 5 倍放大镜观察表面是否存在缺陷，并使用焊接检验尺对焊缝进行测量，测量结果应满足要求。

【任务评价】

焊接质量检查要求及评分标准，见表 2-31。

表 2-31　焊条电弧焊管对接水平固定评分标准

检查项目		标准分数	焊缝等级				测量数值/mm	实际得分/分
			I	II	III	IV		
正面	焊缝余高	标准/mm	>0，≤2	>2，≤3	>3，≤4	>4，<0		
		分数/分	4	2	1	0		
	焊缝高低差	标准/mm	≤1	>1，≤2	>2，≤3	>3		
		分数/分	8	4	2	0		
	焊缝宽度	标准/mm	>17，≤19	≥16，<17 或 >19，≤20	≥15，<16 或 >20，≤22	>22，<17		
		分数/分	4	2	1	0		
	焊缝宽度差	标准/mm	>0，≤1.5	>1.5，≤2	>2，≤3	>3		
		分数/分	8	4	2	0		
	咬边	标准/mm	无咬边	深度<0.5且长度≤10	深度<0.5且长度≤20	深度>0.5或长度>20		
		分数/分	8	4	2	0		
	表面成型	标准/mm	优	良	一般	差		
		分数/分	12	6	3	0		
反面	背面凹	标准/mm	0	>0，≤1	>1，≤2	长度>30		
		分数/分	4	2	0	0		
	背面凸	标准/mm	0	>0，≤3	>3			
		分数/分	4	2	0			

检查项目		标准分数	焊缝等级				测量数值 / mm	实际得分 / 分
			Ⅰ	Ⅱ	Ⅲ	Ⅳ		
反面	角变形	标准 / (°)	>0，≤1	>1，≤3	>3，≤5	>5		
		分数 / 分	4	2	1	0		
	错变量	标准 /mm	>0，≤0.5	>0.5，≤1	>1			
		分数 / 分	4	2	0			
焊缝内部质量检验		按《焊缝无损检测 射线检测 第1部分：X 和伽马射线的胶片技术》（GB/T 3323.1—2019）	Ⅰ级片无缺陷 / 有缺陷	Ⅱ级片	Ⅲ级片	Ⅳ级片		
		40	40/35	30	20	0		
合计			100 分					
焊缝外观成型评判标准								

优	良	中	差
成型美观，焊缝均匀、细密，高低宽窄一致	成型较好，焊缝均匀、平整	成型尚可，焊缝平直	焊缝弯曲，高低、宽窄明显

注：工件焊接未完成；表面修补及焊缝正反两面有裂纹、夹渣、气孔、未熔合缺陷；该件做 0 分处理

任务十　管板垂直固定焊技能训练

◎学习目标：能正确选择焊条电弧焊钢管板垂直固定焊焊接参数，掌握焊条电弧焊钢管板垂直固定焊的操作方法。

◎学习重点：管板垂直固定焊的操作方法。

◎学习难点：管板垂直固定焊焊条角度的调整，多层多道焊的操作技术。

【任务描述】

在工程实践中，插入式管板类接头是锅炉、换热器及接管平焊法兰等产品的主要焊缝接头形式之一。如图 2-67 所示，要求读懂工件图样，制作出合格的管板垂直固定平角焊工件，并达到工件图样技术要求。

技术要求如下：

（1）焊接方法为焊条电弧焊，单面焊双面成型。

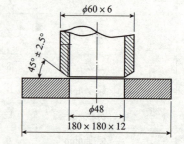

图 2-67　管板垂直固定焊条电弧焊工件图

（2）工件材料为 20 钢管，Q235B 钢板，钢管开 45°±2.5° V 形坡口。

（3）根部间隙 2～3 mm 和钝边 1～1.5 mm。

（4）工件空间位置为垂直固定焊接。

　　管板垂直固定焊焊接时要求根部焊透，保证背面成型，正面焊脚对称。由于板厚与管壁厚相差较大，焊条角度或运条操作不当，工件受热不均匀，打底时容易造成管的孔壁烧穿，填充盖面时在管侧易产生咬边和焊缝偏下的缺陷，在板侧易产生夹渣、未焊透和未熔合等缺陷。因此，焊接时需要合理选择焊接参数和调整焊条角度，不断地转动手臂和手腕的位置，才能防止管子咬边和焊脚不对称。

【相关知识】

　　根据接头形式的不同，管板类工件焊接分为插入式管板焊接和骑座式管板焊接。根据工件焊接接头焊缝空间位置的不同，每类管板又可分为垂直固定平角焊［图 2-68（a）］；垂直固定仰位焊［图 2-68（b）］；以及水平固定全位置焊［图 2-68（c）］。

　　管板类接头实际上是一种 T 形接头的环形焊缝焊接。在实际生产中，当管的孔径较小时，一般采用骑座式接头形式，如图 2-69（a）所示，进行单面焊双面成型；当管的孔径较大时，则采用插入式接头形式，如图 2-69（b）所示。插入式管板焊接不要求背面成型，操作较简单。骑座式管板焊接除要求根部焊透外，还要求背面成型，操作难度较大。

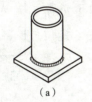 

（a）　　　　　　　　（b）　　　　　　　　（c）

图 2-68　管板的焊接位置

（a）垂直固定平角焊；（b）垂直固定仰位焊；（c）水平固定全位置焊

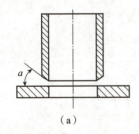 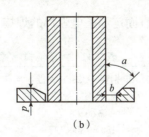

（a）　　　　　　　　　　　　（b）

图 2-69　管板类工件接头形式

（a）骑座式接头；（b）插入式接头

【任务实施】

一、安全检查

　　同项目任务二。

二、焊前准备

1. 工件准备

20 钢管，ϕ 60 mm × 6 mm，长度 100 mm，一段，开单边 V 形坡口，坡口角度为 45° ± 2.5°；Q235B 钢板，180 mm × 180 mm × 12 mm，一块。采用角磨机或钢丝刷对焊接区进行清理，需打磨工件表面，去除锈蚀、油污等，露出金属光泽。

2. 焊接材料准备

选用 E4303（J422），ϕ 3.2 mm 的焊条，严格要求进行 150 ～ 200 ℃烘干，并保温 1 h。

3. 辅助工具及量具准备

在焊工操作作业区附近准备好钢丝刷、清渣锤、錾子、钢直尺、焊接检验尺等工具和量具。

4. 装配定位

将管件与板件中心对正，组对间隙为 3 mm 左右，错边量 ≤ 0.5 mm。定位焊时，在时钟 10 点和 2 点位置处进行定位焊接，如图 2-70 所示。定位焊缝的长度为 10 mm，焊缝厚度控制在 2 mm 左右。定位焊后，将定位焊缝的两端加工成斜坡形，以便于接头操作。

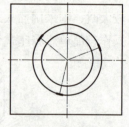

图 2-70　定位焊位置

5. 固定工件

把装配好的工件水平固定在操作平台或焊接胎架上，管轴线与地面垂直。

6. 焊接参数设定

管板骑座式垂直固定焊条电弧焊的焊接工艺卡，见表 2-32。

表 2-32　焊条电弧焊管板骑座式垂直固定工艺卡

材料牌号	20 钢管、Q235B 钢板	
材料规格 /（mm × mm、mm × mm × mm）	ϕ 60 × 6、180 × 180 × 12	接头简图
接头种类	管板骑座式	
坡口形式	单 V 形	
坡口角度 /（°）	45 ± 2.5	
钝边 /mm	1 + 0.5	
组对间隙 /mm	2 ± 1	
焊接方法	SMAW	

电源种类	直流	焊后热处理	种类	—	保温时间	—
电源极性	反接		加热方式	—	层间温度	—
焊接位置	2FG		温度范围	—	测量方法	—

焊接参数						
焊层	焊材型号	焊材直径 /mm	焊接电流 /A	焊接电压 /V	焊接速度 / (cm · min^{-1})	
打底层		2.5	60 ~ 80	20 ~ 24	12 ~ 14	
填充层	E4303	3.2	110 ~ 130	20 ~ 24	12 ~ 14	
盖面层		3.2	100 ~ 120	20 ~ 24	12 ~ 14	

三、焊接操作

1. 打底层焊接

（1）管板骑座垂直固定单面焊双面成型，焊缝为三层四道。焊道分布如图 2-71 所示。

（2）打底层焊接时，焊条与下试板之间的夹角为 25° ~ 30°，与焊接方向的夹角为 60° ~ 70°，如图 2-72 所示。从 6 点位置起焊，从右边半圆施焊到 12 点位置停止，然后从 12 点位置经过左边半圆施焊到 6 点位置停止。整个过程中工件处于垂直固定不动状态，焊钳围绕工件转动，在焊接过程中应根据实际位置，不断地转动手腕和手臂，使焊缝成型良好。在定位焊缝起弧后，采用短弧施焊，小

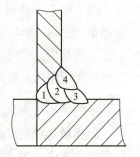

图 2-71　焊道分布

幅度锯齿形摆动，当焊条摆动在坡口两侧时，要稍做停留，防止咬边缺陷产生。注意控制焊接电弧、焊缝熔池金属与熔渣之间的相互位置，及时调节焊条角度，防止熔渣超前流动，造成夹渣及焊缝产生未熔合、未焊透的缺陷。

2. 填充层焊接

（1）焊接前先将前道焊缝的熔渣清理干净；焊接时，焊条与试板呈 45° ~ 50° 角，并与焊接方向呈 80° ~ 85° 角，如图 2-73 所示。采用月牙形或斜椭圆形运条，用短弧焊，可一层填满，注意上、下两侧的熔化情况，保证温度均衡，使管板坡口处熔合良好，填充层焊接要平整，不能凸出过高，焊缝不能过宽，为盖面层的施焊打下基础。焊接过程中，应控制焊条角度，防止夹渣、过烧缺陷的出现。

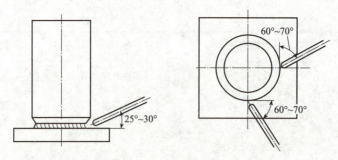

图 2-72　打底层焊接焊条角度

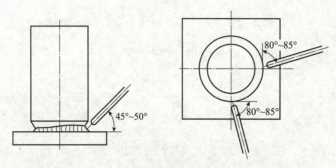

图 2-73　填充层焊接焊条角度

（2）接头焊接操作时，焊条应在弧坑位置后 10 mm 处引燃电弧，然后拉至弧坑位置多停留一会儿，填满弧坑后即可转入正常焊接。当填充层焊接焊接至收尾位置时，要压低电弧，将其焊点充分熔合，并向后继续焊接，与焊缝重叠 3 ～ 5 mm，保证接头质量。填充层焊完后用敲渣锤和钢丝刷把焊缝清理干净。

3. 盖面层焊接

盖面层焊接时，要保证管子不咬边和焊脚对称，其焊条夹角如图 2-74 所示。在焊接时要保证熔合良好，掌握好两道焊道的位置，避免形成凹槽或凸起，第 4 条焊道应覆盖第 3 条焊道上面的 1/2 或 2/3。必要时还可以在上面用 ϕ 2.5 mm 焊条再盖一圈，以免咬边。

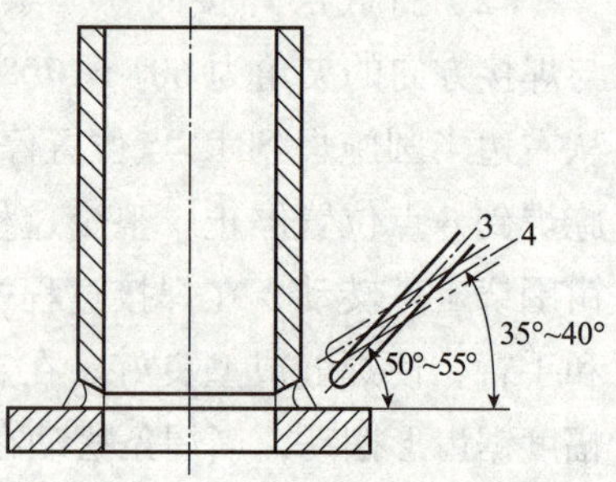

图 2-74　盖面层焊接的焊条角度

四、清理现场

必须整理工具设备，关闭电源，将电缆线盘好，清扫场地。确认无安全隐患，并做好使用记录。

五、焊后检验

将焊好的工件用钢丝刷反复拉刷焊道，除去焊缝氧化层。严禁破坏焊缝原始表面，禁止用水冷却。

对焊缝表面质量进行目视检验，使用 5 倍放大镜观察表面是否存在缺陷，并使用焊接检验尺对焊缝进行测量，测量结果应满足要求。

【任务评价】

焊接质量检查要求及评分标准，见表 2-33。

表 2-33　焊条电弧焊管板骑座式垂直固定评分标准

检查项目		评判标准及得分	评判等级				测评数据 / mm	实得分数 / 分
			I	II	III	IV		
焊脚尺寸		尺寸标准 /mm	8	>8，≤ 9	>9，≤ 10	<8，>10		
		得分标准 / 分	12	8	4	0		
焊缝凸度		尺寸标准 /mm	≤ 1	>1，≤ 2	>2，≤ 3	>3		
		得分标准 / 分	12	8	4	0		
咬边		尺寸标准 /mm	无咬边	深度≤ 0.5 且长度≤ 15	深度≤ 0.5 且长度 >15，≤ 30	深度 >0.5 或长度 >15		
		得分标准 / 分	12	8	4	0		
电弧擦伤		标准	无	有				
		得分标准 / 分	4	0				
焊道层数		标准	两层三道	其他				
		得分标准 / 分	4	0				
垂直度		尺寸标准 /mm	0	<1	>1，<2	>2		
		得分标准 / 分	8	6	4	0		
焊缝成型		标准	优	良	中	差		
		得分标准 / 分	8	6	4	0		
宏观金相	根部熔深	尺寸标准 /mm	>1	>0.5，<1	>0，<0.5	未熔		
		得分标准 / 分	16	8	4	0		
	条状缺陷	尺寸标准 /mm	无	<1	<1.5	>1.5		
		得分标准 / 分	12	8	4	0		
	点状缺陷	标准	无	<ϕ1 数目：1 个	<ϕ1 数目：2 个	>ϕ1 或数目 >1 个		
		得分标准 / 分	12	8	4	0		
合计			100 分					

焊缝外观成型评判标准			
优	良	中	差
成型美观，焊缝均匀、细密，高低宽窄一致	成型较好，焊缝均匀、平整	成型尚可，焊缝平直	焊缝弯曲，高低、宽窄明显

注：工件焊接未完成；表面修补及焊缝正反两面有裂纹、夹渣、气孔、未熔合缺陷；该件做 0 分处理。

任务十一　管板水平固定焊技能训练

◎学习目标：能正确选择焊条电弧焊管板水平固定焊焊接参数，掌握焊条电弧焊低管板水平固定焊的操作方法。

◎学习重点：管板水平固定焊的操作方法。

◎学习难点：管板水平固定焊仰位、平位接头技术，焊接位置变化焊条角度调整。

【任务描述】

在工程实践中，骑座式管板水平固定类接头是锅炉、换热器及接管对焊法兰等产品主要的焊缝接头形式。图2-75所示为钢管与钢板试样开 V 形坡口骑座式管板水平固定全位置焊工件图，工件材料为 20 钢管与 Q235B 钢板。要求读懂工件图样，学习骑座式管板焊的基本操作技能，完成模拟工件的实作任务，达到工件图样技术要求。

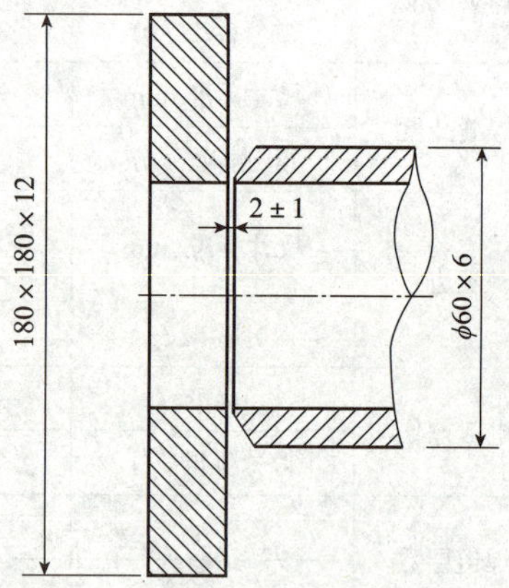

技术要求如下：

（1）焊接方法为焊条电弧焊，单面焊双面成型。

（2）工件材料为 20 钢管、Q235B 钢板，钢管开 45°±2.5° V 形坡口。

图 2-75　管板水平固定全位置焊工件图

（3）根部间隙 2～3 mm 和钝边 1～1.5 mm。

（4）工件空间位置为水平固定焊接。

【任务分析】

在实际生产中，骑座式管板水平固定全位置焊大多用于锅炉、换热器等的管板焊接。管板水平固定焊属于全位置焊接，施焊时分前、后两个部分，焊缝由下向上均存在仰、立、平三种不同位置。这类焊缝的焊接要求熟练掌控平焊、立焊和仰焊的操作技能。焊接过程中，焊条的角度随着焊接位置的不同而不断发生变化，开坡口尺寸要满足焊接电弧能深入焊缝根部的要求，以保证焊缝背面熔透成型。焊条角度、焊条送进的速度、间断熄弧的节奏、熔池倾斜的状态等都将随焊接位置的改变而改变。因此，控制好熔池倾斜程度，不断改变焊条角度是管板水平固定全位置焊的关键。

【相关知识】

管板水平固定全位置焊接时，易出现的问题如下。

（1）管板水平固定全位置焊运条时，如果电弧过长、焊条角度不正确或焊接电流偏大时，会导致焊缝在管侧出现凸度过大、孔板侧出现咬边等缺陷。

（2）在仰焊位焊接时，如果运条速度过快、焊条角度不正确或焊接电流过小，会使熔渣与熔池混淆不清，熔渣来不及浮出，容易产生夹渣和未熔合等缺陷。

（3）在立焊位焊接时，如果焊接电流过大或运条速度过慢时，也容易产生焊瘤。

【任务实施】

一、安全检查

同项目任务二。

二、焊前准备

1. 工件准备

20 钢管，ϕ60 mm × 6 mm，长度为 100 mm，一段，开单边 V 形坡口，坡口角度为 45° ± 2.5°；Q235B 钢板，180 mm × 180 mm × 12 mm，一块。采用角磨机或钢丝刷对焊接区进行清理，需打磨工件表面，去除锈蚀、油污等，露出金属光泽。

2. 焊接材料准备

选用 E4303（J422），ϕ3.2 mm 的焊条，严格要求进行 150 ～ 200 ℃烘干，并保温 1 h。

3. 辅助工具及量具准备

在焊工操作作业区附近准备好钢丝刷、清渣锤、錾子、钢直尺、焊接检验尺等工具和量具。

4. 装配定位

将管件与板件中心对正，组对间隙为 3 mm 左右，错边量≤ 0.5 mm。定位焊时，在 10 点和 2 点位置处进行定位焊接，如图 2-76 所示，定位焊缝的长度为 10 mm，焊缝厚度控制在 2 mm 左右。定位焊后，将定位焊缝的两端加工成斜坡形，以便于接头操作。

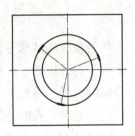

图 2-76　定位焊位置

5. 固定工件

把装配好的工件竖直固定在操作平台或焊接胎架上，管轴线与地面平行。

6. 焊接参数设定

管板骑座式水平固定焊条电弧焊的焊接工艺卡，见表 2-34。

表 2-34　焊条电弧焊管板骑座式水平固定工艺卡

材料牌号	20 钢管、Q235B 钢板				
材料规格 /（mm × mm、mm × mm × mm ）	$\phi 60 \times 6$、$180 \times 180 \times 12$				
接头种类	管板骑座式				
坡口形式	单 V 形				
坡口角度 / (°)	45 ± 2.5				
钝边 /mm	1 + 0.5				
组对间隙 /mm	2 + 1				
焊接方法	SMAW				
电源种类	直流	焊后热处理	种类	—	保温时间	—
电源极性	反接		加热方式	—	层间温度	—
焊接位置	5FG		温度范围	—	测量方法	—

接头简图

焊接参数					
焊层	焊材型号	焊材直径 /mm	焊接电流 /A	焊接电压 /V	焊接速度 / (cm · min⁻¹)
打底层		3.2	70 ～ 80	20 ～ 24	—
填充层	E4303	3.2	100 ～ 120	20 ～ 24	—
盖面层		3.2	90 ～ 100	20 ～ 24	—

三、焊接操作

　　管板骑座式水平固定焊中，由于焊缝是环形的，在焊接过程中需要经过仰焊、立焊、平焊等几种位置，可将水平固定管的横截面看作钟表盘，划分成 3 点、6 点、9 点、12 点等时钟位置，通常定位焊缝在 2 点、10 点位置，长度为 10 ～ 15 mm，厚度为 2 ～ 3 mm。焊接开始时，在时钟的 6 点位置起弧，把环焊缝分成两个半周，即时钟 6-3-12 点位置和 6-9-12 点位置，焊条与焊接方向切线夹角不断变化。

1. 打底层焊接

　　（1）管板骑座式水平固定单面焊双面成型，焊缝为三层三道。焊道分布，如图 2-77 所示。

　　（2）用划擦法引弧，引弧点在定位焊缝上的管板一侧，电弧引燃后，拉长电弧在定位焊缝上预热 1.5 ～ 2 s，然后压低焊接电弧进行焊接。焊接开始时，电弧的 2/3 处在管板侧根部，1/3 处在管板坡口侧，这样分配焊接电弧的方式，可以确

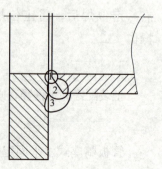

图 2-77　焊道分布

保管板和管子两侧坡口的热量平衡。当板件与管件出现液态金属珠后，焊条上顶击穿钝边；听到击穿声，形成熔孔后灭弧。当熔池颜色变为暗红色时，在熔池金属的2/3处起弧并稍做斜矩齿形摆动，打开熔孔，向前灭弧焊接；在操作过程中，在板件上的停留时间控制在2 s左右，在管件上的停留时间控制在1 s左右；焊接位置及焊条角度如图2-78所示。

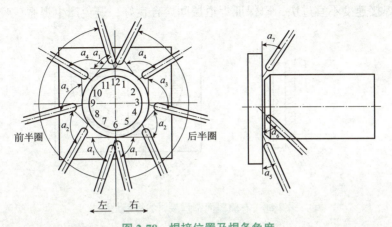

图2-78　焊接位置及焊条角度

$a_1 = 80° \sim 85°$；$a_2 = 100° \sim 105°$；$a_3 = 100° \sim 110°$；$a_4 = 120°$；$a_5 = 30°$；$a_6 = 45°$；$a_7 = 35°$

（3）打底层焊接时，将管板焊缝分为左右两个半圆，即7-3-11点为右半圆；5-9-1点为左半圆。仰焊部位操作时，为防止出现内凹，绝大多数电弧在坡口背面燃烧，熔孔大小约为焊条直径的1.5倍。仰爬坡和立焊位置焊接时，电弧长度的1/2在坡口内燃烧，熔孔大小约为焊条直径的1.2倍，同时控制熔池温度，以防背面焊缝超高。上爬坡位置焊接时，电弧长度的1/3左右在坡口背面燃烧，熔孔大小约为焊条直径的1倍，焊接过程中熔孔不能过大，以防背面焊缝出现焊瘤缺陷。

（4）收弧操作时，焊条下压，熔孔稍有增大后，缓慢将电弧带至熔孔后方的坡口内侧熄灭，以使熔池温度缓慢冷却，防止产生冷缩孔。接头操作时，更换焊条动作要快，可直接在熔孔处起弧并下压，听到击穿声，打开熔孔后，再行灭弧焊接。灭弧频率要均匀，熔孔大小保持一致，使焊道高低平整。操作过程中，避免伤到坡口边线。

2. 填充层焊接

填充层焊接时，焊条与管外壁夹角同打底层的角度，但锯齿形和斜锯齿形运条的摆动幅度比打底层时宽。运条轨迹如图2-79所示。电弧的主要热量集中在管板上，使管外壁熔透1/3 ～ 2/5管壁厚即可。焊接过程中，应控制焊条角度，防止

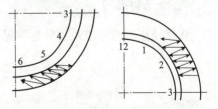

图2-79　仰焊位置和斜平焊位置的运条轨迹

夹渣、过烧缺陷出现，焊条的摆动幅度要比打底层宽些，填充层的焊道要薄些，管子一侧坡口要填满，与板一侧的焊道形成斜面，使盖面层焊接道后能够圆滑过渡。

3. 盖面层焊接

盖面层焊接时，施焊时分右侧和左侧两部分焊接。右侧焊时的引弧方法与打底层焊接

时基本相同。焊条角度如图 2-80 所示。在仰焊、仰爬坡及上爬坡部位采用斜矩齿形运条，立焊部位采用锯齿形运条，控制好焊条角度，焊接速度保持均匀，电弧在板侧停留时间要稍长于在管侧的停留时间，防止在管件处产生咬边缺陷。当焊条摆动在焊缝两端时，要稍做停留，防止咬边缺陷产生。仰焊及仰爬坡部位操作时，应尽量压低电弧，控制好熔池温度和形状，焊接速度不宜过快，以保证焊道层间熔合良好，避免产生焊瘤，咬边和焊缝超高缺陷。

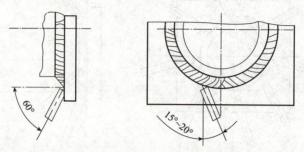

图 2-80　右侧盖面层焊接时的焊条角度

四、清理现场

必须整理工具设备，关闭电源，将电缆线盘好，清扫场地。确认无安全隐患，并做好使用记录。

五、焊后检验

将焊好的工件用钢丝刷反复拉刷焊道，除去焊缝氧化层。严禁破坏焊缝原始表面，禁止用水冷却。

对焊缝表面质量进行目视检验，使用 5 倍放大镜观察表面是否存在缺陷，并使用焊接检验尺对焊缝进行测量，测量结果应满足要求。

【任务评价】

焊接质量检查要求及评分标准见表 2-35。

表 2-35　焊条电弧焊管板骑座式水平固定评分标准

检查项目	评判标准及得分	评判等级				测评数据 / mm	实得分数 / 分
		I	II	III	IV		
焊脚尺寸	尺寸标准 /mm	8	>8，≤ 9	>9，≤ 10	<8，>10		
	得分标准 / 分	12	8	4	0		
焊缝凸度	尺寸标准 /mm	≤ 1	>1，≤ 2	>2，≤ 3	>3		
	得分标准 / 分	12	8	4	0		

检查项目		评判标准及得分	评判等级				测评数据/mm	实得分数/分
			I	II	III	IV		
咬边		尺寸标准/mm	无咬边	深度≤0.5且长度≤15	深度≤0.5且长度>15,≤30	深度>0.5或长度>15		
		得分标准/分	12	8	4	0		
电弧擦伤		标准	无	有				
		得分标准/分	4	0				
焊道层数		标准	两层三道	其他				
		得分标准/分	4	0				
垂直度		尺寸标准/mm	0	<1	>1,<2	>2		
		得分标准/分	8	6	4	0		
焊缝成型		标准	优	良	中	差		
		得分标准/分	8	6	4	0		
宏观金相	根部熔深	尺寸标准/mm	>1	>0.5,<1	>0,<0.5	未熔		
		得分标准/分	16	8	4	0		
	条状缺陷	尺寸标准/mm	无	<1	<1.5	>1.5		
		得分标准/分	12	8	4	0		
	点状缺陷	标准	无	<ϕ1 数目:1个	<ϕ1 数目:2个	>ϕ1或数目>1个		
		得分标准/分	12	8	4	0		
合计			100分					

焊缝外观成型评判标准			
优	良	中	差
成型美观,焊缝均匀、细密,高低宽窄一致	成型较好,焊缝均匀、平整	成型尚可,焊缝平直	焊缝弯曲,高低、宽窄明显

注:工件焊接未完成;表面修补及焊缝正反两面有裂纹、夹渣、气孔、未熔合缺陷;该件做0分处理

【榜样故事】

王玉坤,中共党员,全国技术能手、嘉克杯国际焊接大赛优秀教练、大连市高端人才、大连市劳模工匠创新智库优秀培训师、大连造船技能大师工作室骨干、大连市劳模创新智库讲师团核心成员、大连市人力资源和社会保障局人才项目评审专家(图2-81)。

渤海船舶职业学院智能焊接技术专业 2015 届毕业，同年入职于大连船舶重工集团舾装有限公司（简称大连造船）。自参加工作以来，他爱岗敬业，潜心专研，在基层一线生产岗位践行工匠精神。他凭借精湛的技艺，在一系列大国重器的建造中，出色地完成了多项重大、重点任务，培养了一大批优秀的焊接人才，为国防重点工程和高科技事业作出了突出贡献。他创造的某特殊材质高压管系全位置焊接方法，破解了重点型号特殊材质管系施焊等多项焊接技术难题，实现了强国强军的中国梦。

图 2-81 王玉坤

一、技艺精湛 勇担大任

某 JG 项目的高压氧气系统是该舰航空保障的重要系统，是满足作战要求的重要保证，该系统管路在工作状态下，一点小的飞刺、气孔、油脂都极有可能引起爆燃，该管系采用的是 Mone1-400 特殊材质管材，管路设计体现了"小口径、大壁厚、超高压"等特点，焊缝偏差 0.01 mm，由于该材质管路在国内船舶行业极少有大规模应用，非常缺乏相关经验。王玉坤凭借精湛的技术水平和经验积累，在查找国内外大量资料后，对管系专用工装进行重新设计，使其既满足全自动焊枪旋转 360° 焊接的工况，又提高了管系内部冲氩保护质量。焊缝 100% 通过了内窥镜检验和 X 光射线一级探伤检验，得到了军方和公司领导的一致好评。

2018 年，某舰返场坞修期间，需要对动力系统主锅炉连接的两套五联体蒸汽阀组进行修复，但由于阀组体积较大，船底位置空间狭窄，动火风险高，极难进行焊接施工，同时阀组单体成本高昂，施焊时务必一次做好，不允许返修，否则会对项目造成重大的经济损失。王玉坤直面压力，主动承担生产攻坚任务，通过现场研判焊接环境，制订阀组最优焊接方案，克服了各种不利因素，成功通过了严格的 γ 射线检验，保质保期地完成了该阀组的更换和修复任务，为大连造船节约了近百万元成本。

二、独具匠心 攻坚克难

2021 年，大连造船承接 PPSO-8 浮式生产储油船项目，该项目的海水管路首次采用钛合金管路设计，钛合金材质近年来在船舶行业防腐蚀管路设计中得到越来越多的应用，而目前在大船集团钛合金管系焊接领域是个空白，没有经验可循。王玉坤作为大船工匠，积极投入钛合金管路焊接科研攻关。钛合金焊接对焊缝颜色要求相当严格，不允许有氧化（变色）、气孔、凹陷、咬边等焊接缺陷，在钛合金焊接过程中，针对诸多生产性难题，王玉坤逐一进行分析，结合自身积累丰富的经验，通读焊接规范，不断摸索操作技巧等，成功解决了焊缝成型差、探伤合格率低等一系列难题。最终完成了钛合金管系项目焊接生产攻关，填补了集团钛合金管系焊接技术的空白，同时他主导撰写的钛及钛合金焊接技术研究荣获大连造船讲比立项二等奖，经测算，他通过此次技术革新，单船节约资金近 20 万元，创收达 500 多万元。

在国内铜镍合金管道焊接领域，探伤合格率低一直是困扰生产的难题，由于材料特殊、结构复杂，只能采用单面焊双面成型技术，并且返修率非常高，他通过大量焊接试验，不断优化工艺参数，成功研发了特种材料熔化极氩弧焊单面焊双面成型技术，有效避免了铜镍合金管道焊接由于打磨处理等带来的焊道夹渣、气孔，将探伤合格率从60%左右提升至98%，并在全厂范围内推广使用，为国家重点型号的顺利施工奠定了坚实的基础。

三、注重传承 培训人才

王玉坤作为大连造船技能大师工作室核心骨干，大连市劳模创新智库讲师团核心成员，全国技术能手，在传帮带年轻焊工上倾囊相授。他积极参与大连造船技能大师工作室核电人才培养工作，首批培训的56名核电焊工以优异的成绩通过考核，顺利取得焊接资质证书，其功不可没。作为大连造船技能大师，他参与编制了有色金属焊接、特种钢板焊接内部培训教材，为渤船重工培训了16名铜镍合金管焊工，为海军某舰队培训150余名舰员。2022年至今，在大连市劳模创新智库讲师团担任讲师期间，他为来自大连市7所大中院校与企业的286余人讲解了钨极氩弧焊等相关焊接知识等，好评如潮。在2023年LNG运输船某新材料焊接研发中，他通过查阅大量国内外相关资料，向同行业先辈请教等，率先攻克-163℃大口径低温超高压管道焊接工艺评定难题，目前正在开展25人次焊工培训工作。

王玉坤在大连造船工作期间，出色地完成了各类军民品的焊接工作。在新材料、新工艺、新设备的科研攻关技术创新中，他勤于钻研，敢于创新，秉承工匠精神，精益求精，其端正的工作态度、务实的求实精神、扎实的技能功底、乐于传授的奉献精神，很快使其成为焊工中的翘楚，诠释着新时代大船工匠的风采。

（资料来源：微信公众号——大连人社12333）

项目三　二氧化碳气体保护焊技能训练

任务一　T形接头平角焊技能训练

◎学习目标：能正确选择T形接头平角半自动二氧化碳气体保护焊的焊接参数，掌握T形接头平角半自动二氧化碳气体保护焊的操作方法。

◎学习重点：T形接头平角半焊的装配定位焊，T形接头平角焊的操作方法。

◎学习难点：焊丝角度的调整，多层多道焊的操作技术。

【任务描述】

图3-1所示为T形接头平角焊的工件图。要求读懂工件图样，学习二氧化碳气体保护焊T形接头平角焊的基本操作技能，完成工件实作任务，达到工件图样要求。

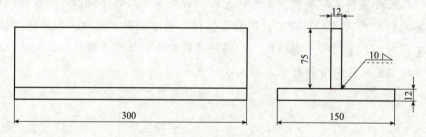

图3-1　T形接头平角焊工件图

技术要求如下：

（1）焊接方法采用半自动二氧化碳气体保护焊。

（2）工件材料为Q235B。

（3）焊接材料为ER50-6，ϕ 1.2 mm；

（4）采用一面定位，另一面多层多道平角焊，焊脚尺寸K = 10 mm。

（5）焊缝表面无缺陷，焊缝波纹均匀，宽窄一致，高低平整，焊后无变形，具体要求参照评分标准。

【任务分析】

T形接头焊缝属于非熔透型焊缝，要求焊接接头根部有一定深度的熔合，焊脚对称，凸度尽量为零。但实际操作中会有一定难度，由于T形接头焊缝三个方向散热，比对接接头所需的热输入大，需要较大的焊接电流施焊，特别是较大焊脚时，根部不易焊透，平板焊脚偏大，焊缝下垂，产生应力集中，立板咬边，表面成型难以控制。因此，采用两层三道完成焊缝，第一层采用较大焊接参数，确保根部熔合，第二层采用较小焊接参数，确保焊缝平滑对称，无咬边缺陷。

【任务实施】

一、安全检查

焊工必须穿戴好棉质或皮质工作服、工作帽、焊工绝缘鞋（防砸绝缘鞋），工作服要宽松，裤脚盖住鞋盖（护脚盖），上衣盖住下衣，禁止扎在腰带里，并戴平光防护眼镜、防尘卫生口罩，绝缘工作手套不要有油污，不可破漏，必要时佩戴耳塞等。选用合适的遮光面罩护目玻璃色号。牢记焊工操作时应遵循的安全操作规程，在作业中贯彻始终。

检查设备状态，电缆线接头是否接触良好，焊枪电缆是否松动破损，确认焊接回路地线连接可靠，避免因地线虚接线路降压变化而影响电弧电压稳定；避免因接触不良造成电阻增大而发热，烧毁焊接设备。检查安全接地线是否接好，避免因设备漏电造成人身安全隐患。

二、焊前准备

1. 工件准备

Q235B 钢板，300 mm × 150 mm × 12 mm 和 300 mm × 75 mm × 12 mm 各一块。检查钢板平直度，并修复平整。采用角磨机或钢丝刷对焊接区进行清理，需打磨工件表面，去除锈蚀、油污等，露出金属光泽。

2. 焊接材料准备

焊丝 ER50-6，ϕ 1.2 mm；二氧化碳，气体纯度要求达到 99.5%。

3. 辅助工具及量具准备

在焊工操作作业区附近准备好钢丝刷、清渣锤、錾子、钢直尺、焊接检验尺等工具和量具。

4. 装配定位

按图 3-1 的技术要求画装配定位线，将工件装配成 T 形接头，不留间隙。定位焊焊接参数，见表 3-1。定位焊时要压住工件，焊丝对准工件左侧根部，引弧进行定位焊，定位焊缝长度为 10 ~ 15 mm。调整工件间隙，锤击工件右侧，使立板与平板紧密接触，再对右侧进行定位焊。调整立板反变形角度为 3° 左右（图 3-2）。

表 3-1 T形接头装配定位焊接参数

焊材型号	焊材直径 /mm	焊接电流 /A	焊接电压 /V	保护气体流量 /（L·min⁻¹）	焊丝伸出长度 / mm
ER50-6	1.2	180～200	23～24	12～15	12～18

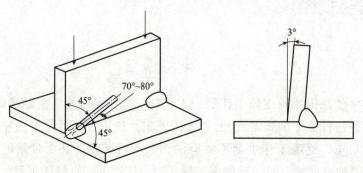

图 3-2 装配定位焊

5. 固定工件

把装配好的工件水平固定在操作平台或焊接胎架上。

6. 焊接参数设定

二氧化碳气体保护焊 T 形接头平角焊焊接工艺卡，见表 3-2。

表 3-2 二氧化碳气体保护焊 T 形接头平角焊焊接工艺卡

材料牌号	Q235B 钢板				
材料规格 /mm	12				
接头种类	T 形				
坡口形式	/				
坡口角度	/				
钝边	/				
组对间隙 /mm	≤ 0.5				
焊接方法	GMAW				
保护气体	二氧化碳				
焊接设备	NB-350				
电源种类	直流	焊后热处理	种类	—	保温时间	—
电源极性	反极性		加热方式		层间温度	—
焊接位置	2F		温度范围	—	测量方法	—

焊接节点图

焊接参数						
焊层	焊材型号	焊材直径 / mm	焊接电流 /A	焊接电压 / V	保护气体流量 /（L·min⁻¹）	焊丝伸出长度 /mm
打底层			160～180	21～23	12～15	12～18
填充层	ER50-6	φ1.2	180～200	23～24	12～15	12～18
盖面层			160～180	21～23	12～15	12～18

三、焊接操作

将焊接工件固定在焊接操作台上，使底板处于水平放置。在定位焊的另一侧施焊，采用左向焊法，焊接层次为三层六道。焊道排列，如图3-3所示。

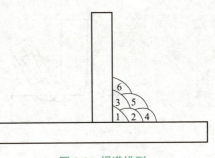

图3-3　焊道排列

1. 打底层焊接

在距离右端 15 ～ 20 mm 处引燃电弧，迅速回焊到右端稍做停顿，此时焊丝对准平板距分角线 1 mm 左右，焊丝与水平板的夹角为 40° ～ 50°，如图3-4所示。焊丝的前倾角为 10° ～ 20°，如图3-5所示。

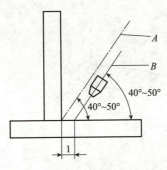

图3-4　焊丝角度及位置

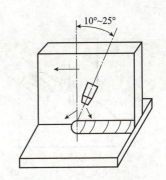

图3-5　焊丝的前倾角

由于二氧化碳气体保护焊熔敷效率高，要求运枪平稳，可双手持枪。打底层焊道焊脚高度为 6 ～ 7 mm，如图3-6所示。焊接运弧中要注意运弧摆动的方向，运弧摆动方向直接影响焊缝成型，如图3-7所示。

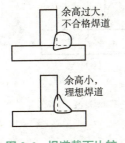

图3-6　焊道截面比较

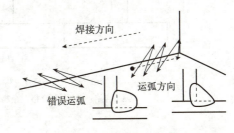

图3-7　运弧方法比较

2. 填充层焊接

清除打底层焊渣，避免夹渣缺陷。为了获得过渡圆滑的焊道，采用左焊法上下两道盖面。焊接第一道时，焊丝对准打底层焊道下焊趾，小斜圆圈运枪，焊丝与水平板夹角为 50°，焊丝的前倾角为 10° ～ 20°。焊接过程中摆动幅度要大小一致，使熔池覆盖打底层焊道 2/3，1/3 熔池在平板上，焊接速度适宜，斜圆圈摆动时斜度要稍大，与平板熔合良好，下焊趾与立板距离相等，平滑过渡，避免焊趾出现应力集中，如图 3-8 所示。

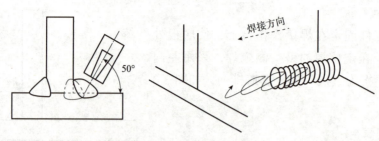

图 3-8　填充层焊接第一道

焊接第二道是采用直线往返，进三退二，焊丝与平板夹角为 40°，焊丝对准上一道焊趾，熔池覆盖打底层焊道 1/3 ～ 1/2 宽度，注意控制焊接速度，往返运弧，返回时适当停顿一下，以填满熔池，避免咬边缺陷，使焊道截面呈等腰三角形，焊脚高度为 10 mm，如图 3-9 所示。

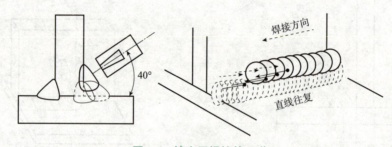

图 3-9　填充层焊接第二道

焊接过程中应根据熔池温度及熔合状态，随时调整焊枪角度、摆动形式、摆动幅度、焊接速度等，使焊道宽度各处相等，焊趾圆滑，焊道与焊道间熔合良好，如图 3-10 所示。

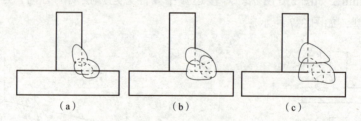

图 3-10　焊道截面形状
（a）合格；（b）不合格，余高大；（c）不合格，道间沟槽深

3. 盖面层焊接

盖面层的焊接与填充层相同，操作方法参照填充层焊接。

四、清理现场

焊接结束后，首先关闭二氧化碳气瓶阀门，点动焊枪开关或点动电焊机面板焊接检气开关，放掉减压器里面的余气，然后关闭焊接电源。清扫场地，按规定摆放工具，整理焊接电缆，确认无安全隐患，并做好使用记录。

五、焊后检验

将焊好的工件用钢丝刷反复拉刷焊道，除去焊缝氧化层。严禁破坏焊缝原始表面，禁止用水冷却。

对焊缝表面质量进行目视检验，使用 5 倍放大镜观察表面是否存在缺陷，并使用焊接检验尺对焊缝进行测量，应满足要求。

【任务评价】

二氧化碳气体保护焊 T 形接头平角焊评分标准，见表 3-3。

表 3-3　二氧化碳气体保护焊 T 形接头平角焊评分标准

检查项目		评判标准及得分	评判等级				测评数据/mm	实得分数/分
			I	II	III	IV		
焊脚尺寸		尺寸标准/mm	10	>10，≤11	>11，≤12	<10，>12		
		得分标准/分	12	8	4	0		
焊缝凸度		尺寸标准/mm	≤1	>1，≤2	>2，≤3	>3		
		得分标准/mm	12	8	4	0		
咬边		尺寸标准/mm	无咬边	深度≤0.5且长度≤15	深度≤0.5且长度>15，≤30	深度>0.5或长度>15		
		得分标准/分	12	8	4	0		
电弧擦伤		标准	无	有				
		得分标准/分	4	0				
焊道层数		标准	两层三道	其他				
		得分标准/分	4	0				
垂直度		尺寸标准/mm	0	<1	>1，<2	>2		
		得分标准/分	8	6	4	0		
焊缝成型		标准	优	良	中	差		
		得分标准/分	8	6	4	0		
宏观金相	根部熔深	尺寸标准/mm	>1	>0.5，<1	>0，<0.5	未熔		
		得分标准/分	16	8	4	0		
	条状缺陷	尺寸标准/mm	无	<1	<1.5	>1.5		
		得分标准/分	12	8	4	0		
	点状缺陷	标准	无	<ϕ1 数目：1个	<ϕ1 数目：2个	>ϕ1或 数目>1个		
		得分标准/分	12	8	4	0		

检查项目	评判标准及得分	评判等级				测评数据/mm	实得分数/分
		Ⅰ	Ⅱ	Ⅲ	Ⅳ		
合计		100 分					
焊缝外观成型评判标准							
优		良		中		差	
成型美观，焊缝均匀、细密，高低宽窄一致		成型较好，焊缝均匀、平整		成型尚可，焊缝平直		焊缝弯曲，高低、宽窄明显	
注：工件焊接未完成；表面修补及焊缝正反两面有裂纹、夹渣、气孔、未熔合缺陷；该件做 0 分处理							

任务二　板对接平焊技能训练

◎学习目标：能正确选择 T 形接头平角半自动二氧化碳气体保护焊的焊接参数，掌握 T 形接头平角半自动二氧化碳气体保护焊的操作方法。

◎学习重点：T 形接头平角半焊的装配定位焊、T 形接头平角焊的操作方法。

◎学习难点：焊丝角度的调整，多层多道焊的操作技术。

【任务描述】

图 3-11 所示为板对接平焊工件图。要求读懂工件图样，学习二氧化碳气体保护焊板对接平焊的基本操作技能，完成工件实作任务，达到工件图样要求。

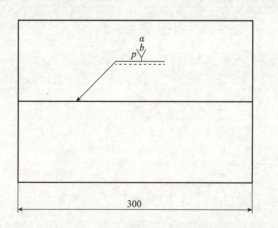

图 3-11　板对接平焊工件图

技术要求如下：

（1）焊接方法采用半自动二氧化碳气体保护焊。

（2）工件材料为 Q235B。

（3）接头形式为板板对接接头，焊接位置为平位。

（4）根部间隙 $b = 3.2 \sim 4.0$ mm，坡口角度 $\alpha = 60° \pm 5°$，钝边 $p = 0.5 \sim 1$ mm。

（5）要求单面焊双面成形，焊缝表面无缺陷，焊缝波纹均匀，宽窄一致，高低平整，焊缝与母材圆滑过渡，焊后无变形，具体要求参照评分标准。

【任务分析】

Q235B 钢，焊接性良好，裂纹倾向性不明显，焊接时无须采用特殊焊接工艺措施。但焊缝位于空间水平位置，钢板下部悬空，造成熔池悬空，液体金属在重力和电弧吹力的作用下，极易产生下坠。焊接参数或焊枪角度不当都会造成被面焊缝余高过大，产生焊瘤、烧穿等缺陷。焊接过程中要根据装配间隙和熔池温度变化的情况，及时调整焊枪的角度、摆动幅度和焊接速度，控制熔池和熔孔的尺寸，保证正、反两面焊缝成型良好。二氧化碳气体保护焊为明弧焊接，熔池和熔孔清晰可见，便于操作，易于控制。

【任务实施】

一、安全检查

同项目任务一。

二、焊前准备

1. 工件准备

Q235B 钢板，300 mm × 120 mm × 12 mm，两块，坡口角度为 60°。检查钢板平直度，并修复平整。采用角磨机或钢丝刷对焊接区进行清理，需打磨工件表面，去除锈蚀、油污等，露出金属光泽。

2. 焊接材料准备

焊丝 ER50-6，$\phi 1.2$ mm；二氧化碳，气体纯度要求达到 99.5%。

3. 辅助工具及量具准备

在焊工操作作业区附近准备好钢丝刷、清渣锤、錾子、钢直尺、焊接检验尺等工具和量具。

4. 装配定位

将两块钢板放于水平位置，使两端头平齐，在两端头进行定位焊，定位焊焊缝长度为 10 ~ 15 mm，如图 3-12 所示。装配间隙为始焊处 3.2 mm，终焊处 4 mm，反变形量为 3° ~ 5°，错边量 ≤ 1.2 mm。定位焊焊接参数见表 3-4。

5. 固定工件

把装配好的工件水平固定在操作平台或焊接胎架上。

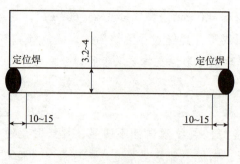

图 3-12　板对接平位焊装配图

表 3-4　板对接平位焊装配定位焊接参数

焊材型号	焊材直径 / mm	焊接电流 / A	焊接电压 / V	保护气体流量 / (L·min⁻¹)	焊丝伸出长度 / mm
ER50-6	1.2	90 ～ 100	19 ～ 21	12 ～ 15	12 ～ 18

6. 焊接参数设定

二氧化碳气体保护焊板对接平焊焊接工艺卡，见表 3-5。

表 3-5　二氧化碳气体保护焊板对接平焊焊接工艺卡

材料牌号	Q235B 钢板
材料规格 /mm	12
接头种类	对接
坡口形式	V 形
坡口角度 / (°)	60
钝边 /mm	0.5 ～ 1
组对间隙 /mm	3.2 ～ 4
焊接方法	GMAW
焊接设备	NB-350

焊接坡口图

电源种类	直流	焊后 热处理	种类	—	保温时间	—
电源极性	反接		加热方式	—	层间温度	—
焊接位置	1G		温度范围	—	测量方法	—

焊接参数

焊层	焊材型号	焊材直径 /mm	焊接电流 /A	焊接电压 /V	保护气体流量 / (L·min⁻¹)	焊丝伸出长度 / mm
打底层			90 ～ 100	19 ～ 21	12 ～ 15	12 ～ 18
填充层	ER50-6	1.2	140 ～ 160	20 ～ 22	12 ～ 15	12 ～ 18
盖面层			140 ～ 160	20 ～ 22	12 ～ 15	12 ～ 18

三、焊接操作

将焊接工件固定在焊接操作台上，使试板处于水平位置，间隙小的一端放在右侧。采用左向焊法，焊接层次为三层三道。焊道排列，如图 3-13 所示。焊枪角度，如图 3-14 所示。

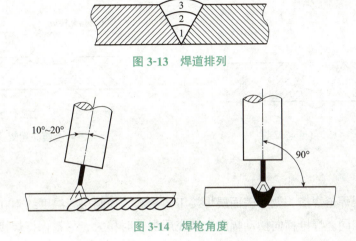

图 3-13　焊道排列

图 3-14　焊枪角度

1. 打底层焊接

将工件间隙小的一端放于右侧，在离工件右端点焊焊缝约 20 mm 坡口的一侧引弧。然后开始向左焊接打底层焊接道，焊枪沿坡口两侧做小幅度横向摆动，并控制电弧在离底边 2 ～ 3 mm 处燃烧，当坡口底部熔孔直径达 3 ～ 4 mm 时，转入正常焊接。

打底层焊接时的注意事项如下。

（1）电弧始终在坡口内做小幅度横向摆动，并在坡口两侧稍微停留，如图 3-15 所示，使熔孔直径比间隙大 0.5 ～ 1 mm，焊接时应根据间隙和熔孔直径的变化调整横向摆动幅度和焊接速度，尽可能维持熔孔直径不变，以获得宽窄和高低均匀的反面焊缝。

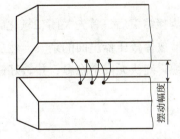

图 3-15　无垫板对接焊缝的根部焊道的运条图
（焊丝横摆到圆点"·"处稍停留）

（2）依靠电弧在坡口两侧的停留时间，保证坡口两侧熔合良好，使打底层焊接道两侧与坡口结合处稍下凹，焊道表面平整，如图 3-16 所示。

（3）打底层焊接时，要严格控制喷嘴的高度，电弧必须在离坡口底部 2 ～ 3 mm 处燃烧，保证打底层厚度不超过 4 mm。

2. 填充层焊接

彻底清理打底层焊渣，铲除接头高点和焊瘤，使打底层焊道平整。调节填充层焊接参数，在试板右端 20 mm 处引弧，快速拉到最右端压低电弧稍做停顿，待形成熔池，锯齿摆动向左焊接。焊枪的横向摆动幅度应稍大于打底层，运条时两侧稍做停顿，注意熔池两侧的熔合情况，电弧前移步伐为 1/2 ～ 2/3 熔池，保证焊道表面平整且稍向下凹，并使填充层的高度低于母材表面 1.5 ～ 2 mm，焊接时不允许烧化坡口棱边。焊接填充层时除保证焊道表面平整并稍向下凹外，还要控制焊道厚度，如图 3-17 所示，焊接时不许熔化棱边。

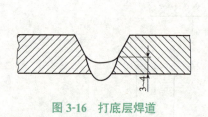

图 3-16　打底层焊道

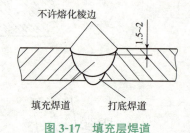

图 3-17　填充层焊道

3. 盖面层焊接

清理填充层焊道焊渣，调节盖面层焊接工艺参数，控制层间温度约 100 ℃，与填充层焊接方法基本相同。焊枪横向摆动幅度比填充层焊接时稍大，尽量保持焊接速度均匀，避免盖面层焊道中间凹陷。焊丝摆动到坡口两侧时，焊丝对准坡口棱边，不要超过棱边，形成熔池后的熔化棱边为 0.5 ～ 1 mm。收弧时一定要填满弧坑，并且收弧弧长要短，以免产生弧坑裂纹。

四、清理现场

焊接结束后，首先关闭二氧化碳气瓶阀门，点动焊枪开关或点动电焊机面板焊接检气开关，放掉减压器里面的余气，然后关闭焊接电源。清扫场地，按规定摆放工具，整理焊接电缆，确认无安全隐患，并做好使用记录。

五、焊后检验

将焊好的工件用钢丝刷反复拉刷焊道，除去焊缝氧化层。严禁破坏焊缝原始表面，禁止用水冷却。

对焊缝表面质量进行目视检验，使用 5 倍放大镜观察表面是否存在缺陷，并使用焊接检验尺对焊缝进行测量，测量结果应满足要求。

【任务评价】

二氧化碳气体保护焊板对接平焊评分标准，见表 3-6。

表 3-6 二氧化碳气体保护焊板对接平焊评分标准

检查项目		标准分数	焊缝等级				测量数值 /mm	实际得分 /分
			Ⅰ	Ⅱ	Ⅲ	Ⅳ		
正面	焊缝余高	标准 /mm	>0, ≤ 2	>2, ≤ 3	>3, ≤ 4	>4, <0		
		分数 /分	5	3	2	0		
	焊缝高低差	标准 mm	≤ 1	>1, ≤ 2	>2, ≤ 3	>3		
		分数 /分	2.5	1.5	1	0		
	焊缝宽度	标准 /mm	>18, ≤ 19	>19, ≤ 20	>20, ≤ 21	>21, <18		
		分数 /分	5	3	2	0		
	焊缝宽窄差	标准 /mm	≤ 1.5	>1.5, ≤ 2	>2, ≤ 3	>3		
		分数 /分	2.5	1.5	1	0		
	咬边	标准 /mm	无咬边	深度 <0.5 且长度≤ 10	深度 <0.5 且长度≤ 20	深度 >0.5 或长度 >20		
		分数 /分	5	3	2	0		
	错变量	标准 /mm	0	≤ 0.5	>0.5, ≤ 1	>1		
		分数 /分	5	3	2	0		
	角变形	标准 /mm	0～1	>1, ≤ 3	>3, ≤ 5	>5		
		分数 /分	5	3	2	0		
	表面成型	标准 /mm	优	良	一般	差		
		分数 /分	10	6	4	0		
反面	焊缝高度	0～3 mm 5 分	>3 mm 或 <0 0 分					
	咬边	无咬边 5 分	有咬边 0 分					
	凹陷	无内凹 10 分	深度≤ 0.5 mm，每 2 mm 长扣 0.5 分 深度 >0.5 mm 0 分					
焊缝内部质量检验		按《焊缝无损检测 射线检测 第 1 部分：X 和伽马射线的胶片技术》（GB/T 3323.1—2019）	Ⅰ级片无缺陷 / 有缺陷	Ⅱ级片	Ⅲ级片	Ⅳ级片		
		40	40/35	30	20	0		
合计			100 分					

检查项目	标准分数	焊缝等级				测量数值/mm	实际得分/分
		Ⅰ	Ⅱ	Ⅲ	Ⅳ		
焊缝外观成型评判标准							
优		良		中		差	
成型美观，焊缝均匀、细密，高低宽窄一致		成型较好，焊缝均匀、平整		成型尚可，焊缝平直		焊缝弯曲，高低、宽窄明显	

注：工件焊接未完成；表面修补及焊缝正反两面有裂纹、夹渣、气孔、未熔合缺陷；该件做 0 分处理

任务三　板对接立焊技能训练

◎学习目标：能正确选择板对接立焊二氧化碳气体保护焊的焊接参数；掌握板对接立焊二氧化碳气体保护焊的操作方法。

◎学习重点：板对接立焊的操作方法。

◎学习难点：板对接立焊时焊接速度及焊枪角度。

【任务描述】

图 3-18 所示为板对接立焊工件图。要求读懂工件图样，学习板对接立焊（二氧化碳焊）的基本操作技能，完成工件实作任务，达到工件图样要求。

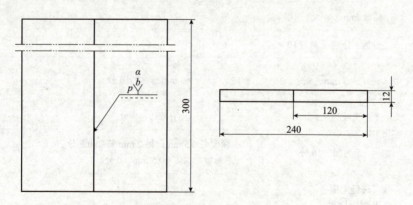

图 3-18　板对接立焊工件图

技术要求如下：

（1）焊接方法采用半自动二氧化碳气体保护焊。

（2）工件材料为 Q235B。

（3）接头形式为板对接接头，焊接位置为立位。

（4）根部间隙 $b = 3.2 \sim 4.0\,\text{mm}$，坡口角度 $\alpha = 60° \pm 5°$，钝边 $p = 0.5 \sim 1\,\text{mm}$。

（5）要求单面焊双面成型，焊缝表面无缺陷，焊缝波纹均匀，宽窄一致，高低平整，焊缝与母材圆滑过渡，焊后无变形，具体要求参照评分标准。

【任务分析】

板对接立位二氧化碳气体保护焊单面焊双面成型是其他位置焊接操作的基础。焊缝处于空间位置，熔池受重力影响，极易下淌，所以熔池温度不宜太高，焊接参数不宜太大，选择合适焊枪角度，保证有利于熔滴过渡，选择合理的焊接层次，保证层间熔合良好，有利于消除上层潜在焊接缺陷。因此，焊接过程中要根据装配间隙和熔池温度变化的情况，及时调整焊枪的角度、摆动幅度和焊接速度，控制熔池和熔孔的尺寸，保证正、反两面焊缝成型良好。

【任务实施】

一、安全检查

同项目任务一。

二、焊前准备

1. 工件准备

Q235B 钢板，300 mm × 120 mm × 12 mm，两块，坡口角度为 60°。检查钢板平直度，并修复平整。采用角磨机或钢丝刷对焊接区进行清理，需打磨工件表面，去除锈蚀、油污等，露出金属光泽。

2. 焊接材料准备

焊丝 ER50-6，ϕ 1.2 mm；二氧化碳，气体纯度要求达到 99.5%。

3. 辅助工具及量具准备

在焊工操作作业区附近准备好钢丝刷、清渣锤、錾子、钢直尺、焊接检验尺等工具和量具。

4. 装配定位

将两块钢板放于水平位置，使两端头平齐，在两端头进行定位焊，定位焊焊缝长度为 10 ～ 15 mm，如图 3-19 所示。装配间隙为始焊处 3.2 mm，终焊处 4 mm，反变形量为 2° ～ 3°，错边量 ≤ 1.2 mm。定位焊焊接参数见表 3-7。

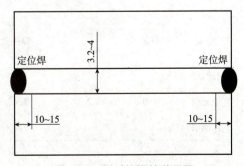

图 3-19 板对接焊接装配图

表 3-7　板对接焊接装配定位焊焊接参数

焊材型号	焊材直径 /mm	焊接电流 /A	焊接电压 /V	保护气体流量 /（L·min⁻¹）	焊丝伸出长度 /mm
ER50-6	1.2	90 ～ 100	19 ～ 21	12 ～ 15	12 ～ 18

5. 固定工件

把装配好的工件竖直固定在操作平台或焊接胎架上，焊缝与地面垂直。间隙小的一端在下，立向上焊接。

6. 焊接参数设定

二氧化碳气体保护焊板对接立焊焊接工艺卡，见表 3-8。

表 3-8　二氧化碳气体保护焊板对接立焊焊接工艺卡

材料牌号	Q235B 钢板				
材料规格 /mm	12				
接头种类	对接				
坡口形式	V 形				
坡口角度 / (°)	60				
钝边 /mm	0.5 ～ 1				
组对间隙 /mm	3.2 ～ 4				
焊接方法	GMAW				
焊接设备	NB-350				
电源种类	直流	焊后热处理	种类	—	保温时间	—
电源极性	反接		加热方式	—	层间温度	—
焊接位置	3G		温度范围	—	测量方法	—

焊接坡口图：坡口角度 60°，板厚 12，钝边 0.5~1，组对间隙 3.2~4

焊接参数

焊层	焊材型号	焊材直径 /mm	焊接电流 /A	焊接电压 /V	保护气体流量 /（L·min⁻¹）	焊丝伸出长度 /mm
打底层			100 ～ 120	18 ～ 20	12 ～ 15	12 ～ 18
填充层	ER50-6	1.2	120 ～ 130	19 ～ 21	12 ～ 15	12 ～ 18
盖面层			110 ～ 120	18 ～ 20	12 ～ 15	12 ～ 18

三、焊接操作

将焊接工件固定在焊接操作台上，使试板处于立焊位置，间隙小的一端放在下侧。焊接方向由下至上，焊接层次为打底 1 层，填充 2 层，盖面 1 层。焊道排列，如图 3-20 所示。焊枪角度，如图 3-21 所示。

图 3-20　焊道排列

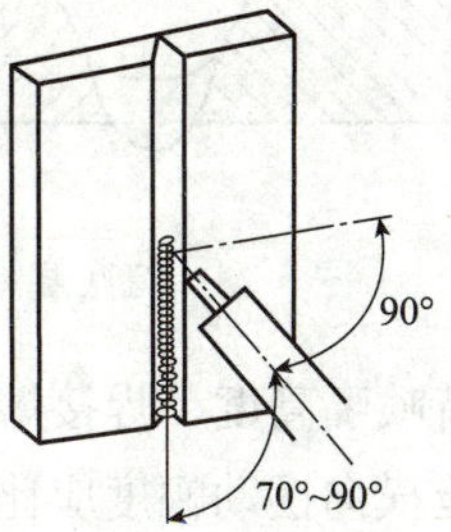

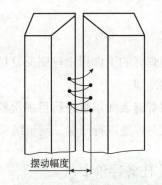

图 3-21　焊枪角度

1. 打底层焊接

焊接时，使焊丝接触下点固焊点，引燃电弧，并控制电弧在离底边 2～3 mm 处燃烧，小锯齿向上摆动，电弧摆动到点固点末端打开熔孔 0.5～1 mm，稍微停顿形成熔池，然后做锯齿形左右摆动，保持焊丝在熔池前缘，并在坡口两侧稍做停顿，使其熔合良好，另侧熔池降温，避免因焊缝中间温度过高熔池下坠，造成焊缝中间凸起两侧形成沟槽。焊接过程中要求焊枪摆动均匀，摆动幅度、上移尺寸大小相等。

打底层焊接时的注意事项如下。

（1）电弧始终在坡口内做小幅度横向摆动，并在坡口两侧稍微停留，如图 3-22 所示，使熔孔直径比间隙大 0.5～1 mm。焊接时应根据间隙和熔孔直径的变化调整横向摆动幅度和焊接速度，尽可能维持熔孔直径不变，以获得宽窄和高低均匀的反面焊缝。

（2）依靠电弧在坡口两侧的停留时间，保证坡口两侧熔合良好，使打底层焊接道两侧与坡口结合处稍下凹，焊道表面平整，如图 3-23 所示。

图 3-22　无垫板对接焊缝的根部焊道的运条图
（焊丝横摆到圆点"·"处稍停留）

（3）打底层焊接时，要严格控制喷嘴的高度，电弧必须在离坡口底部 2～3 mm 处燃烧，保证打底层厚度不超过 4 mm。

2. 填充层焊接

调试填充层焊接参数，在试板底端开始焊填充层，焊枪的横向摆动幅度稍大于打底层，注意熔池两侧熔合情况，保证焊道表面平整并稍下凹，并使填充层的高度低于母材表面 1.5～2 mm，焊接时不允许烧化坡口棱边。填充层时除保证焊道表面平整并稍向下凹外，还要掌握焊道厚度，如图 3-24 所示，焊接时不许熔化棱边。

3. 盖面层焊接

调试好盖面层焊接参数后，从下端开始焊接，需注意下列事项。

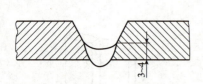

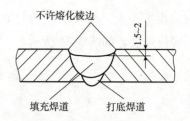

图 3-23　打底层焊道　　　　　　　图 3-24　填充层焊道

（1）保持喷嘴高度，焊接熔池边缘应超过坡口棱边 0.5 ～ 1.5 mm，并防止咬边。

（2）焊枪横向摆动幅度应比填充层焊接时稍大，尽量保持焊接速度均匀，使焊缝外形美观。

（3）收弧时一定要填满弧坑，并且收弧弧长要短，以免产生弧坑裂纹。

四、清理现场

焊接结束后，首先关闭二氧化碳气瓶阀门，点动焊枪开关或点动电焊机面板焊接检气开关，放掉减压器里面的余气，然后关闭焊接电源。清扫场地，按规定摆放工具，整理焊接电缆，确认无安全隐患，并做好使用记录。

五、焊后检验

将焊好的工件用钢丝刷反复拉刷焊道，除去焊缝氧化层。严禁破坏焊缝原始表面，禁止用水冷却。

对焊缝表面质量进行目视检验，使用 5 倍放大镜观察表面是否存在缺陷，并使用焊接检验尺对焊缝进行测量，测量结果应满足要求。

【任务评价】

二氧化碳气体保护焊板对接立焊评分标准，见表 3-9。

表 3-9　二氧化碳气体保护焊板对接立焊评分标准

检查项目		标准分数	焊缝等级				测量数值 / mm	实际得分 / 分
			Ⅰ	Ⅱ	Ⅲ	Ⅳ		
正面	焊缝余高	标准 /mm	>0, ≤ 2	>2, ≤ 3	>3, ≤ 4	>4, <0		
		分数 / 分	5	3	2	0		
	焊缝高低差	标准 /mm	≤ 1	>1, ≤ 2	>2, ≤ 3	>3		
		分数 / 分	2.5	1.5	1	0		
	焊缝宽度	标准 /mm	>18, ≤ 19	>19, ≤ 20	>20, ≤ 21	>21, <18		
		分数 / 分	5	3	2	0		

检查项目		标准分数	焊缝等级				测量数值/mm	实际得分/分
			I	II	III	IV		
正面	焊缝宽窄差	标准/mm	≤1.5	>1.5, ≤2	>2, ≤3	>3		
		分数/分	2.5	1.5	1	0		
	咬边	标准/mm	无咬边	深度<0.5且长度≤10	深度<0.5且长度≤20	深度>0.5或长度>20		
		分数/分	5	3	2	0		
	错变量	标准/mm	0	≤0.5	>0.5, ≤1	>1		
		分数/分	5	3	2	0		
	角变形	标准/mm	0～1	>1, ≤3	>3, ≤5	>5		
		分数/分	5	3	2	0		
	表面成型	标准/mm	优	良	一般	差		
		分数/分	10	6	4	0		
反面	焊缝高度	0～3 mm 5分		>3 mm 或 <0 0分				
	咬边	无咬边 5分		有咬边 0分				
	凹陷	无内凹 10分		深度≤0.5 mm，每2 mm长扣0.5分 深度>0.5 mm 0分				
焊缝内部质量检验		按《焊缝无损检测 射线检测 第1部分：X和伽马射线的胶片技术》(GB/T 3323.1—2019)	I级片无缺陷/有缺陷	II级片	III级片	IV级片		
		40	40/35	30	20	0		
合计		100分						

焊缝外观成型评判标准			
优	良	中	差
成型美观，焊缝均匀、细密，高低宽窄一致	成型较好，焊缝均匀、平整	成型尚可，焊缝平直	焊缝弯曲，高低、宽窄明显

注：工件焊接未完成；表面修补及焊缝正反两面有裂纹、夹渣、气孔、未熔合缺陷；该件做0分处理

任务四　板对接横焊技能训练

◎学习目标：能正确选择板对接横焊二氧化碳气体保护焊的焊接参数；掌握板对接横焊二氧化碳气体保护焊的操作方法。

◎学习重点：板对接横焊的操作方法。

◎学习难点：板对接横焊的焊接速度及焊枪角度。

【任务描述】

图 3-25 所示为板对接横焊工件图。要求读懂工件图样，学习板对接横焊二氧化碳气体保护焊的基本操作技能，完成工件实作任务，达到工件图样要求。

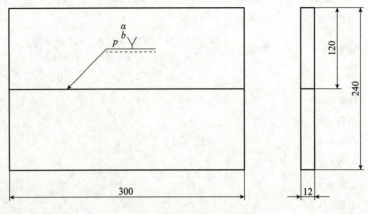

图 3-25　板对接横焊工件图

技术要求如下：

（1）焊接方法采用半自动二氧化碳气体保护焊。

（2）工件材料为 Q235B。

（3）接头形式为板对接接头，焊接位置为横位。

（4）根部间隙 $b = 3.2 \sim 4.0$ mm，坡口角度 $\alpha = 60° \pm 5°$，钝边 $p = 0.5 \sim 1$ mm。

（5）要求单面焊双面成型，焊缝表面无缺陷，焊缝波纹均匀，宽窄一致，高低平整，焊缝与母材圆滑过渡，焊后无变形，具体要求参照评分标准。

【任务分析】

板对接横焊二氧化碳气体保护单面焊双面成型时，一般采用直线运枪左焊法，采用摆动运枪难度较大。熔滴和熔池中熔化的金属受重力的作用容易下淌，焊缝成型困难。如果焊接参数选择不当或焊丝角度不合适，则容易产生焊缝上侧咬边、焊缝下侧金属下坠、焊瘤、未焊透等缺陷。为避免上述缺陷的产生，应采用短弧，多层多道焊接，并根据焊道的不同位置调整合适的焊丝角度。焊接打底层时应保持较小的熔池和熔孔尺寸，适当提高焊接速度，采用较小的焊接电流和短弧焊接。板对接横焊也要注意采用反变形法，防止角变形。

【任务实施】

一、安全检查

同项目任务一。

二、焊前准备

1. 工件准备

Q235B 钢板，300 mm×120 mm×12 mm，两块，坡口角度为 60°。检查钢板平直度，并修复平整。采用角磨机或钢丝刷对焊接区进行清理，需打磨工件表面，去除锈蚀、油污等，露出金属光泽。

2. 焊接材料准备

焊丝 ER50-6，ϕ 1.2 mm；二氧化碳，气体纯度要求达到 99.5%。

3. 辅助工具及量具准备

在焊工操作作业区附近准备好钢丝刷、清渣锤、錾子、钢直尺、焊接检验尺等工具和量具。

4. 装配定位

将两块钢板放于水平位置，使两端头平齐，在两端头进行定位焊，定位焊焊缝长度为 10～15 mm，如图 3-26 所示。装配间隙为始焊处 3.2 mm，终焊处 4 mm，反变形量为 3°～5°，错边量≤ 1.2 mm。定位焊焊接参数，见表 3-10。

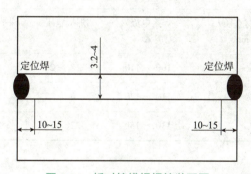

图 3-26　板对接横焊焊接装配图

表 3-10　板对接横焊焊接装配定位焊焊接参数

焊材型号	焊材直径 /mm	焊接电流 /A	焊接电压 /V	保护气体流量 /（L·min⁻¹）	焊丝伸出长度 /mm
ER50-6	1.2	90～100	19～21	12～15	12～18

5. 固定工件

把装配好的工件横向固定在操作平台或焊接胎架上，焊缝与地面平行。采用右焊法焊接，所以将组对间隙小的放在左侧。

6. 焊接参数设定

二氧化碳气体保护焊板对接横焊焊接工艺卡，见表 3-11。

表 3-11　二氧化碳气体保护焊板对接横焊焊接工艺卡

材料牌号	Q235B 钢板
材料规格 /mm	12
接头种类	对接
坡口形式	V 形
坡口角度 / (°)	60
钝边 /mm	0.5 ～ 1
组对间隙 /mm	3.2 ～ 4
焊接方法	GMAW
焊接设备	NB-350

焊接坡口图

电源种类	直流	焊后热处理	种类	—	保温时间	—
电源极性	反接		加热方式	—	层间温度	—
焊接位置	2G		温度范围	—	测量方法	—

焊接参数

焊层	焊材型号	焊材直径 / mm	焊接电流 / A	焊接电压 / V	保护气体流量 / (L · min⁻¹)	焊丝伸出长度 / mm
打底层			100 ～ 110	18 ～ 20	12 ～ 15	12 ～ 18
填充层	ER50-6	ϕ 1.2	110 ～ 120	20 ～ 22	12 ～ 15	12 ～ 18
盖面层			130 ～ 150	22 ～ 24	12 ～ 15	12 ～ 18

三、焊接操作

焊接层数的多少，可根据工件厚度确定。工件越厚，焊接层数越多。12 mm 厚开坡口板对接横位二氧化碳气体保护焊焊层（道）数，如图 3-27 所示。各层各道焊缝焊接时的焊枪角度，如图 3-28 所示。

1. 打底层焊接

打底层焊接时，按图 3-28 所示控制焊枪角度。把焊丝送入坡口根部，为保证焊缝成型，电弧主要作用在上面板的坡口根部，如图 3-29 所示，以保证坡口两侧钝边完全熔化。焊接过程中采用小幅度锯齿形摆动，自右向左焊接，并要认真观察熔池的温度、形状和熔孔的大小。

图 3-27　开坡口板对接横焊焊层（道）数

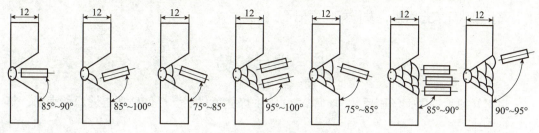

图 3-28　开坡口板对接横焊焊枪角度

若打底层焊接时电弧中断，则应将接头的焊渣清除干净，并将接头处焊道打磨成斜坡。在打磨了的焊道最高处引弧，并以小幅锯齿形摆动，当接头区前端形成熔孔后，继续焊完打底层焊道。焊完打底层焊缝后，先清除焊渣，然后用角向打磨机将局部凸起的焊道磨平。

2. 填充层焊接

填充层焊接分为两层，共五道，由下向上依次焊接。焊枪角度按图 3-29 随时进行调整，电弧上下摆动的幅度视坡口宽度的增大而加大，并在坡口侧壁和前层焊道的焊址处做短时的停留，使每一道焊缝压在前一道焊缝的最高点。最后一层填充层焊完后，应保证填充层焊缝下边缘比母材表面低 1 ～ 2 mm，上边缘与母材表面低 0.5 mm，注意不能熔化坡口两侧的棱边，以便盖面层时能够看清坡口，如图 3-30 所示。每焊完一道焊缝，都要进行彻底清渣。

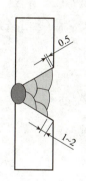

图 3-29　打底层时电弧的作用点　　　　图 3-30　最后一层填充层焊缝与母材表面的位置关系

3. 盖面层焊接

盖面层焊接与填充层焊接类似，由下向上一道一道采用直线运条，焊枪角度如图 3-28 所示。后焊焊道应将前焊焊道盖住 1/2 或 2/3 以上，以保证整个焊缝平整、均匀。

四、清理现场

焊接结束后，首先关闭二氧化碳气瓶阀门，点动焊枪开关或点动电焊机面板焊接检气开关，放掉减压器里面的余气，然后关闭焊接电源。清扫场地，按规定摆放工具，整理焊接电缆，确认无安全隐患，并做好使用记录。

五、焊后检验

将焊好的工件用钢丝刷反复拉刷焊道，除去焊缝氧化层。严禁破坏焊缝原始表面，禁止用水冷却。

对焊缝表面质量进行目视检验，使用 5 倍放大镜观察表面是否存在缺陷，并使用焊接检验尺对焊缝进行测量，测量结果应满足要求。

【任务评价】

二氧化碳气体保护焊板对接横焊评分标准，见表 3-12。

表 3-12　二氧化碳气体保护焊板对接横焊评分标准

检查项目		标准分数	焊缝等级				测量数值 / mm	实际得分 / 分
			I	II	III	IV		
正面	焊缝余高	标准 /mm	>0，≤ 1.5	>1.5，≤ 2	>2.5，≤ 3	>3，<0		
		分数 / 分	5	3	2	0		
	焊缝高低差	标准 /mm	≤ 1	>1，≤ 2	>2，≤ 3	>3		
		分数 / 分	2.5	1.5	1	0		
	焊缝宽度	标准 /mm	>15，≤ 16	>16，≤ 17	>17，≤ 18	>18，<15		
		分数 / 分	5	3	2	0		
	焊缝宽窄差	标准 /mm	≤ 1.5	>1.5，≤ 2	>2，≤ 3	>3		
		分数 / 分	2.5	1.5	1	0		
	咬边	标准 /mm	无咬边	深度 <0.5 且长度≤ 10	深度 <0.5 且长度≤ 20	深度 >0.5 或长度 >20		
		分数 / 分	5	3	2	0		
	错变量	标准 /mm	0	≤ 0.5	>0.5，≤ 1	>1		
		分数 / 分	5	3	2	0		
	角变形	标准 /mm	0～1	>1，≤ 3	>3，≤ 5	>5		
		分数 / 分	5	3	2	0		
	表面成型	标准 /mm	优	良	一般	差		
		分数 / 分	10	6	4	0		
反面	焊缝高度	0～3 mm　5分	>3 mm 或 <0　0分					
	咬边	无咬边　5分	有咬边　0分					
	凹陷	无内凹　10分	深度≤ 0.5 mm，每 2 mm 长扣 0.5 分 深度 >0.5 mm　0分					

检查项目	标准分数	焊缝等级				测量数值/mm	实际得分/分
		I	II	III	IV		
焊缝内部质量检验	按《焊缝无损检测 射线检测 第1部分：X和伽马射线的胶片技术》（GB/T 3323.1—2019）	I级片无缺陷/有缺陷	II级片	III级片	IV级片		
	40	40/35	30	20	0		
合计		100分					

焊缝外观成型评判标准			
优	良	中	差
成型美观，焊缝均匀、细密，高低宽窄一致	成型较好，焊缝均匀、平整	成型尚可，焊缝平直	焊缝弯曲，高低、宽窄明显

注：工件焊接未完成；表面修补及焊缝正反两面有裂纹、夹渣、气孔、未熔合缺陷；该件做0分处理。

任务五　管对接水平固定技能训练

◎学习目标：能正确选择管对接水平固定二氧化碳气体保护焊焊接参数及掌握管对接水平二氧化碳气体保护焊的操作方法。

◎学习重点：管水平固定二氧化碳气体保护焊的操作方法。

◎学习难点：管水平固定二氧化碳气体保护焊焊接速度及焊枪角度。

【任务描述】

图 3-31 所示为管对接水平固定二氧化碳气体保护焊工件图。要求读懂工件图样，学习管对接水平固定二氧化碳气体保护焊的基本操作技能，完成工件实作任务，达到工件图样要求。

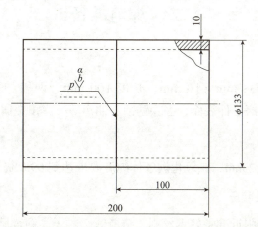

图 3-31　管对接水平固定二氧化碳气体保护焊工件图

技术要求如下：

（1）焊接方法采用半自动二氧化碳气体保护焊。

（2）工件材料为20钢。

（3）根部间隙 $b = 2.5 \sim 3.2$ mm，坡口角度 $\alpha = 60° \pm 2°$，钝边 $p = 1$ mm。

（4）焊缝表面无缺陷，焊缝波纹均匀，宽窄一致，高低平整，焊缝与母材圆滑过渡，具体要求参照评分标准。

【任务分析】

管对接水平固定焊要经历仰焊、立焊、平焊，属于全位置焊接，难度较大。焊接时熔滴和熔池金属在重力作用下容易下淌。为了在焊接过程中控制熔池的大小和温度，减少和防止液态金属下淌而产生焊瘤。一般采用较小的焊接参数。焊接时焊枪的位置和角度随焊缝曲率变化而不断变化，焊接过程分为两个半轴完成。要控制好熔孔的尺寸，以实现单面焊双面成型。同时，控制好焊接速度，避免出现焊瘤、咬边等缺陷。

焊接时，金属熔池所处的空间位置不断变化，焊枪角度也应随焊接位置的变化而不断调整。归纳为"一看、二稳，三准、四匀"。

（1）看：看熔池并控制大小，看熔池的位置。

（2）稳：身体放松，呼吸自然，手稳，动作幅度小而稳。

（3）准：定位焊位置要准确，焊枪角度准确。

（4）匀：焊条波纹均匀，焊缝宽窄均匀，焊缝高低均匀。

【任务实施】

一、安全检查

同项目任务一。

二、焊前准备

1. 工件准备

Q235B 钢管，$\phi 133$ mm × 10 mm，长度 100 mm，两段。采用角磨机或钢丝刷对焊接区进行清理，需打磨工件表面，去除锈蚀、油污等，露出金属光泽。

2. 焊接材料准备

焊丝 ER50-6，$\phi 1.2$ mm；二氧化碳气体纯度要求达到 99.5%。

3. 辅助工具及量具准备

在焊工操作作业区附近准备好钢丝刷、清渣锤、錾子、钢直尺、焊接检验尺等工具和量具。

4. 装配定位

将两管放于水平放置的槽钢上，两管轴芯对正，装配间隙为始焊处 2.5 mm，终焊处 3.2 mm。第一个定位点在 2 点位置，第二个定位点在 10 点位置，如图 3-32 所示。定位焊缝长度为 10 ～ 15 mm，要求焊透，反面成型良好，且要保证无缺陷。定位焊后，应将定位焊两端面处打磨成斜面。装配定位焊的焊接参数，见表 3-13。

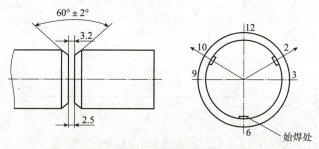

图 3-32　装配定位焊位置

表 3-13　管对接装配定位焊焊接参数

焊材型号	焊材直径 / mm	焊接电流 / A	焊接电压 / V	保护气体流量 / （L·min^{-1}）	焊丝伸出长度 / mm
ER308LSi	1.2	130 ～ 150	23 ～ 25	15 ～ 20	10 ～ 15

5. 固定工件

把装配好的工件水平固定在操作平台或焊接胎架上，组对间隙小的一侧在下方。

6. 焊接参数设定

二氧化碳气体保护焊管对接水平固定焊工艺卡，见表 3-14。

表 3-14　二氧化碳气体保护焊管对接水平固定焊工艺卡

材料牌号	20 钢管	焊接坡口图
材料规格 / （mm×mm×mm）	$\phi 133 \times 100 \times 10$	
接头种类	对接	
坡口形式	V 形	
坡口角度 /（°）	60	
钝边 /mm	0.5 ～ 1	
组对间隙 /mm	2.5 ～ 3.2	
焊接方法	GMAW	
焊接设备	NB-350	

电源种类	直流	焊后热处理	种类	—	保温时间	—
电源极性	反接		加热方式	—	层间温度 /℃	≤ 100
焊接位置	5G		温度范围	—	测量方法	—
焊接参数						
焊层	焊材型号	焊材直径 / mm	焊接电流 /A	焊接电压 /V	保护气体流量 / （L · min⁻¹）	焊丝伸出长度 / mm
打底层			110 ～ 130	19 ～ 21	15 ～ 20	10 ～ 15
填充层	ER50-6	1.2	130 ～ 150	23 ～ 25	15 ～ 20	10 ～ 15
盖面层			130 ～ 150	23 ～ 25	15 ～ 20	10 ～ 15

三、焊接操作

引弧前，应检查、清理导电嘴和喷嘴。引弧时，应在坡口内引弧，绝不允许在非焊接区引弧。

1. 打底层焊接

采用连弧法进行焊接。先焊右半周，在管子过圆周 6 点位置 10 mm 左右处引弧开始焊接，焊枪做小幅锯齿形摆动。焊枪角度，如图 3-33 所示。幅度不宜过大，只要看到坡口两侧母材金属熔化即可，焊丝摆到两侧稍做停留。为了避免焊丝穿出熔池或未焊透，焊丝不能离开熔池，焊丝宜在熔池前半区域约 1/3 处做横向摆动，逐渐上升。焊枪前进的速度要视焊接位置而变，在立焊时，要使熔池有较多的冷却时间，避免产生焊瘤。既要控制熔孔尺寸均匀，又要避免熔池脱节现象。焊至 12 点处收弧，相当于平焊收弧。

焊左半周前，先将 6 点和 12 点处焊缝末端磨成斜坡状，长度为 10 ～ 20 mm。在打磨区域中过 6 点处引弧，引弧后拉回到打磨区端部开始焊接。按照打磨区域的形状摆动焊枪，焊接到打磨区极限位置时听到"噗"的击穿声后，即背面成型良好。接着像焊接右半周一样，焊接左半周，直到焊至距 12 点位置 10 mm 时，焊丝改用直线形或极小幅度锯齿形摆动，焊过打磨区域收弧。

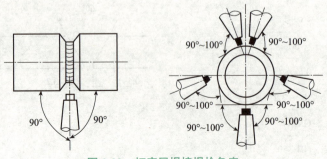

图 3-33　打底层焊接焊枪角度

2. 填充层焊接

在填充层焊接前，应将打底层焊缝表面的飞溅物清理干净，并用角磨机将接头凸起处打磨平整，清理好喷嘴，调试好焊接参数后，即可进行焊接。

填充层为两层，焊填充层的焊枪同打底层，焊丝宜在熔池中央 1/2 处左右摆动。采用锯齿形或月牙形摆动，如图 3-34 所示。焊丝在两侧稍做停留，在中央部位速度略快，摆动的幅度要参照打底层焊缝的宽度。

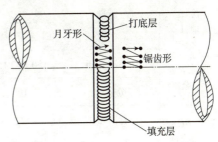

图 3-34　水平管子对接时填充层焊丝的摆动

焊填充层后半周前，必须将前半周焊缝的始、末端打磨成斜坡形，尤其是 6 点处更应注意。焊后半周方法基本上同前半周，主要是对始、末端要求成型良好。焊填充层后，焊缝厚度达到距管子表面 1 ～ 2 mm，且不能将管子坡口面边缘熔化。如发现局部高低不平，则应填平磨齐。

3. 盖面层焊接

焊前将填充层焊缝表面清理干净。盖面层焊接操作方法与填充层相同，但焊枪横向摆动幅度应大于填充层。保证熔池深入坡口每侧边缘棱角 0.5 ～ 1.5 mm。电弧在坡口边缘停留的时间稍短，电弧回摆速度要缓慢。

在接头时，引弧点要在焊缝的中心上方，引弧后稍做稳定，即将电弧拉向熔池中心进行焊接。在盖面层焊接时，焊接速度要均匀，熔池深入坡口两侧尺寸要一致，以保证焊缝成型美观。

四、清理现场

焊接结束后，首先关闭二氧化碳气瓶阀门，点动焊枪开关或点动电焊机面板焊接检气开关，放掉减压器里面的余气，然后关闭焊接电源。清扫场地，按规定摆放工具，整理焊接电缆，确认无安全隐患，并做好使用记录。

五、焊后检验

将焊好的工件用钢丝刷反复拉刷焊道，除去焊缝氧化层。严禁破坏焊缝原始表面，禁止用水冷却。

对焊缝表面质量进行目视检验，使用 5 倍放大镜观察表面是否存在缺陷，并使用焊接检验尺对焊缝进行测量，测量结果应满足要求。

【任务评价】

二氧化碳气体保护焊管对接水平固定焊评分标准，见表 3-15。

表 3-15　二氧化碳气体保护焊管对接水平固定焊评分标准

工件编号			评分人			合计得分		
检查项目		标准分数	焊缝等级				测量数值 / mm	实际得分 / 分
			Ⅰ	Ⅱ	Ⅲ	Ⅳ		
正面	焊缝余高	标准 /mm	>0，≤ 1	>1，≤ 2	>2，≤ 3	>3，<0		
		分数 / 分	10	4	4	0		
	焊缝高低差	标准 /mm	≤ 1	>1，≤ 2	>2，≤ 3	>3		
		分数 / 分	5	3	2	0		
	焊缝宽度	标准 /mm	>13，≤ 15	>15，≤ 16	>16，≤ 17	>17，<13		
		分数 / 分	10	6	4	0		
	焊缝宽窄差	标准 /mm	≤ 1.5	>1.5，≤ 2	>2，≤ 3	>3		
		分数 / 分	5	3	3	0		
	咬边	标准 /mm	无咬边	深度 <0.5 且长度 ≤ 10	深度 <0.5 且长度 ≤ 20	深度 >0.5 或长度 >20		
		分数 / 分	5	3	2	0		
	表面成型	标准 /mm	优	良	一般	差		
		分数 / 分	10	6	4	0		
反面	焊缝高度		0～3 mm　2.5 分		>3 mm 或 <0　0 分			
	咬边		无咬边　2.5 分		有咬边　0 分			
	凹陷		无内凹　10 分		深度 ≤ 0.5 mm，每 2 mm 长扣 0.5 分（最多扣 10 分）深度 >0.5 mm　0 分			
焊缝内部质量检验		按《焊缝无损检测 射线检测 第 1 部分：X 和伽马射线的胶片技术》（GB/T 3323.1—2019）	Ⅰ级片无缺陷 / 有缺陷	Ⅱ级片	Ⅲ级片	Ⅳ级片		
		40	40/35	30	20	0		
合计			100 分					

焊缝外观成型评判标准			
优	良	中	差
成型美观，焊缝均匀、细密，高低宽窄一致	成型较好，焊缝均匀、平整	成型尚可，焊缝平直	焊缝弯曲，高低、宽窄明显

注：工件焊接未完成；表面修补及焊缝正反两面有裂纹、夹渣、气孔、未熔合缺陷；该件做 0 分处理

任务六　管板垂直连接技能训练

◎学习目标：能正确选择半自动二氧化碳气体保护焊低碳钢管板垂直焊焊接参数；掌握半自动二氧化碳气体保护焊低碳钢管板垂直焊的操作方法。

◎学习重点：管板垂直连接二氧化碳气体保护焊的操作方法。

◎学习难点：管板垂直连接二氧化碳气体保护焊焊接操作。

【任务描述】

图 3-35 所示为管板垂直连接二氧化碳气体保护焊工件图。要求读懂工件图样，学习管板垂直连接二氧化碳气体保护焊工件图的基本操作技能，完成工件实作任务，达到工件图样要求。

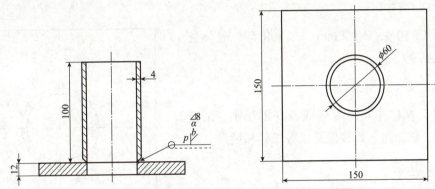

图 3-35　管板垂直连接二氧化碳气体保护焊工件图

技术要求如下：

（1）采用半自动二氧化碳气体保护焊。

（2）工件材料为 Q235B；板材尺寸为 100 mm × 100 mm × 12 mm，管材尺寸为 ϕ60 mm × 100 mm × 4 mm，单边 V 形坡口，单边坡口面角度为 50°。

（3）焊接材料为 ER50-6，ϕ1.2 mm。

（4）焊接层次为三层六道，焊脚 K = 8 mm。

（5）焊缝表面无缺陷，焊缝波纹均匀，宽窄一致，高低平整，焊后无变形，具体要求参照评分标准。

【任务分析】

管板垂直平焊焊接的是一条管垂直于板水平位置的角焊缝。与板角平焊所不同的是管板垂直平焊焊缝是有弧度的，焊枪在焊接过程中随焊缝弧度位置的变化而变换角度进行焊接。焊接时，由于管壁较薄坡口角度为 50°，板材厚度较厚，管与板受热不均衡，易产生咬边、未熔合或焊瘤等缺陷。因此，要正确掌握管板垂直平焊施焊的操作要领。

一、安全检查

同项目任务一。

二、焊前准备

1. 工件准备

Q235B 钢板，150 mm × 150 mm × 12 mm，一块；Q235B 钢管，ϕ 60 mm × 4 mm，长度为 100 mm，一段，单边 V 形坡口，单边坡口角度为 50°。采用角磨机或钢丝刷对焊接区进行清理，需打磨工件表面，去除锈蚀、油污等，露出金属光泽。

2. 焊接材料准备

焊丝 ER50-6，ϕ 1.2 mm；二氧化碳，气体纯度要求达到 99.5%。

3. 辅助工具及量具准备

在焊工操作作业区附近准备好钢丝刷、清渣锤、錾子、钢直尺、焊接检验尺等工具和量具。

4. 装配定位

将管和板装配成管板骑座形式，分别在 2 点和 10 点位置进行定位，如图 3-36 所示。注意定位焊的电流不易过大，见表 3-16 T 形接头装配定位焊焊接参数。定位焊管板间预留 3 mm 间隙，焊丝对准工件坡口根部引弧进行定位焊，定位焊点要求焊透，定位焊缝长度为 10 ～ 15 mm。

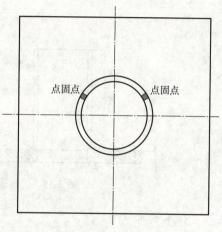

图 3-36　装配定位焊

表 3-16　T 形接头装配定位焊焊接参数

焊材型号	焊材直径 /mm	焊接电流 /A	焊接电压 /V	保护气体流量 /（L·min⁻¹）	焊丝伸出长度 /mm
ER50-6	1.2	100 ～ 120	18 ～ 20	12 ～ 15	12 ～ 18

5. 固定工件

把装配好的工件水平固定在操作平台或焊接胎架上，管轴线与地面垂直。

6. 焊接参数设定

二氧化碳气体保护焊管板垂直连接焊接工艺卡，见表 3-17。

表 3-17　二氧化碳气体保护焊管板垂直连接焊接工艺卡

材料牌号	Q235B 钢板				
材料规格 /mm	12，ϕ 60				
接头种类	T 形接头				
坡口形式	单边 V 形				
坡口角度 / (°)	50				
钝边	1				
组对间隙 /mm	3				
焊接方法	GMAW				
焊接设备	NB-350				
电源种类	直流	焊后热处理	种类	—	保温时间	—
电源极性	反接		加热方式	—	层间温度	—
焊接位置	2FG		温度范围	—	测量方法	—

焊接坡口图

焊接参数						
焊层	焊材型号	焊材直径 /mm	焊接电流 /A	焊接电压 /V	保护气体流量 / (L·min⁻¹)	焊丝伸出长度 /mm
打底层			80 ～ 90	17 ～ 19	12 ～ 15	10 ～ 15
填充层	ER50-6	1.2	100 ～ 120	18 ～ 21	12 ～ 15	10 ～ 15
盖面层			100 ～ 110	18 ～ 20	12 ～ 15	10 ～ 15

三、焊接操作

在定位焊的另一侧施焊，采用左向焊法，焊接层次为三层四道。焊道排列如图 3-37 所示。

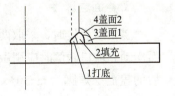

图 3-37　焊道排列

1. 打底层焊接

在点固点上引燃电弧预热，焊丝与水平板的夹角为 40° ～ 50°，如图 3-38 所示。焊丝的前倾角为 75° ～ 85°，如图 3-39 所示。

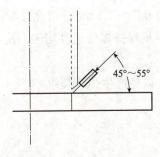

图 3-38　焊丝角度及位置

图 3-39　焊丝的前倾角

151

打底层焊接时，要正确调节适合焊接电流与电弧电压匹配的最佳值，以获得完美的焊缝成型。注意调整焊枪与管、板之间角度，要把焊丝送入坡口根部，以电弧能将坡口侧钝边完全熔化为宜，同时保障板侧熔合良好。焊枪在焊接过程中随焊缝弧度位置的变化而变换角度进行焊接，要认真观察熔池的温度、熔池的形状和溶孔的大小。熔孔过大，背面焊缝余高过高，甚至形成焊瘤或烧穿。熔孔过小，坡口两侧根部易造成未焊透缺陷。焊完后的背面焊缝余高为 0 ～ 3 mm。

打底层焊接时的注意事项如下。

（1）电弧始终在预留间隙内做小幅度横向摆动，可采用锯齿形横向摆动运弧法，电弧摆动到坡口、板件处各稍做停顿，使熔孔直径比间隙大 0.5 ～ 1 mm，焊接时应根据间隙和熔孔直径的变化调整横向摆动幅度和焊接速度，尽可能维持熔孔直径不变，以获得宽窄和高低均匀的反面焊缝。

（2）依靠电弧在坡口两侧的停留时间，保证坡口两侧熔合良好，使管板内部焊缝均匀成形，余高 0 ～ 3 mm，焊道表面平整。

（3）打底层焊接时，要严格控制喷嘴的高度，电弧必须在离坡口底部 2 ～ 3 mm 处燃烧，保证打底层厚度不超过 4 mm。

2. 填充层焊接

清除打底层焊渣，避免夹渣缺陷。填充层焊接时，焊接电流适当加大，电弧横向摆动的幅度视坡口宽度的增大而加大。焊完最后的填充层焊缝应比焊脚小 2 ～ 3 mm，为盖面层焊接道留有余量。焊接速度适宜，与管、平板熔合良好，平滑过渡。

焊接过程中应根据熔池温度及熔合状态，随时调整焊枪角度、摆动形式、摆动幅度、焊接速度等，使焊道宽度各处相等，焊趾圆滑，焊道与焊道间熔合良好。

3. 盖面层焊接

盖面层焊接时，采取两道焊，保持焊枪角度正确性，防止管壁一侧产生咬边缺陷。电弧摆动到坡口两侧时应稍做停顿，使坡口两侧温度均衡，焊缝熔合良好，边缘平直。焊完后的盖面层焊脚为 tan50° × 破口深度 + b（组对间隙）。焊缝应宽窄整齐，高低平整，波纹均匀一致。

调试好盖面层焊接参数后，先焊板上第一道焊缝，再焊管上第二道焊道，需注意下列事项。

（1）保持喷嘴高度，焊接熔池边缘应超过坡口棱边 0.5 ～ 1.5 mm，并防止咬边。

（2）焊枪横向摆动幅度应比填充层焊接时稍大，尽量保持焊接速度均匀，使焊缝外形美观。

（3）收弧时一定要填满弧坑，并且收弧弧长要短，以免产生弧坑裂纹。

四、清理现场

焊接结束后，首先关闭二氧化碳气瓶阀门，点动焊枪开关或点动电焊机面板焊接检气开关，放掉减压器里面的余气，然后关闭焊接电源。清扫场地，按规定摆放工具，整理焊接电缆，确认无安全隐患，并做好使用记录。

五、焊后检验

将焊好的工件用钢丝刷反复拉刷焊道，除去焊缝氧化层。严禁破坏焊缝原始表面，禁止用水冷却。

对焊缝表面质量进行目视检验，使用 5 倍放大镜观察表面是否存在缺陷，并使用焊接检验尺对焊缝进行测量，测量结果应满足要求。

【任务评价】

二氧化碳气体保护焊管板垂直连接评分标准，见表 3-18。

表 3-18　二氧化碳气体保护焊管板垂直连接评分标准

工件编号		评分人			合计得分			
检查项目	标准分数	焊缝等级				测量数值 / mm	实际得分 / 分
		I	II	III	IV		
正面	焊脚	标准 /mm	7～8	>8，≤9	>9，≤10	>10		
		分数 /分	10	6	4	0		
	焊脚差	标准 /mm	≤1	>1，≤2	>2，≤4	>3		
		分数 /分	5	3	2	0		
	焊缝凸度	标准 /mm	≤1	>1，≤2	>2，≤3	>3		
		分数 /分	10	6	4	0		
	垂直度	标准 /mm	≤1	≤2	≤3	>3		
		分数 /分	5	3	2	0		
正面	咬边	标准 /mm	0	深度≤0.5 且长度≤15	深度≤0.5 且长度>15，≤30	深度>0.5 或长度>30		
		分数 /分	10	6	4	0		
	表面成型	标准	优	良	一般	差		
		分数 /分	10	6	4	0		
反面	焊缝凹陷	标准 /mm	0～0.5	>0.5，≤1	>1，≤2	>2		
		分数 /分	5	3	2	0		
	焊缝凸起	标准 /mm	0～1	>1，≤2	>2，≤3	>3		
		分数 /分	5	3	2	0		

工件编号		评分人			合计得分			
检查项目		标准分数	焊缝等级				测量数值 /mm	实际得分 /分
			Ⅰ	Ⅱ	Ⅲ	Ⅳ		
宏观金相	根部熔深	尺寸标准 /mm	>1	>0.5, <1	>0, <0.5	未熔		
		得分标准 / 分	16	8	4	0		
	条状缺陷	尺寸标准 /mm	无	<1	<1.5	>1.5		
		得分标准 / 分	12	8	4	0		
	点状缺陷	标准	无	$<\phi 1$ 数目：1个	$<\phi 1$ 数目：2个	$>\phi 1$ 或数目 >1 个		
		得分标准 / 分	12	8	4	0		
合计			100 分					
焊缝外观成型评判标准								
优		良		中		差		
成型美观，焊缝均匀、细密，高低宽窄一致		成型较好，焊缝均匀、平整		成型尚可，焊缝平直		焊缝弯曲，高低、宽窄明显		

注：工件焊接未完成；表面修补及焊缝正反两面有裂纹、夹渣、气孔、未熔合缺陷；该件做 0 分处理

任务七　管板水平连接技能训练

◎学习目标：能正确选择半自动二氧化碳气体保护焊低碳钢管板水平连接焊接参数；掌握半自动二氧化碳气体保护焊低碳钢管板水平连接的操作方法。

◎学习重点：二氧化碳气体保护焊管板水平连接焊接的操作方法。

◎学习难点：二氧化碳气体保护焊管板水平连接焊接操作。

【任务描述】

图 3-40 所示为管板水平焊工件图。要求读懂工件图样，学习管板水平连接二氧化碳保护焊工件图的基本操作技能，完成工件实作任务，达到工件图样要求。

技术要求如下：

（1）采用半自动二氧化碳气体保护焊。

（2）工件材料为 Q235B；板材尺寸为 150 mm × 150 mm × 12 mm，管材尺寸为 $\phi 60$ mm × 100 mm × 4 mm。组对间隙 $b = 3$ mm，单边 V 形坡口角度 $\alpha = 50°$，钝边 $p = 1$ mm。

（3）焊接材料为 ER50-6，直径为 1.2 mm。

（4）焊接层次为三层四道，焊脚 $K = 8$ mm。

（5）焊缝表面无缺陷，焊缝波纹均匀，宽窄一致，高低平整，焊后无变形，具体要求参照评分标准。

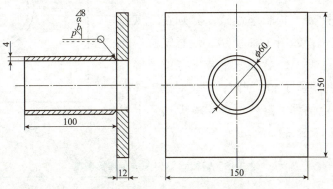

图 3-40　管板水平连接焊接工件图

【任务分析】

　　管板水平连接焊接的是一条管水平于板水平位置的角焊缝。与板角平焊所不同的是管板水平连接焊缝是有弧度的，焊枪在焊接过程中随焊缝弧度位置的变化而变换角度进行焊接的。焊接时，由于管壁较薄坡口角度为50°，板材厚度较厚，管与板受热不均衡，易产生咬边、未熔合或焊瘤等缺陷。因此，要正确掌握管板水平平焊施焊的操作要领。

【任务实施】

一、安全检查

同项目任务一。

二、焊前准备

1. 工件准备

　　Q235B 钢板，150 mm × 150 mm × 12 mm，一块；Q235B 钢管，ϕ 60 mm × 4 mm 长度100 mm，一段，单边 V 形坡口，单边坡口角度为50°。采用角磨机或钢丝刷对焊接区进行清理，需打磨工件表面，去除锈蚀、油污等，露出金属光泽。

2. 焊接材料准备

　　焊丝 ER50-6，直径为 1.2 mm；二氧化碳，气体纯度要求达到 99.5%。

3. 辅助工具及量具准备

在焊工操作作业区附近准备好钢丝刷、清渣锤、錾子、钢直尺、焊接检验尺等工具和量具。

4. 装配定位

将管和板装配成管板骑座形式，分别在 2 点和 10 点位置进行定位，如图 3-41 所示，注意定位焊的电流不易过大。见表 3-19 管板水平装配定位焊接参数。定位焊管板间预留 3 mm 间隙，焊丝对准工件坡口根部引弧进行定位焊，定位焊点要求焊透，定位焊缝长度为 10 ～ 15 mm。

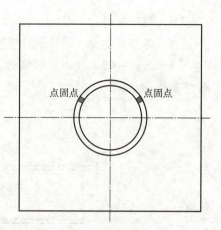

图 3-41　装配定位

表 3-19　管板水平装配定位焊接参数

焊材型号	焊材直径 /mm	焊接电流 /A	焊接电压 /V	保护气体流量 / (L · min⁻¹)	焊丝伸出长度 / mm
ER50-6	1.2	100 ～ 120	18 ～ 20	12 ～ 15	12 ～ 18

5. 固定工件

把装配好的工件固定在操作平台或焊接胎架上，管轴线与地面平行。

6. 焊接参数设定

二氧化碳气体保护焊管板水平连接焊接工艺卡，见表 3-20。

表 3-20　二氧化碳气体保护焊管板水平连接焊接工艺卡

材料牌号	Q235B 钢板				
材料规格 /mm	12，ϕ60				
接头种类	T 形接头				
坡口形式	单边 V 形		焊接坡口图		
坡口角度 / (°)	50				
钝边 /mm	1				
组对间隙 /mm	3				
焊接方法	GMAW				
焊接设备	NB-350				
电源种类	直流	焊后热处理	种类	—	保温时间	—
电源极性	反接		加热方式	—	层间温度	—
焊接位置	5FG		温度范围	—	测量方法	—

焊接参数					
焊层	焊材型号	焊材直径 /mm	焊接电流 /A	焊接电压 /V	保护气体流量 /（L·min⁻¹）	焊丝伸出长度 /mm
打底层			80～90	17～18	12～15	10～15
填充层	ER50-6	1.2	100～120	17～19	12～15	10～15
盖面层			100～110	17～19	12～15	10～15

三、焊接操作

焊接方向自下而上，分两个半圈完成。焊接层次为三层。焊枪角度如图 3-42 所示，焊道排列如图 3-43 所示。

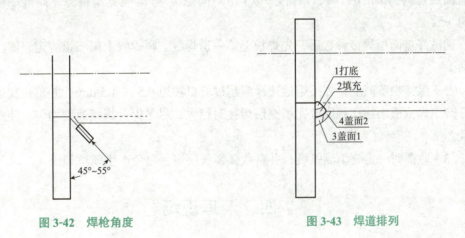

图 3-42　焊枪角度　　　　　　图 3-43　焊道排列

1. 打底层焊接

要正确调节适合焊接电流与电弧电压匹配的最佳值，以获得完美的焊缝成型。可采用锯齿形横向摆动运弧法，电弧摆动到坡口两侧时稍做停顿，注意调整焊枪与管、板之间的角度，要把焊丝送入坡口根部，以电弧能将坡口两侧钝边完全熔化为宜。要认真观察熔池的温度、熔池的形状和溶孔的大小。熔孔过大，背面焊缝余高过高，甚至形成焊瘤或烧穿。熔孔过小，坡口两侧根部易造成未焊透缺陷。焊完后的背面焊缝余高为 0～3 mm。

打底层焊接时的注意事项如下。

（1）电弧始终在预留间隙内做小幅度横向摆动，可采用锯齿形横向摆动运弧法，电弧摆动到坡口、板件处各稍做停顿，使熔孔直径比间隙大 0.5～1 mm，焊接时应根据间隙和熔孔直径的变化调整横向摆动幅度和焊接速度，尽可能维持熔孔直径不变，以获得宽窄和高低均匀的反面焊缝。

（2）依靠电弧在坡口两侧的停留时间，保证坡口两侧熔合良好，使管板内部焊缝均匀成型，余高 0 ～ 3 mm，焊道表面平整。

（3）打底层焊接时，要严格控制喷嘴的高度，电弧必须在离坡口底部 2 ～ 3 mm 处燃烧，保证打底层厚度不超过 4 mm。

2. 填充层焊接

清除打底层焊渣，避免夹渣缺陷。填充层焊时，焊接电流适当加大，电弧横向摆动的幅度视坡口宽度的增大而加大。焊完最后的填充层焊缝应比焊脚小 2 ～ 3 mm，为盖面层焊接道留有余量。焊接速度适宜，与管、平板熔合良好，平滑过渡。

焊接过程中应根据熔池温度及熔合状态，随时调整焊枪角度、摆动形式、摆动幅度、焊接速度等，使焊道宽度各处相等，焊趾圆滑，焊道与焊道间熔合良好。

3. 盖面层焊接

盖面层焊接时，采取两道焊，保持焊枪角度正确，防止管壁一侧产生咬边缺陷。电弧摆动到坡口两侧时应稍做停顿，使坡口两侧温度均衡，焊缝熔合良好，边缘平直。焊完后的盖面层焊脚为 $\tan 50° \times$ 破口深度 $+ b$（组对间隙）。焊缝应宽窄整齐，高低平整，波纹均匀一致。

调试好盖面层焊接参数后，先焊板上第一道焊缝，再焊管上第二道焊道，需注意下列事项。

（1）保持喷嘴高度，焊接熔池边缘应超过坡口棱边 0.5 ～ 1.5 mm，并防止咬边。

（2）焊枪横向摆动幅度应比填充层焊接时稍大，尽量保持焊接速度均匀，使焊缝外形美观。

（3）收弧时一定要填满弧坑，并且收弧弧长要短，以免产生弧坑裂纹。

四、清理现场

焊接结束后，首先关闭二氧化碳气瓶阀门，点动焊枪开关或点动电焊机面板焊接检气开关，放掉减压器里面的余气，然后关闭焊接电源。清扫场地，按规定摆放工具，整理焊接电缆，确认无安全隐患，并做好使用记录。

五、焊后检验

将焊好的工件用钢丝刷反复拉刷焊道，除去焊缝氧化层。严禁破坏焊缝原始表面，禁止用水冷却。

对焊缝表面质量进行目视检验，使用 5 倍放大镜观察表面是否存在缺陷，并使用焊接检验尺对焊缝进行测量，测量结果应满足要求。

【任务评价】

二氧化碳气体保护焊管板水平连接焊接评分标准，见表 3-21。

表 3-21　二氧化碳气体保护焊管板水平连接焊接评分标准

工件编号			评分人			合计得分		
检查项目		标准分数	焊缝等级				测量数值 / mm	实际得分 / 分
			Ⅰ	Ⅱ	Ⅲ	Ⅳ		
正面	焊脚	标准 /mm	7～8	>8, ≤9	>9, ≤10	>10		
		分数 / 分	10	6	4	0		
	焊脚差	标准 /mm	≤1	>1, ≤2	>2, ≤4	>3		
		分数 / 分	5	3	2	0		
	焊缝凸度	标准 /mm	≤1	>1, ≤2	>2, ≤3	>3		
		分数 / 分	10	6	4	0		
正面	垂直度	标准 /mm	≤1	≤2	≤3	>3		
		分数 / 分	5	3	2	0		
	咬边	标准 /mm	0	深度≤0.5 且长度≤15	深度≤0.5 且长度>15, ≤30	深度>0.5 或长度>30		
		分数 / 分	10	6	4	0		
	表面成型	标准	优	良	一般	差		
		分数 / 分	10	6	4	0		
反面	焊缝凹陷	标准 /mm	0～0.5	>0.5, ≤1	>1, ≤2	>2		
		分数 / 分	5	3	2	0		
	焊缝凸起	标准 /mm	0～1	>1, ≤2	>2, ≤3	>3		
		分数 / 分	5	3	2	0		
宏观金相	根部熔深	尺寸标准 /mm	>1	>0.5, <1	>0, <0.5	未熔		
		得分标准 / 分	16	8	4	0		
	条状缺陷	尺寸标准 /mm	无	<1	<1.5	>1.5		
		得分标准 / 分	12	8	4	0		
	点状缺陷	标准	无	<ϕ1 数目：1个	<ϕ1 数目：2个	>ϕ1 或 数目>1个		
		得分标准 / 分	12	8	4	0		
合计			100 分					
焊缝外观成型评判标准								
优			良		中		差	
成型美观，焊缝均匀、细密，高低宽窄一致			成型较好，焊缝均匀、平整		成型尚可，焊缝平直		焊缝弯曲，高低、宽窄明显	

注：工件焊接未完成；表面修补及焊缝正反两面有裂纹、夹渣、气孔、未熔合缺陷；该件做 0 分处理

【榜样故事】

高凤林，中共党员，特级技师（图3-44）。1980年参加工作，一直从事火箭发动机焊接工作至今，攻克了一系列火箭发动机焊接技术世界级难题，为北斗导航、嫦娥探月、载人航天、国防建设等国家重点工程的顺利实施，以及长征五号新一代运载火箭研制做出了突出贡献。先后荣获国家科技进步二等奖、部科技进步一等奖、全军科技进步二等奖等科技进步奖30多项。荣获全国十大能工巧匠、中华技能大奖、全国技术能手、中国高

图 3-44　高凤林

技能人才十大楷模、全国青年岗位能手、中央国家机关"十杰青年"、首次月球探测工程突出贡献者、全国五一劳动奖章、2009年获国务院政府特殊津贴、2013年荣获全国高端技能型人才培养实践教学二等奖、2014年荣获德国纽伦堡国际发明展三项金奖；2015年被评为全国劳动模范、全国职工职业道德标兵、2016年被评为全国十大最美职工，并荣获中国质量奖政府最高奖唯一个人奖。2017年获全国道德模范、"北京榜样"十大年度人物、2018年"大国工匠"年度人物、2019年"最美奋斗者"等荣誉近百项。

他热爱航天、勤奋实践、立足本岗、刻苦钻研，在焊接方面怀揣独特技能，是理论与实践实现最佳结合的典范。在型号生产的新材料、新工艺、新结构、新方法等大型攻关项目，特别是在新型大推力氢氧发动机的研制生产、科技攻关中，他多次想人所未想，做人所未做，以非凡的胆识、严谨的推理、娴熟的技艺攻克难关，并结合自己对焊接过程的特殊感悟，深刻理解，灵活而又创造性地将所学知识运用于自动化生产、智能控制等柔式加工中，为国防和航天科技现代化，型号的更新换代作出了杰出贡献，给企业带来巨大效益，多次受到党和国家领导人的亲切接见。

高凤林同志现任中国科学技术协会委员、中国发明协会常务理事、中国职工焊接协会常务理事、全国职业教育教材专家审定委员会委员、全国材料专业协会委员会委员、中国再制造联盟委员、中央电视台财经频道《中国大能手》评审专家、中国国防邮电职工技术协会副理事长、中国国防邮电工会常委、中华全国总工会副主席（兼职）等职务。其著作三部，发表论文43篇，发明专利26项。

项目四　钨极氩弧焊技能训练

◎学习目标：掌握钨极氩弧焊的基本操作技能；会使用钨极氩弧焊设备，能调节焊接电流，气体流量；会选择焊接参数；掌握钨极电弧的运弧、送丝方法；并能按安全要求进行钨极端部修磨。

◎学习重点：钨极电弧的运弧、送丝方法。

◎学习难点：钨极电弧的运弧、送丝方法。

【任务描述】

按照图 4-1 的要求，学习低碳钢平敷钨极氩弧焊的操作技能，完成工件实作任务。

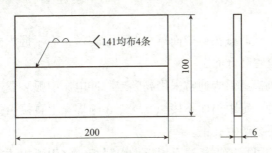

图 4-1　平敷钨极氩弧焊训练工件图

技术要求如下：

（1）焊接方法采用钨极氩弧焊。

（2）工件材料为 Q235 钢板；焊材为 ER50-6（J50），$\phi 2$ mm/$\phi 2.5$ mm。

（3）焊接位置：水平位置；接头形式为敷焊。

【任务分析】

Q235 钢是普通低碳钢，强度较低，焊接性良好，无须特殊措施，选用 ER50-6（J50）焊丝即可施焊。

碳钢平敷氩弧焊作为氩弧焊的基础训练，主要学习氩弧焊的设备工具准备及使用，训练氩弧焊的基本运弧技能，送丝技能，观察和控制熔池的温度的技能，学会左右手的配合协调技能。氩弧焊电弧集中，电流密度大，要求操作者运弧稳定，氩弧没有脱氧脱硫能力，所以对油、锈非常敏感，需对工件进行打磨处理。

一、钨极氩弧焊技术

1. 安全技术

（1）氩弧焊焊工在打磨钨极时，必须穿戴好工作服，并戴防护眼镜和口罩；砂轮机应有安全罩和吸尘设施。平时接触钨极时应戴手套。吃饭前必须认真洗手。

（2）氩弧焊焊工由于工作的特殊性，应设法改善劳动条件，如一台电焊机应配备两名焊工轮换操作，以减小劳动强度。

（3）氩弧焊焊工应定期进行健康检查，并根据需要服用多种维生素等。

（4）应正确穿戴劳保用品；劳保用品必须完好无损；注意清理工作场地，不得有易燃、易爆物品，保证现场良好的通风；检查电焊机和所使用的工具；操作时必须是先戴面罩然后才开始操作，避免电弧光直射眼睛；焊接电缆、焊钳应完好，电焊线应接地良好。

2. 操作要领

（1）焊接姿势。焊接时戴头盔式面罩，左手拿焊丝，右手握焊枪。可采取蹲式焊接或站式焊接，视焊接的位置高低而定。

（2）引弧。手工钨极氩弧焊通常采用高频或脉冲电压引弧装置进行引弧。这种引弧的优点是钨极与工件保持一定距离而不接触，就能在施焊点上直接引弧，可使钨极保持完整且消耗小，且引弧处不会产生夹钨。

没有引弧装置时，可用纯铜板或石墨板做引弧板。将引弧板放在工件接口旁或接口上面，在其上引弧，待钨极端头加热到一定温度后（约1 s），立即移到待焊处引弧。这种引弧适用于普通功能的氩弧电焊机。但是在钨极与纯铜（或石墨板）接触引弧时，会产生很大的短路电流，使钨极容易烧损，所以操作时，动作要轻而快，防止碰断钨极端头，或造成电弧不稳定而产生缺陷。

（3）收弧。收弧方法不正确，则容易产生弧坑裂纹、气孔和烧穿等缺陷。应采取衰减电流的方法，即电流自大到小地逐渐下降，以填满弧坑。

一般的氩弧电焊机都配有电流自动衰减装置，收弧时，可通过焊枪手把上的按钮断续送电来填满弧坑；若无电流衰减装置时，可采用手工操作收弧，其要领是逐渐减少工件热量，如改变焊枪角度、稍微拉长电弧、断续送电等。收弧时，填满弧坑后慢慢提起电弧直到灭弧，不要突然拉断电弧。

熄弧后，氩气会自动延时几秒停气。电焊机具有提前送气和滞后停气的控制装置，因此，电弧熄灭后还应继续保持喷嘴在熄弧处停留一段时间，而不应熄弧后马上移开焊枪，以防金属在高温下发生氧化。

（4）焊枪运动形式。手工钨极氩弧焊一般采用左向焊法，焊枪做直线运动。为了保证氩气的保护作用，焊枪移动速度不能太快。如果要求焊道较宽，焊枪必须横向移动时，焊枪要保持高度不变，且横向移动要平稳。常用的焊枪摆动方式，见表4-1。

表4-1　手工钨极氩弧焊焊枪的基本摆动方式和适用范围

焊枪摆动方式	摆动方式示意	适用范围
直线形		I形坡口对接焊，多层多道焊的打底层焊接
锯齿形		对接接头全位置焊，角接接头的立焊、横焊和仰焊
月牙形		
圆圈形		厚件对接平焊

1）直线摆动。焊枪相对焊缝做平稳的直线匀速移动。其优点是电弧稳定，可避免重复加热，氩气保护效果好，焊接质量平稳。

2）横向摆动。根据焊缝的宽度和接头形式的不同，有时焊枪必须做一定幅度的横向摆动。为了保证氩气的保护效果，摆动幅度要尽可能小，有条件时可采用压道焊（焊枪不做横向摆动，直线运枪。焊完第一道焊缝后，再焊第二道、第三道焊缝，后道焊缝要压住前道焊缝的1/2，即单层多道焊）。

（5）焊丝加入熔池方式。手工钨极氩弧焊焊丝加入熔池的方式有断续送丝法和连续送丝法两种。

1）断续送丝法。焊接时，将焊丝末端在氩气保护层内往复断续地送入熔池的前沿（1/4～1/3处）。焊丝移出熔池时不可脱离气体保护区，送入时不可接触钨极，也不可直接送入弧柱。这种方法适用于电流较小、焊接速度较慢的情况。送丝的位置如图4-2所示。

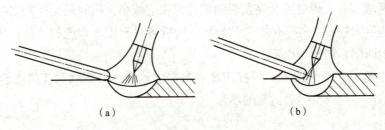

图4-2　断续送丝的位置示意

（a）正确位置；（b）错误位置

2）连续送丝法。在焊接时，将焊丝插入熔池一定位置，并往复直线送丝，电弧同时向前移动，熔池逐渐形成，如图 4-3 所示。这种方法适用于电流较大、焊接速度较快的情况；焊缝质量较好，成型也美观，但需要熟练的操作技术。

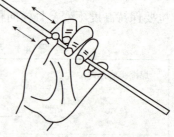

（6）注意事项。

1）要求操作姿势正确。

2）钨极端部严禁与焊丝相接触，避免短路。

3）要求焊道成型美观，均匀一致，直线度好，鱼鳞波纹清晰。

4）要求焊道无粗大焊瘤。

图 4-3　连续送丝操作技术

二、焊接参数选择

钨极氩弧焊的工艺参数有焊接电流、电弧电压、焊接速度、氩气流量、钨极直径、喷嘴直径及填丝直径等。

1. 焊接电流

通常根据工件材料的性质、板厚和结构特点来选取焊接电流种类和大小。焊接电流的选择应保证单位时间内给焊缝适宜的热量。

如果钨极直径粗焊接电流小，钨极端部温度不够，电弧会在钨极端部不规则地漂移，造成电弧不稳；如焊接电流超过钨极许用电流，钨极端部温度超过钨极熔点而熔化，造成夹钨缺陷。只有钨极直径与焊接电流相匹配时电弧才稳定燃烧。

2. 电弧电压

电弧电压随着电弧长度的增长而增大，焊缝宽度会加宽，而背面焊透高度减小。电弧长度是指钨极末端到熔池表面的距离。当电弧长度太长时，容易产生焊不透，氩气保护不好而发生氧化现象。所以，在保证电极不短路，不影响送丝操作的情况下，应尽量采用短弧焊接。

3. 焊接速度

焊接速度增大时，焊缝的余高及焊缝宽度都相应减小，同时还会影响氩气对熔池的保护。当焊接速度太快时，气体保护受到破坏，焊缝容易产生未焊透和气孔。如果焊接速度太慢，会产生凹陷、烧穿等现象。

在焊接电流一定的情况下，焊接速度应根据熔池大小、形状和工件熔合情况随时调节，以保证单位时间内给焊缝适宜的热量。

4. 喷嘴直径及氩气流量

喷嘴直径与氩气流量在一定条件下有一个最佳配合范围，在这个配合范围下，有效保护区最大，气体保护效果最佳。若保护气体流量过小，排除周围空气的能力差，保护效果不好；流量过大，易卷入空气，保护效果也差。同样，保护气体流量一定时，喷嘴直径过小或过大，保护效果均不好。喷嘴直径（D）与钨极直径（d）的关系有以下经验公式：

$$D = 2d + E$$

式中　$E = 2 \sim 5$（mm）。

喷嘴直径与氩气流量的配合范围，见表4-2。

表4-2　喷嘴直径与氩气流量的配合范围

焊接电流 /A	直流		交流	
	喷嘴直径 /mm	流量 /（L·min⁻¹）	喷嘴直径 /mm	流量 /（L·min⁻¹）
$10 \sim 100$	$4 \sim 9.5$	$4 \sim 5$	$8 \sim 9.5$	$6 \sim 8$
$101 \sim 150$	$4 \sim 9.5$	$4 \sim 7$	$9.5 \sim 11$	$7 \sim 10$
$151 \sim 200$	$6 \sim 13$	$6 \sim 8$	$11 \sim 13$	$7 \sim 10$
$201 \sim 300$	$8 \sim 13$	$8 \sim 9$	$13 \sim 16$	$8 \sim 15$
$301 \sim 500$	$13 \sim 16$	$9 \sim 12$	$16 \sim 19$	$8 \sim 15$

5. 钨极直径及端部形状

钨极惰性气体焊（TIG）焊用电极，其直径的选择与焊接电流的种类及电流大小有关。

在焊接不同材料时，钨极端部的形状要求是不同的，如图4-4所示。如端部球形适用焊接铝、镁及合金；端部圆台形适用焊接低碳钢、低合金钢；端部圆锥形适用焊接不锈钢。

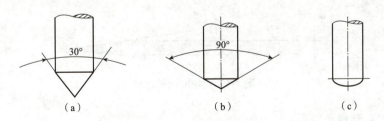

图4-4　常用的电极端部形状
（a）直流小电流；（b）直流大电流；（c）交流

【任务实施】

一、安全检查

焊工必须穿戴好棉质或皮质工作服、工作帽、焊工绝缘鞋（防砸绝缘鞋），工作服要宽松，裤脚盖住鞋盖（护脚盖），上衣盖住下衣，禁止扎在腰带里；并戴平光防护眼镜、防尘卫生口罩，绝缘工作手套不要有油污，不可破漏，必要时佩戴耳塞等。选用合适的遮光面罩护目玻璃色号（建议使用 8 号或 9 号镜片）。修磨或接触钨极时，一定要戴手套，工作之后要仔细洗手、洗脸。彻底去除钨极粉尘。牢记焊工操作时应遵循的安全操作规程，在作业中贯彻始终。工作现场必须有吸尘装置，通风良好。

检查设备状态，电缆线接头是否接触良好，焊枪电缆是否松动破损；避免因接触不良造成电阻增大而发热，烧毁焊接设备。检查安全接地线是否接好，避免因设备漏电造成人身安全隐患。检查设备气路、电路是否接通。清理喷嘴内壁飞溅物，使其干净、光滑，以避免保护气体通过受阻。

二、焊前准备

1. 工件准备

Q235 钢板，200 mm×100 mm×4 mm，一块，检查钢板平直度，并修复平整。为保证焊接质量，减少钨极烧损，必须在焊接处 25 mm 内除锈、除油打磨干净，露出金属光泽，避免产生气孔、裂纹等缺陷。

2. 焊接材料

焊丝 ER50-6，ϕ2 mm/ϕ2.5 mm；氩气，纯度≥99.99%。

3. 钨极

选用直径为 2.5 mm 的铈钨极，修磨钨极端部呈 30° 圆锥角，并修磨直径 0.5 mm 小平台（钨极太尖锐虽然容易引弧，但容易烧损，使焊缝夹钨，造成缺陷）。为延长钨极使用时间尽量使磨削纹路与母线平行，如图 4-5 所示。

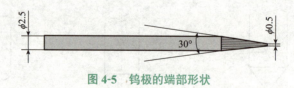

图 4-5　钨极的端部形状

4. 辅助工具及量具准备

在焊工操作作业区附近准备好钢丝刷、清渣锤、錾子、钢直尺、焊接检验尺等工具和量具。

5. 固定工件

把装配好的工件水平固定在操作平台或焊接胎架上。

6. 焊接参数设定

钨极氩弧焊平敷焊焊接工艺卡，见表 4-3。

表 4-3　钨极氩弧焊平敷焊焊接工艺卡

适用范围	材料牌号	Q235B 钢板	焊接节点图		
	材料规格 /（mm × mm × mm）	200 × 100 × 4			
	接头种类	—			
	坡口形式	—			
	坡口角度	—			
	钝边	—			
	组对间隙	—			
	焊接方法	GTAW			
	电源种类	直流	焊后热处理	种类	—	保温时间	—
	电源极性	正极性		加热方式	—	层间温度	—
	焊接位置	1G		温度范围	—	测量方法	—

焊接参数					
钨极直径 /mm	钨极伸出长度 /mm	焊丝直径 /mm	焊接电流 /A	喷嘴直径 /mm	氩气流量 /（L · min⁻¹）
2.5	5 ～ 8	2	90 ～ 100	10 ～ 12	8 ～ 10

三、焊接操作

（1）为避免焊道歪扭，先在工件上用石笔或记号笔平均画上 5 条直线，作为焊缝方向的参考，再将工件置于高度 300 mm 左右的平台上。钨极氩弧焊一般采用一点送丝左向焊法。启动电焊机，选择焊接方式（是否脉冲、2 步 /4 步），选择高频引弧方式，调节焊接电流，调整钨极伸出长度 5 ～ 6 mm。打开氩气瓶阀门，调整保护气体流量。戴好头盔式遮光面罩，左手握持焊丝，右手握持焊枪，准备焊接。

（2）引弧。焊接在工件右端约 20 mm 处，钨极端部离开工件 2 ～ 3 mm，此时焊枪前进角 95° ～ 105°，工作角 90°，按动焊枪开关利用高频引燃电弧。稍微拉长电弧向右端移动，在最右端停顿，并调整电弧长度约 2 mm，同时，借助弧光左手将焊丝送到电弧保护区域预热焊丝；待电弧下局部熔化形成熔池，将预热的焊丝送到熔池内，在电弧热和熔池热量的作用下焊丝端部熔化，拉起焊丝退出熔池，小幅度横向摆动焊枪，带动熔池移动；待形成新的熔池，再送入焊丝，如图 4-6 所示。

焊接中注意观察熔池的颜色变化，当熔池变为白亮时，说明熔池温度过高，应多加焊丝以降低熔池温度，若熔池变暗或缩小，应减缓电弧前移速度，减少焊丝送给。氩弧焊电弧不能跳动，运弧要平稳，电弧摆动和焊丝送进交叉进行，焊丝应沿焊丝轴线送进退出，焊丝送入熔池前 1/3 处，焊丝退出时，红热端部不能离开氩弧保护区域，避免红热端部在空气中氧化，如图 4-7 所示。电弧摆动幅度不宜过大、过快，要求熔池饱满，再摆动，焊缝宽度约为 10 mm。

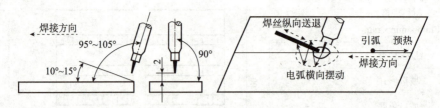

图 4-6　焊枪角度及起始焊接

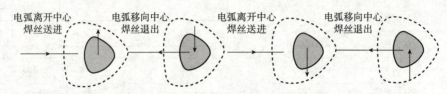

图 4-7　填丝方法

（3）停弧。因故需要停弧时，焊接电流逐渐减小，可加快电弧移动速度，不加焊丝，让熔池逐渐缩减，降低熔池温度，然后熄弧，待熔池完全冷却，再移开焊枪喷嘴，如图 4-8 所示。

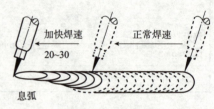

图 4-8　停弧操作

（4）焊缝连接。氩弧焊接头较容易，在熄弧处引燃电弧，回移电弧到停填焊丝处，稍做停顿，待重新形成熔池再添加焊丝，转入正常焊接，如图 4-9 所示。

（5）收尾。当焊接到焊缝收尾处时，应多加焊丝，待熔池饱满，可利用电弧衰减设置或回移电弧，加快回移速度，缩减熔池，降低熔池温度，然后熄弧，待熔池完全冷却，再移开焊枪喷嘴，如图 4-10 所示。

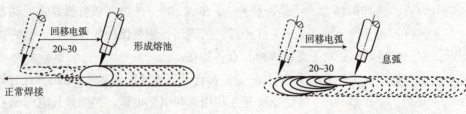

图 4-9　焊缝连接操作　　　　　　　　图 4-10　收尾操作

焊接第二道焊缝时，要用钢丝刷重新清理工件，露出金属光泽。

四、现场清理

结束后，首先关闭氩气瓶阀门，点动焊枪开关，或点动电焊机面板焊接检气开关，放掉减压器里面余气，然后关闭焊接电源。清扫场地，按规定摆放工具，整理焊接电缆，确认无安全隐患，并做好使用记录。

五、工件清理与质量检验

将焊好的工件用钢丝刷反复拉刷焊道，除去焊缝氧化层。严禁破坏焊缝原始表面，禁止用水冷却。

对焊缝表面质量进行目视检验，使用 5 倍放大镜观察表面是否存在缺陷，并使用焊接检验尺对焊缝进行测量，测量结果应满足要求。

【任务评价】

钨极氩弧焊平敷焊反馈与评价，见表 4-4。

表 4-4　钨极氩弧焊平敷焊反馈与评价

焊丝直径 /mm	焊接电流 /A	电弧长度 /mm	焊枪角度	运弧方法	焊接速度 /（mm·min⁻¹）	焊道宽度 /mm	余高 /mm	焊道波纹	比较总结
2.0									
2.0									
2.0									
2.0									
2.5									
2.5									
2.5									
2.5									

任务二　低合金钢板对接平焊技能训练

◎学习目标：能正确选择钨极氩弧焊低合金钢板对接平焊焊接参数及掌握低合金钢板对接钨极氩弧焊平焊的操作方法。

◎学习重点：钨极氩弧焊低合金钢板对接平焊接头与收尾技巧。

◎学习难点：钨极氩弧焊低合金钢板对接单面焊双面成型操作技术。

【任务描述】

图 4-11 所示为钨极氩弧焊低合金钢板对接平焊工件图。要求读懂工件图样，学习钨极氩弧焊低合金钢板对接平焊的基本操作技能，完成工件实作任务，达到工件图样要求。

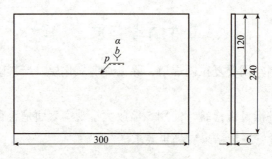

图 4-11　低合金钢板对接平焊工件图

技术要求如下：

（1）焊接方法采用钨极氩弧焊。

（2）工件材料为 Q345 钢板；焊材为 ER50-6（J50），$\phi 2.5$ mm。

（3）接头形式为板对接接头，焊接位置为平焊。

（4）根部间隙 $b = 2.0 \sim 3.0$ mm，坡口角度 $\alpha = 60°$，钝边 $p = 0 \sim 0.5$ mm。

【任务分析】

钨极氩弧焊 V 形坡口对接平焊时，焊缝置于水平悬空位置。为了方便操作及可以清晰地观察坡口根部的熔化状态，需要采用左向焊法进行焊接。由于坡口根部有预留间隙，当液态金属在坡口根部存在时间较长时，受重力影响会使背面焊缝余高过大，甚至会产生焊瘤。因此，必须严格控制熔池的温度，避免存在的时间过长，另外还需要使电弧熔化坡口根部的速度和焊丝的填充速度配合良好。

【任务实施】

一、安全检查

同项目任务一。

二、焊前准备

1. 工件准备

Q345 钢板，300 mm×120 mm×6 mm，两块，坡口角度为 60°，钝边为 0 ～ 0.5 mm。检查钢板平直度，并修复平整。为保证焊接质量，减少钨极烧损，必须在焊接处 25 mm 内除锈、除油打磨干净，露出金属光泽，避免产生气孔、裂纹等缺陷。

2. 焊接材料

焊丝 ER50-6，$\phi 2.5$ mm；电极为铈钨极，$\phi 2.5$ mm；氩气，纯度 ≥ 99.99%。

3. 辅助工具及量具准备

在焊工操作作业区附近准备好钢丝刷、清渣锤、錾子、钢直尺、焊接检验尺等工具和量具。

4. 装配定位

将两块钢板放于水平位置，使两端头平齐，在两端头进行定位焊，定位焊焊缝长度为 10 ～ 15 mm，定位焊点内侧应先打磨成斜坡，以利于接头。装配间隙为始焊处为 2 mm，终焊处为 3 mm，反变形量为 3° ～ 4°，错边量 ≤ 1 mm，如图 4-12 所示。

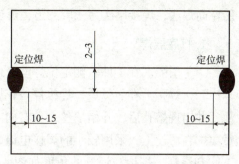

图 4-12　板对接平位焊装配图

5. 固定工件

把装配好的工件水平固定在操作平台或焊接胎架上。

6. 焊接参数设定

6 mm 厚的 Q345 钢板对接钨极氩弧焊平焊焊接工艺卡，见表 4-5。

表 4-5　钨极氩弧焊板对接平焊工艺卡

材料型号	Q345 钢板					
材料规格 /（mm × mm × mm）	300 × 120 × 6					
接头种类	对接					
坡口形式	V 形					
坡口角度 /（°）	60					
钝边 /mm	0 ～ 0.5					
组对间隙 /mm	2 ～ 3					
焊接方法	GTAW					
电源种类	直流	焊后热处理	种类	—	保温时间	—
电源极性	正接		加热方式	—	层间温度 /℃	≤ 100
焊接位置	1G		温度范围	—	测量方法	—
焊接参数						
焊层	焊丝牌号	焊丝直径 /mm	焊接电流 /A	焊接电压 /V	保护气体流量 /（L · min⁻¹）	钨极直径 /mm
定位焊	ER50-6	2.5 mm	90 ～ 100	12 ～ 16	7 ～ 9	2.5
打底层			90 ～ 100	12 ～ 16	7 ～ 9	2.5
填充层			100 ～ 120	12 ～ 16	7 ～ 9	2.5
盖面层			90 ～ 110	12 ～ 16	7 ～ 9	2.5

焊接坡口图

三、焊接操作

将焊接工件固定在焊接操作台上，使工件处于水平位置，间隙小的一端放在右侧。采用左向焊法，焊接层次为三层三道。焊道排列，如图 4-13 所示。

1. 打底层焊

（1）引弧。在工件右侧定位焊缝上进行引弧。

（2）焊接。在引弧后，焊枪停留在原位置不动，待稍预热后，当定位焊缝外形形成熔池，并出现熔孔后，开始填丝，自右向左焊接。在封底焊时，应减小焊枪倾角，使电弧热量集中在焊丝上，采用较小的焊接电流，加快焊接速度和送丝速度，熔滴要小，避免焊缝下凹和烧穿。焊枪与焊丝的角度如图 4-14 所示。焊丝填入动作要熟练、均匀，填丝要有规律，焊枪移动要平稳，速度一致。在焊接时要密切注意焊接参数的变化及相互关系，随时调整焊枪角度和焊接速度。当发现熔池增大、焊缝变宽并出现下凹时，说明熔池温度太高，这时应减小焊枪与工件间的夹角，加快焊接速度；当发现熔池较小时，说明熔池温度低，应增加焊枪倾角或减慢焊接速度。通过各参数之间的良好配合，保证背面焊缝良好的成型。

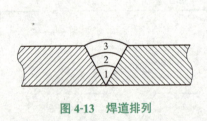

图 4-13　焊道排列

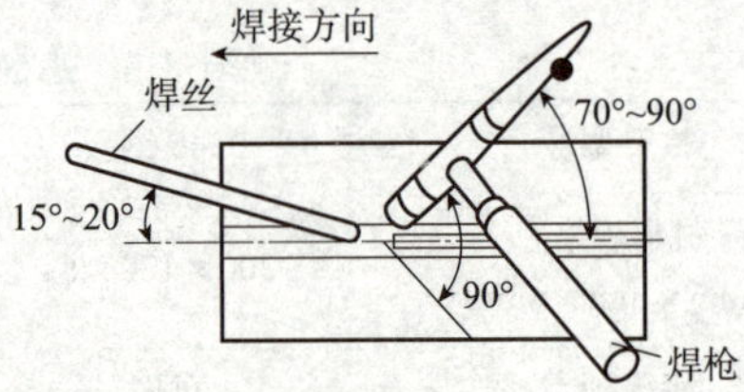

图 4-14　焊枪与焊丝的角度

（3）接头。当焊丝用完，需更换焊丝，或因其他原因需暂时中止焊接时，则会有接头存在。在焊缝中间停止焊接时，可松开焊枪上的按钮开关，停止送丝。如果电焊机有电流自动衰减装置，则应保持喷嘴高度不变，待电弧熄灭、熔池完全冷却后，再移开焊枪；若电焊机没有电流自动衰减装置，则松开按钮开关后，稍抬高焊枪，待电弧熄灭、熔池冷却凝固到颜色变黑后再移开焊枪。

在接头前，应先检查原弧坑处焊缝的质量，如果保护好则没有氧化皮和缺陷，可直接接头；如果有氧化皮和缺陷，最好用角向磨光机将氧化皮或缺陷磨掉，并将弧坑前磨成斜面，在弧坑右侧 15 ～ 20 mm 处引弧，并慢慢地向左移动，待原弧坑处开始熔化形成熔池和熔孔后，继续填丝焊接。

（4）收弧。如果电焊机有电流自动衰减装置，则焊至工件末端，应减小焊枪与工件的夹角，让热量集中在焊丝上，加大焊丝熔化量，以填满弧坑，然后切断控制开关。这时焊接电流逐渐减小，熔池也不断缩小，焊丝回抽，但不要脱离氩气保护区，停弧后，氩气需延时 10 s 左右再关闭，防止熔池金属在高温下氧化。如果电焊机没有电流衰减控制装置，则在收弧处要慢慢抬起焊枪，并减小焊枪倾角，加大焊丝的熔化量，待弧坑填满后再切断电流。

打底层焊接时的注意事项如下。

电弧始终在坡口内做小幅横向摆动，并在坡口两侧稍微停留，如图 4-15 所示。熔孔直径比间隙大 0.5 ～ 1 mm，焊接时应根据间隙和熔孔直径的变化调整横向摆动幅度和焊接速度，尽可能维持熔孔直径不变，以获得宽窄和高低均匀的反面焊缝。

依靠电弧在坡口两侧的停留时间，保证坡口两侧熔合良好，使打底层焊接道两侧与坡口结合处稍下凹，焊道表面平整，如图 4-16 所示。

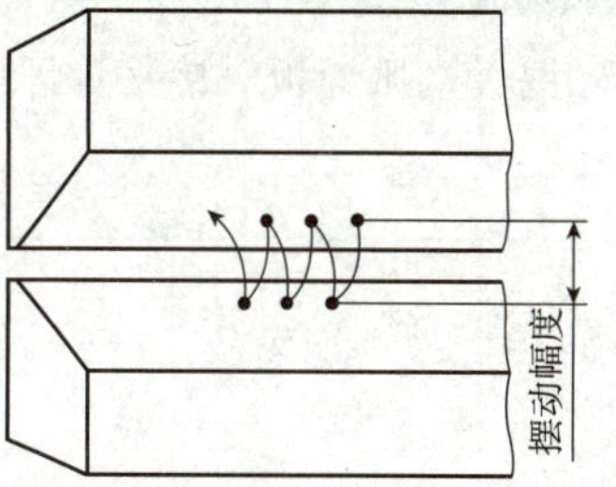

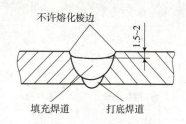

图 4-15　板对接焊缝根部焊道钨极轨迹
（钨极横摆到圆点"·"处稍停留）

2. 填充层焊接

操作注意事项和步骤同打底层焊接。

焊接时焊枪应横向摆动，一般做锯齿形摆动，其焊枪的摆动幅度比打底层焊接时稍大，在坡口两侧稍停留，保证坡口两侧熔合良好，焊道均匀。填充层焊接道应比工件表面低 1.5 ～ 2 mm，如图 4-17 所示，不许熔化坡口的上棱边。

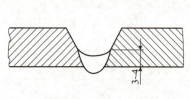

图 4-16　打底层焊道

不许熔化棱边

填充焊道　打底焊道

图 4-17　填充层焊道

3. 盖面层焊接

调试好盖面层焊接参数后，从右端开始焊接，焊接时要进一步加大焊枪的摆动幅度，保证熔池两侧超过坡口棱边 0.5 ～ 1.5 mm，并防止咬边，根据焊缝的余高决定填丝速度。

四、现场清理

结束后，首先关闭氩气瓶阀门，点动焊枪开关，或点动电焊机面板焊接检气开关，放掉减压器里面的余气，然后关闭焊接电源。清扫场地，按规定摆放工具，整理焊接电缆，确认无安全隐患，并做好使用记录。

五、工件清理与质量检验

将焊好的工件用钢丝刷反复拉刷焊道，除去焊缝氧化层。严禁破坏焊缝原始表面，禁止用水冷却。

对焊缝表面质量进行目视检验，使用 5 倍放大镜观察表面是否存在缺陷，并使用焊接检验尺对焊缝进行测量，测量结果应满足要求。

【任务评价】

钨极氩弧焊板对接平焊评分标准，见表4-6。

表 4-6　钨极氩弧焊板对接平焊评分标准

检查项目	评判标准及得分	评判等级				测评数据 /mm	实得分数 /分
		I	II	III	IV		
焊缝余高	尺寸标准 /mm	≤1	>1，≤2	>2，≤3	<0 或 >3		
	得分标准 /分	4	3	1	0		
焊缝高度差	尺寸标准 /mm	≤1	>1，≤2	>2，≤3	>3		
	得分标准 /分	8	4	2	0		
焊缝宽度	尺寸标准 /mm	8～9	≥7，≤10	≥6，≤11	<6 或 >11		
	得分标准 /分	4	3	1	0		
焊缝宽度差	尺寸标准 /mm	≤1	>1，≤2	>2，≤3	>3		
	得分标准 /分	8	4	2	0		
咬边	尺寸标准 /mm	无咬边	深度≤0.5		深度 >0.5		
	得分标准 /分	12	长度每 5 mm 扣 2 分		0		
正面成型	标准	优	良	中	差		
	得分标准 /分	8	4	2	0		
背面成型	标准	优	良	中	差		
	得分标准 /分	6	4	2	0		
背面凹	尺寸标准 /mm	≤0.5	>0.5，≤1	>1，≤2	长度 >30		
	得分标准 /分	2	1	0	0		
背面凸	尺寸标准 /mm	≤1	>1，≤2	>2			
	得分标准 /分	2	1	0			
角变形	尺寸标准 /mm	≤1	>1，≤3	>3，≤5	>5		
	得分标准 /分	4	3	1	0		
错边量	尺寸标准 /mm	≤0.5	>0.5，≤1	>1			
	得分标准 /分	2	1	0			
外观缺陷记录							

检查项目	评判标准及得分	评判等级				测评数据 / mm	实得分数 / 分
		I	II	III	IV		
焊缝内部质量检验	按《焊缝无损检测 射线检测 第1部分：X和伽马射线的胶片技术》（GB/T 3323.1—2019）	I 级片无缺陷 / 有缺陷	II 级片	III 级片			
	40分	40/35 分	30 分	0 分			

焊缝外观（正、背）成型评判标准			
优	良	中	差
成型美观，焊缝均匀、细密，高低宽窄一致	成型较好，焊缝均匀、平整	成型尚可，焊缝平直	焊缝弯曲，高低、宽窄明显

注：1. 工件焊接未完成；表面修补及焊缝正反两面有裂纹、夹渣、气孔、未熔合缺陷；该件做0分处理。
2. 工件两端 20 mm 的缺陷不计

任务三　铝板对接平焊技能训练

◎学习目标：能正确选择钨极氩弧焊铝板对接平焊焊接参数及掌握钨极氩弧焊铝板对接平焊的操作方法。

◎学习重点：铝板对接平焊钨极氩弧焊的焊接工艺。

◎学习难点：铝板对接平焊钨极氩弧焊单面焊双面成型的操作技术。

【任务描述】

图 4-18 所示为钨极氩弧焊铝板对接平焊工件图。要求读懂工件图样，学习钨极氩弧焊铝板对接平焊的基本操作技能，完成工件实作任务，达到工件图样要求。

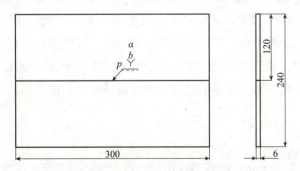

图 4-18　钨极氩弧焊铝板对接平焊工件图

技术要求如下：

（1）焊接方法采用钨极氩弧焊。

（2）工件材料为 6082 铝合金。

（3）接头形式为板对接，焊接位置为平焊。

（4）根部间隙 $b = 2.0 \sim 3.0$ mm，坡口角度 $\alpha = 60°$，钝边 $p = 1 \sim 1.5$ mm。

【任务分析】

6082 铝合金属于铝镁硅合金，其化学性质很活泼，表面易形成氧化膜且多具有难熔性质（如 Al_2O_3 的熔点约为 2 050 ℃，MgO 的熔点约为 2 500 ℃），加之铝及其合金的导热性强，焊接时容易出现不熔合现象。氧化膜的密度和铝的密度极其接近，因此也容易成为焊缝金属的夹杂物。同时，氧化膜（特别是有 MgO 存在时的不是很致密的氧化膜）会吸收较多的水分而使焊缝产生气孔。此外，铝及其合金的线胀系数大（约为钢的 2 倍），热导率高（约为钢的 2 倍），焊接时容易产生翘曲变形。

由于上述原因，在焊接铝的过程中应采用较大的焊接参数，如较快的焊接速度，从而避免气孔和裂纹的产生。由于所采用的焊接参数较大，不适合摆动焊接，应采用直线焊接，这也是与其他金属焊接时的不同之处。

【任务实施】

一、安全检查

同项目任务一。

二、焊前准备

1. 工件准备

6082 铝板，300 mm × 120 mm × 6 mm，两块，坡口角度为 60°，钝边为 $1 \sim 1.5$ mm。检查铝板平直度，并修复平整。坡口表面及其两侧不少于 50 mm 范围内必须进行表面清理（包括去表面氧化膜、鳞片、污染和不合格的氧化色）。打磨可用不锈钢丝盘刷、刮刀和丙酮，蘸丙酮的白布应干净，不要使用棉布或棉纱，以免擦拭时带出毛绒，这些工具在使用前应被清理干净，清理时也应注意不要把氧化膜压入母材，因此清理时不要太用力。不准用砂轮或普通砂纸打磨，因为铝材很软而导致砂粒留在铝材里，焊后就易产生气孔和夹渣等缺陷。

2. 焊接材料

焊丝 ER5087，$\phi 2.5$ mm；电极为铈钨极，$\phi 2.5$ mm；氩气，纯度 $\geqslant 99.99\%$。

3. 辅助工具及量具准备

在焊工操作作业区附近准备好钢丝刷、清渣锤、錾子、钢直尺、焊接检验尺等工具和量具。

4. 装配定位

将两块铝板放于水平位置，使两端头平齐，在两端头进行定位焊，定位焊焊缝长度为10~15 mm。装配间隙为始焊处2 mm，终焊处3 mm，反变形量为3°~4°，错边量≤1 mm，如图4-19所示。

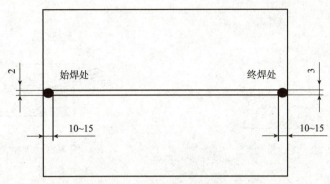

图4-19　板对接平焊装配图

5. 固定工件

把装配好的工件水平固定在操作平台或焊接胎架上。

6. 焊接参数设定

6 mm厚的6082铝板钨极氩弧焊板对接平焊的焊接工艺卡，见表4-7。

表4-7　钨极氩弧焊铝板对接平焊工艺卡

材料型号	6082 铝板				
材料规格 /（mm × mm × mm）	300 × 120 × 6	焊接坡口图			
接头种类	对接				
坡口形式	V 形				
坡口角度 /（°）	60				
钝边 /mm	1~1.5				
组对间隙 /mm	2~3				
焊接方法	GTAW				

电源种类	交流	焊后热处理	种类	—	保温时间	—
电源极性	/		加热方式	—	层间温度	—
焊接位置	1G		温度范围	—	测量方法	—

焊接参数						
焊层	焊丝型号	焊丝直径 /mm	焊接电流 /A	焊接电压 /V	保护气体流量 /（L · min⁻¹）	钨极直径 /mm
定位焊	ER5087	2.5	100~120	12~15	10~15	2.5
打底层		3~4	140~180	12~15	14~18	3~4
盖面层		3~4	180~200	12~15	14~18	3~4

三、焊接操作

将焊接工件固定在焊接操作台上，使试板处于水平位置，间隙小的一端放在右侧。采用左向焊法，焊接层次为两层两道，焊道排列，如图4-20所示。焊枪角度如图4-21所示。

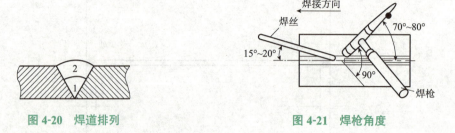

图 4-20　焊道排列　　　　　　　　图 4-21　焊枪角度

1. 打底层焊接

（1）引弧。在工件右侧定位焊缝上进行引弧。

（2）焊接。在引弧后，焊枪停留在原位置不动，待稍预热后，当定位焊缝外形形成熔池，并出现熔孔后，开始填丝，自右向左焊接。在封底焊时，应减小焊枪倾角，使电弧热量集中在焊丝上，采用较小的焊接电流，加快焊接速度和送丝速度，熔滴要小，避免焊缝下凹和烧穿。焊丝填入动作要熟练、均匀，填丝要有规律，焊枪移动要平稳，速度一致。在焊接时要密切注意焊接参数的变化及相互关系，随时调整焊枪角度和焊接速度。当发现熔池增大、焊缝变宽并出现下凹时，说明熔池温度太高，这时应减小焊枪与工件间的夹角，加快焊接速度；当发现熔池较小时，说明熔池温度低，应增加焊枪倾角或减慢焊接速度。通过各参数之间的良好配合，保证背面焊缝良好的成型。

（3）接头。当焊丝用完，需更换焊丝，或因其他原因需暂时中止焊接时，则会有接头存在。在焊缝中间停止焊接时，可松开焊枪上的按钮开关，停止送丝。如果电焊机有电流自动衰减装置，则应保持喷嘴高度不变，待电弧熄灭、熔池完全冷却后，再移开焊枪；若电焊机没有电流自动衰减装置，则松开按钮开关后，稍抬高焊枪，待电弧熄灭、熔池冷却凝固到颜色变黑后再移开焊枪。

在接头前，应先检查原弧坑处焊缝的质量，如果保护好则没有氧化皮和缺陷，可直接接头；如果有氧化皮和缺陷，最好用角向磨光机将氧化皮或缺陷磨掉，并将弧坑前磨成斜面，在弧坑右侧15～20 mm处引弧，并慢慢地向左移动，待原弧坑处开始熔化形成熔池和熔孔后，继续填丝焊接。

（4）收弧。如果电焊机有电流自动衰减装置，则焊至工件末端，应减小焊枪与工件的夹角，让热量集中在焊丝上，加大焊丝熔化量，以填满弧坑，然后切断控制开关。这时焊接电流逐渐减小，熔池也不断缩小，焊丝回抽，但不要脱离氩气保护区，停弧后，氩气需延时10 s左右再关闭，防止熔池金属在高温下氧化。如果电焊机没有电流衰减控制装置，则在收弧处要慢慢抬起焊枪，并减小焊枪倾角，加大焊丝的熔化量，待弧坑填满后再切断电流。

打底层焊接时的注意事项：电弧始终对准坡口底部的预留间隙，做直线匀速运动，要保证两侧坡口底部熔化量一致，如图 4-22 所示，使熔孔直径比间隙大 0.5 ~ 1 mm，焊接时应根据间隙和熔孔直径的变化调整焊枪角度和焊接速度，尽可能维持熔孔直径不变，以获得宽窄和高低均匀的反面焊缝。

依靠电弧移动的焊接速度，保证坡口两侧熔合良好，使打底层焊接道两侧与坡口结合处稍下凹，焊道表面平整，如图 4-23 所示。

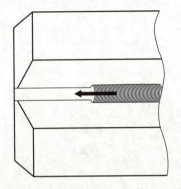

图 4-22　板对接焊缝根部焊道钨极轨迹图

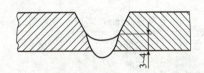

图 4-23　打底层焊道

2. 盖面层焊接

调试好盖面层焊接参数后，从右端开始焊接，焊接时电弧仍然走直线，利用电弧高度保证熔池两侧超过坡口棱边 0.5 ~ 1.5 mm，并防止咬边，根据焊缝的余高决定填丝速度。

四、现场清理

结束后，首先关闭氩气瓶阀门，点动焊枪开关，或点动电焊机面板焊接检气开关，放掉减压器里面余气，然后关闭焊接电源。清扫场地，按规定摆放工具，整理焊接电缆，确认无安全隐患，并做好使用记录。

五、工件清理与质量检验

将焊好的工件用钢丝刷反复拉刷焊道，除去焊缝氧化层。严禁破坏焊缝原始表面，禁止用水冷却。

对焊缝表面质量进行目视检验，使用 5 倍放大镜观察表面是否存在缺陷，并使用焊接检验尺对焊缝进行测量，测量结果应满足要求。

【任务评价】

钨极氩弧焊铝板对接平焊评分标准，见表 4-8。

表 4-8 钨极氩弧焊铝板对接平焊评分标准

检查项目	评判标准及得分	评判等级				测评数据 /mm	实得分数 /分
		Ⅰ	Ⅱ	Ⅲ	Ⅳ		
焊缝余高	尺寸标准 /mm	≤1	>1, ≤2	>2, ≤3	<0 或 >3		
	得分标准 /分	4	3	1	0		
焊缝高度差	尺寸标准 /mm	≤1	>1, ≤2	>2, ≤3	>3		
	得分标准 /分	8	4	2	0		
焊缝宽度	尺寸标准 /mm	8~9	≥7, ≤10	≥6, ≤11	<6 或 >11		
	得分标准 /分	4	3	1	0		
焊缝宽度差	尺寸标准 /mm	≤1	>1, ≤2	>2, ≤3	>3		
	得分标准 /分	8	4	2	0		
咬边	尺寸标准 /mm	无咬边	深度 ≤0.5		深度 >0.5		
	得分标准 /分	12	长度每 5 mm 扣 2 分		0		
正面成型	标准	优	良	中	差		
	得分标准 /分	8	4	2	0		
背面成型	标准	优	良	中	差		
	得分标准 /分	6	4	2	0		
背面凹	尺寸标准 /mm	≤0.5	>0.5, ≤1	>1, ≤2	长度 >30		
	得分标准 /分	2	1	0			
背面凸	尺寸标准 /mm	≤1	>1, ≤2	>2			
	得分标准 /分	2	1	0			
角变形	尺寸标准 /mm	≤1	>1, ≤3	>3, ≤5	>5		
	得分标准 /分	4	3	1	0		
错边量	尺寸标准 /mm	≤0.5	>0.5, ≤1	>1			
	得分标准 /分	2	1	0			
外观缺陷记录							
焊缝内部质量检验	按《焊缝无损检测 射线检测 第 1 部分: X 和伽马射线的胶片技术》(GB/T 3323.1—2019)	Ⅰ级片无缺陷 / 有缺陷	Ⅱ级片	Ⅲ级片			
		40 分	40/35 分	30 分	0 分		

焊缝外观（正、背）成型评判标准			
优	良	中	差
成型美观，焊缝均匀、细密，高低宽窄一致	成型较好，焊缝均匀、平整	成型尚可，焊缝平直	焊缝弯曲，高低、宽窄明显

注：1. 工件焊接未完成；表面修补及焊缝正反两面有裂纹、夹渣、气孔、未熔合缺陷；该件做 0 分处理。
    2. 工件两端 20 mm 的缺陷不计

任务四　不锈钢板 T 形接头平角焊技能训练

◎学习目标：能正确选择钨极氩弧焊不锈钢板 T 形接头平角焊焊接参数及掌握钨极氩弧焊不锈钢板对接平焊的操作方法。

◎学习重点：不锈钢板 T 形平角钨极氩弧焊的焊接工艺。

◎学习难点：不锈钢 T 形平角钨极氩弧焊参数的选择及操作要领。

【任务描述】

图 4-24 所示为不锈钢板 T 形接头平角钨极氩弧焊工件图。要求读懂工件图样，学习不锈钢板 T 形接头平角钨极氩弧焊的基本操作技能，完成工件实作任务，达到工件图样要求。

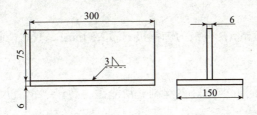

图 4-24　不锈钢板 T 形接头平角钨极氩弧焊工件图

技术要求如下：

（1）焊接方法采用钨极氩弧焊。

（2）工件材料为 1Cr18Ni9Ti 钢板。

（3）接头形式为 T 形接头，焊接位置为平焊。

（4）根部间隙 $b = 0$ mm，焊脚尺寸 $K = 3$ mm。

【任务分析】

T 形接头是常用的焊接接头之一，在生产中常用在箱形结构、支架、脚座等板的 T 形接头中。

实际上，任何焊接方法的平角焊操作都有一定的难度，特别是在焊脚尺寸较大时，根部不易焊透，立板易咬边，平板焊脚易偏大，表面成型难以控制。钨极氩弧焊明弧焊接给操作带来了方便，熔池易于观察和控制，但操作不当也会造成根部未焊透缺陷。不锈钢液态熔池的表面张力大，润湿能力差，且高温停留时间不宜过长，否则会因产生晶间腐蚀而降低接头性能。应选择较大的焊接电流、较高的焊接速度，尽量避免横向摆动。

一、安全检查

同项目任务一。

二、焊前准备

1. 工件准备

06Cr19Ni10 钢板，底板 300 mm × 150 mm × 6 mm，一块，立板 300 mm × 75 mm × 6 mm，一块。检查钢板的平直度并进行修整。采用汽油、丙酮等有机溶剂清除焊丝及工件坡口和坡口两侧至少 20 mm 范围内的油污、水分、灰尘等。

2. 焊接材料

焊丝 ER308，ϕ 2.5 mm；电极为铈钨极，ϕ 2.5 mm；氩气，纯度 ≥ 99.99%。

3. 辅助工具及量具准备

在焊工操作作业区附近准备好钢丝刷、清渣锤、錾子、钢直尺、焊接检验尺等工具和量具。

4. 调整钨极长度

调整方法如图 4-25 所示。使焊枪钨极指向 45°，并与立板和底板接触，钨极高度调整到距离角焊缝 1 mm 左右。

5. 装配定位焊

I 形坡口角接，装配间隙为 0，否则热量散失大，容易造成根部未焊透缺陷。工件两端点固，反变形量约为 3°。压紧工件，钨极伸出长度为 5 ～ 6 mm，喷嘴接触平、立两板，钨极对准工件左侧根部，按动引弧按钮引燃电弧，对根部进行加热，待根部熔化形成熔池后填加焊丝，向右移动电弧。焊点长度为 10 ～ 15 mm，然后调整间隙（击打工件右侧，使立板与平板紧密接触），再点固右侧，如图 4-26 所示。

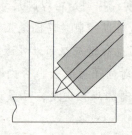

图 4-25 钨极长度调节

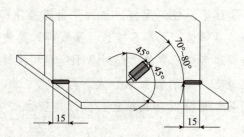

图 4-26 T 形接头装配

6. 固定工件

把装配好的工件水平固定在操作平台或焊接胎架上。

7. 焊接参数设定

6 mm 厚的 1Cr18Ni9Ti 钢板 T 形接头平角钨极氩弧焊工艺卡，见表 4-9。

表 4-9　不锈钢板 T 形接头平角钨极氩弧焊工艺卡

材料型号	1Cr18Ni9Ti 钢板				
材料规格 /（mm × mm × mm）	底板：300 × 150 × 6 立板：300 × 75 × 6				
接头种类	T 形接头				
坡口形式	I 形				
坡口角度	—				
钝边	—				
组对间隙 /mm	0				
焊接方法	GTAW				
电源种类	直流	焊后热处理	种类	—	保温时间 —
电源极性	正接		加热方式	—	层间温度 /℃ ≤ 100
焊接位置	2F		温度范围	—	测量方法 —
焊接参数					
焊层	焊丝牌号	焊丝直径 / mm	焊接电流 /A	焊接电压 /V	保护气体流量 /（L·min⁻¹）	钨极直径 / mm
定位焊	ER304	2.5	100 ～ 120	8 ～ 12	9 ～ 12	2.5
盖面层			90 ～ 110	8 ～ 12	9 ～ 12	2.5

焊接节点图

三、焊接操作

焊角高度为 3 mm，不需多层焊，在点固焊点的背面采用单层单道焊。为获得较好的焊缝成型，采用左向摇摆焊法。

左手握焊丝，右手握焊枪，距右端 15 ～ 20 mm 处喷嘴接触工件平立两板，按动引弧按钮引燃电弧，电流开始上升，调整喷嘴高度，电弧长度为 2 ～ 3 mm，调整焊丝角度为 10° ～ 15°，缓慢回拉电弧到右端端部稍做停顿，此时，钨极对准根部尖端，工作角度为 45°，前进 70° ～ 80°；待根部熔化并形成熔池，填加一滴焊丝，向前摇摆电弧，待形成新熔池，再填加一滴焊丝，如图 4-27 所示。根据焊角高度的需要，调整焊丝送给量，使焊角高度达到 3 mm 为宜。焊道余高不宜太大。

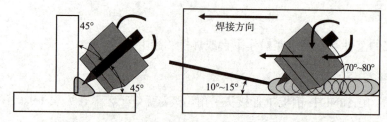

图 4-27　不锈钢 T 形接头焊枪角度及摇摆运弧方法

焊接过程中，也可以两板为支点交替摆动喷嘴，向前移动电弧，但尽量不要使钨极摆动太大，减小电弧横向摆动幅度。

理想的焊缝颜色应该是银白色或金黄色的，如果焊缝颜色为黑色或深蓝色，为不合格焊缝。所以焊接中在保证熔合良好的情况下，尽量加快焊接速度，以降低熔池高温停留时间。焊缝截面外形以平、凹为合格，如图 4-28 所示。

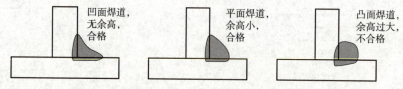

图 4-28　角焊缝外观形状

【任务评价】

不锈钢板 T 形接头平角钨极氩弧焊评分标准，见表 4-10。

表 4-10　不锈钢板 T 形接头平角钨极氩弧焊评分标准

检查项目	评判标准及得分	评判等级				测评数据 / mm	实得分数 / 分
		Ⅰ	Ⅱ	Ⅲ	Ⅳ		
焊脚尺寸	尺寸标准 /mm	3	>3，≤ 4	>4，≤ 5	<3 或 >5		
	得分标准 / 分	12	8	4	0		
焊脚差	尺寸标准 /mm	≤ 1	>1，≤ 2	>2，≤ 3	>3		
	得分标准 / 分	4	3	1	0		
焊缝凸度	尺寸标准 /mm	≤ 1	>1，≤ 2	>2，≤ 3	>3		
	得分标准 / 分	12	8	4	0		
咬边	尺寸标准 /mm	无咬边	深度≤ 0.5 且长度≤ 15	深度≤ 0.5 且长度 >15，≤ 30	深度 >0.5 或 长度 >15		
	得分标准 / 分	12	8	4	0		
电弧擦伤	标准	无	有				
	得分标准 / 分	4	0				

检查项目		评判标准及得分	评判等级				测评数据 / mm	实得分数 / 分
			I	II	III	IV		
垂直度		尺寸标准 /mm	0	<1	>1, <2	>2		
		得分标准 / 分	8	6	4	0		
焊缝成型		标准	优	良	中	差		
		得分标准 / 分	8	6	4	0		
宏观金相	根部熔深	尺寸标准 /mm	>1	>0.5, <1	>0, <0.5	未熔		
		得分标准 / 分	16	8	4	0		
	条状缺陷	尺寸标准 /mm	无	<1	<1.5	>1.5		
		得分标准 / 分	12	8	4	0		
	点状缺陷	标准	无	<ϕ1 数目: 1 个	<ϕ1 数目: 2 个	>ϕ1 或数目 >1 个		
		得分标准 / 分	12	8	4	0		

焊缝外观（正、背）成型评判标准			
优	良	中	差
成型美观，焊缝均匀、细密，高低宽窄一致	成型较好，焊缝均匀、平整	成型尚可，焊缝平直	焊缝弯曲，高低、宽窄明显

注：1. 工件焊接未完成；表面修补及焊缝正反两面有裂纹、夹渣、气孔、未熔合缺陷；该件做 0 分处理。
2. 工件两端 20 mm 的缺陷不计

任务五　不锈钢板对接立焊技能训练

◎学习目标：能正确选择手工不锈钢板对接立焊钨极氩弧焊焊接参数；掌握钨极氩弧焊不锈钢板对接立焊的操作方法。

◎学习重点：不锈钢板对接立焊钨极氩弧焊焊接工艺。

◎学习难点：不锈钢板对接立焊钨极氩弧焊单面焊双面成型的操作技术。

【任务描述】

图 4-29 所示为不锈钢板对接立焊钨极氩弧焊工件图。要求读懂工件图样，学习不锈钢板对接立焊钨极氩弧焊的基本操作技能，完成工件实作任务，达到工件图样要求。

技术要求如下：

（1）焊接方法采用钨极氩弧焊，单面焊双面成型。

（2）工件材料1Cr18Ni9Ti不锈钢板。

（3）坡口角度 $\alpha = 60°$，间隙 $b = 2.5 \sim 3.5$ mm，钝边 $p = 0.5 \sim 1.0$ mm。

（4）工件空间位置符合立焊要求。

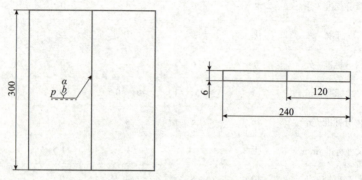

图4-29　不锈钢板对接立焊钨极氩弧焊工件图

【任务分析】

钨极氩弧焊板对接立焊时，焊枪角度和电弧长短不易保持，熔池金属下坠趋势较明显，焊缝成型不好，易出现焊瘤和咬边等缺陷。因此，焊接过程中要控制好熔池的温度，选用较小的焊接电流和较细的填充层焊接丝，电弧不宜拉得太长，焊枪下倾角度不能太小。焊丝送进方向以操作者顺手为原则，其端部不能离开保护区，焊枪多采用反月牙形摆动，通过焊枪的移摆与填充层焊接丝的协调配合，可获得良好的焊缝成型。

【任务实施】

一、安全检查

同项目任务一。

二、焊前准备

1. 工件准备

1Cr18Ni9Ti不锈钢板，300 mm×120 mm×6 mm，两块，坡口角度为60°，钝边为0.5～1 mm。检查钢板的平直度并进行修整。采用汽油、丙酮等有机溶剂清除焊丝及工件坡口和坡口两侧至少20 mm范围内的油污、水分、灰尘等。

2. 焊接材料

焊丝ER308，ϕ 2.0 mm；电极为铈钨极，ϕ 2.5 mm；氩气，纯度≥99.99%。

3. 辅助工具及量具准备

在焊工操作作业区附近准备好钢丝刷、清渣锤、錾子、钢直尺、焊接检验尺等工具和量具。

4. 装配定位

装配间隙为 2.5 ～ 3.5 mm，错边量 ≤ 0.5 mm；两点定位（底部和顶部如图 4-30 所示），焊缝长 10 mm 左右，定位焊点两端应先打磨成斜坡，以利于接头。

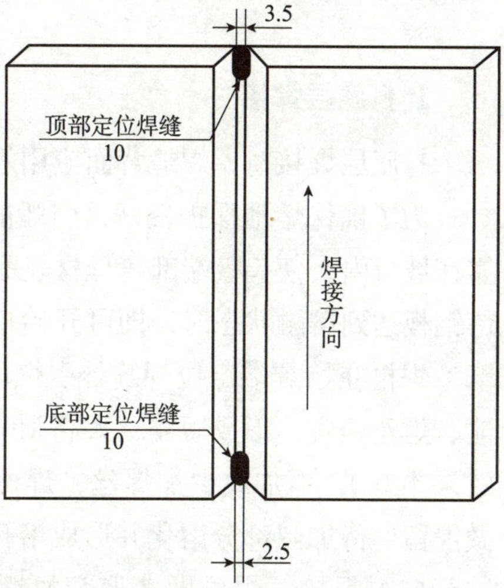

5. 固定工件

把装配好的工件竖直固定在操作平台或焊接胎架上。焊缝与地面垂直，间隙小的一端在下。

6. 焊接参数设定

钨极氩弧焊不锈钢板对接立焊工艺卡，见表 4-11。

图 4-30　定位焊缝位置

表 4-11　钨极氩弧焊不锈钢板对接立焊工艺卡

材料型号	1Cr18Ni9Ti 不锈钢板					
材料规格	300 mm × 120 mm × 6 mm					
接头种类	对接					
坡口形式	V 形					
坡口角度 /（°）	60					
钝边 /mm	0.5 ～ 1.0					
组对间隙 /mm	2.5 ～ 3.5					
焊接方法	GTAW					
电源种类	直流	焊后热处理	种类	—	保温时间	—
电源极性	正接		加热方式	—	层间温度 / ℃	≤ 100
焊接位置	3G		温度范围	—	测量方法	—

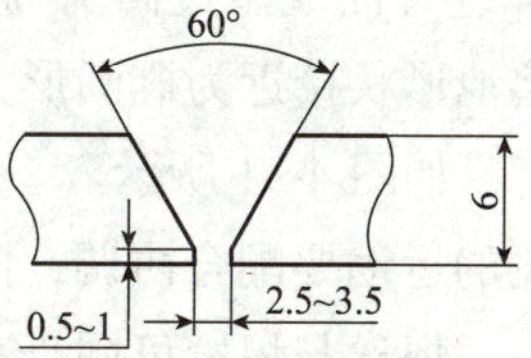

焊接坡口图

焊接参数						
焊层	焊丝型号	焊丝直径 / mm	焊接电流 / A	焊接电压 / V	保护气体流量 / (L · min⁻¹)	钨极直径 / mm
定位焊	ER308	2	80 ～ 90	12 ～ 16	8 ～ 10	2.5
打底层			80 ～ 90	12 ～ 16	8 ～ 10	2.5
填充			95 ～ 105	12 ～ 16	8 ～ 10	2.5
盖面层			90 ～ 100	12 ～ 16	8 ～ 10	2.5

三、焊接操作

1. 打底层焊接

打底层焊接时，焊缝背面应用氩气进行保护，防止背面焊缝氧化。

为了确保熔池保护良好，引弧前应提前送气 5～10 s，然后将焊枪喷嘴以 45° 位置斜靠在坡口内，使钨极端部离母材表面 2～3 mm，然后引弧。引弧后，先对钢板进行预热，待钢板达到熔融状态时，即可开始打底层焊接。

焊枪在始焊端定位焊缝处引燃电弧（钨极端部离熔池的高度为 2 mm，太低则易和熔池、焊丝相碰，形成短路；太高则氩气对熔池的保护效果不好），不加或少加焊丝，焊枪在定位焊缝处稍做停留，待加热部分熔化并形成熔孔后，再填加焊丝进行向上焊接。焊枪做 Z 形窄幅摆动或者反月牙形摆动，摆动动作要平稳，并在坡口两侧稍做停留，以保证两侧熔合良好。焊接时，应注意随时观察熔孔的大小（若发现熔孔不明显，则应暂停送丝，待出现熔孔后再送丝，避免产生未焊透；若熔孔过大，则熔池有下坠现象，应利用电流衰减功能来控制熔池温度，以减小熔孔，避免焊缝背面成型过高）。焊枪向上移动的速度要合适，熔池形状接近为椭圆形为佳。打底层焊接焊接操作角度，如图 4-31 所示。

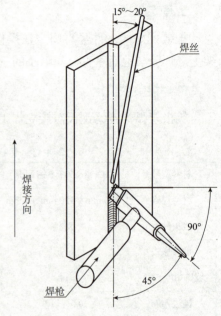

图 4-31　打底层焊接焊接操作角度

焊丝与焊枪的运动要配合协调，同步移动。根据根部间隙的大小，焊丝与焊枪可同步直线向上焊接或小幅左右平行摆动向上施焊。

收弧时，要防止弧坑产生裂纹和缩孔，可采用电流衰减功能，逐渐降低熔池的温度，同时延长氩气对弧坑的保护直至熔池冷却。

2. 填充层焊接

焊接前先对打底层焊缝进行清理。填充层的接头应与打底层的接头错开。接头时，电弧的引燃位置应在弧坑前 5～8 mm 处，引燃电弧后，焊枪端部做横向窄幅摆动，并稍加焊丝使接头平整，随后转入正常焊接。填充层焊接时，焊接电流稍大于打底层焊接时的电流，焊丝、焊枪与工件的夹角与打底层焊接时相同。

由于填充层焊缝逐渐变宽，焊枪做 Z 形或反月牙形摆动幅度比打底层焊接稍大一些，摆动到坡口两侧应稍做停顿，使坡口两侧充分熔化，熔合良好。

填充层焊缝应比工件表面低 1 mm 左右，保持坡口边缘的原始状态，不能熔化坡口的上棱边，为盖面层焊接打好基础。

3. 盖面层焊接

先清理填充层焊缝，再进行盖面层焊接。其操作、焊接参数与填充层焊接基本相同。

接头方法与打底层焊接不同的是，在熔池前 10 ～ 15 mm 处引弧，摆动要有规律，焊丝要适量，使接头处焊缝过渡圆滑，保持焊缝的一致效果，防止出现焊瘤等缺陷。

盖面层焊接时，焊枪的摆动幅度比填充层焊接稍大，其余与打底层焊接相同。焊接时应保证熔池熔化坡口两侧棱边 0.5 ～ 1.5 mm，并压低电弧，避免产生咬边，同时应根据焊缝的余高确定焊丝的送进速度。

四、工件清理与质量检验

将焊好的工件用钢丝刷反复拉刷焊道，除去焊缝氧化层。严禁破坏焊缝原始表面，禁止用水冷却。

对焊缝表面质量进行目视检验，使用 5 倍放大镜观察表面是否存在缺陷，并使用焊接检验尺对焊缝进行测量，测量结果应满足要求。

五、现场清理

焊接结束后，首先关闭氩气气瓶阀门，点动焊枪开关或点动电焊机面板焊接检气开关，放掉减压器里面的余气，然后关闭焊接电源。清扫场地，按规定摆放工具，整理焊接电缆，确认无安全隐患，并做好使用记录。

【任务评价】

钨极氩弧焊不锈钢板对接立焊评分标准，见表 4-12。

表 4-12　钨极氩弧焊不锈钢板对接立焊评分标准

检查项目	评判标准及得分	评判等级				测评数据 / mm	实得分数 / 分
		I	II	III	IV		
焊缝余高	尺寸标准 /mm	>0，≤ 1	>1，≤ 2	>2，≤ 3	<0 或 >3		
	得分标准 / 分	4	3	1	0		
焊缝高度差	尺寸标准 /mm	>0，≤ 1	>1，≤ 2	>2，≤ 3	>3		
	得分标准 / 分	8	4	2	0		
焊缝宽度	尺寸标准 /mm	>8，≤ 9	>7，≤ 8 或 >9，≤ 10	>6，≤ 7 或 >10，≤ 11	<6 或 >11		
	得分标准 / 分	4	3	1	0		
焊缝宽度差	尺寸标准 /mm	>0，≤ 1	>1，≤ 2	>2，≤ 3	>3		
	得分标准 / 分	8	4	2	0		

检查项目	评判标准及得分	评判等级				测评数据/mm	实得分数/分
		Ⅰ	Ⅱ	Ⅲ	Ⅳ		
咬边	尺寸标准/mm	无咬边	深度≤0.5	深度>0.5			
	得分标准/分	12	长度每5 mm扣2分	0			
正面成型	标准	优	良	中	差		
	得分标准/分	8	4	2	0		
背面成型	标准	优	良	中	差		
	得分标准/分	6	4	2	0		
背面凹	尺寸标准/mm	>0, ≤0.5	>0.5, ≤1	>1, ≤2	长度>30		
	得分标准/分	2	1	0	0		
背面凸	尺寸标准/mm	>0, ≤1	>1, ≤2	>2			
	得分标准/分	2	1	0			
角变形	尺寸标准/mm	>0, ≤1	>1, ≤3	>3, ≤5	>5		
	得分标准/分	4	3	1	0		
错边量	尺寸标准/mm	>0, ≤0.5	>0.5, ≤1	>1			
	得分标准/分	2	1	0			
外观缺陷记录							
焊缝内部质量检验	按《焊缝无损检测 射线检测 第1部分：X和伽马射线的胶片技术》（GB/T 3323.1—2019）	Ⅰ级片无缺陷/有缺陷	Ⅱ级片	Ⅲ级片			
		40分	40/35分	30分	0分		

焊缝外观（正、背）成型评判标准

优	良	中	差
成型美观，焊缝均匀、细密，高低宽窄一致	成型较好，焊缝均匀、平整	成型尚可，焊缝平直	焊缝弯曲，高低、宽窄明显

注：1. 工件焊接未完成；表面修补及焊缝正反两面有裂纹、夹渣、气孔、未熔合缺陷；该件做0分处理。
    2. 工件两端20 mm的缺陷不计

任务六　不锈钢管对接垂直固定焊技能训练

◎学习目标：能正确选择不锈钢管对接垂直固定钨极氩弧焊焊接参数；掌握不锈钢管对接水平垂直固定钨极氩弧焊的操作方法。

◎学习重点：不锈钢管对接垂直固定钨极氩弧焊的操作技能。

◎学习难点：不锈钢管对接垂直固定钨极氩弧焊的操作技能。

【任务描述】

图 4-32 所示为不锈钢管对接垂直固定钨极氩弧焊工件图。要求读懂工件图样，学习不锈钢管对接垂直固定钨极氩弧焊的基本操作技能，完成工件实作任务，达到工件图样要求。

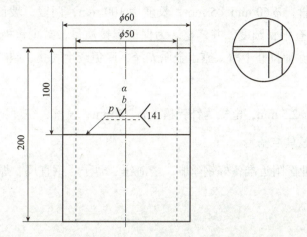

图 4-32　不锈钢管对接垂直固定钨极氩弧焊工件图

技术要求如下：

（1）焊接方法采用钨极氩弧焊。

（2）工件材料为 1Cr18Ni9Ti 不锈钢。

（3）接头形式为对接，焊接位置为垂直固定。

（4）根部间隙 $b = 2.0 \sim 2.5$ mm，坡口角度 $\alpha = 60°$，钝边 $p = 0 \sim 0.5$ mm。

（5）单面焊双面成型，要求背面充氩气。

【任务分析】

本工件为奥氏体不锈钢管对接垂直固定氩弧焊，单面焊双面成型。为了保证焊接质量，必须采取背面保护措施，否则，背面将出现严重的氧化现象，而降低焊缝质量，失去不锈钢的特性，甚至报废。

管对接垂直固定焊，焊缝处于空间横向位置。焊接中，焊枪角度和焊丝角度应随焊接方向的改变而不断改变。焊接中熔池处于空间横位，液态熔池在重力作用下，会产生截面不对称的焊缝，即焊缝中线上侧凹陷，下侧下坠，为此，上坡口填加焊丝量应比下坡口稍多，以降低熔池温度，增大熔池张力，减小下坠趋势。

【任务实施】

一、安全检查

同项目任务一。

二、焊前准备

1. 工件准备

1Cr18Ni9Ti 钢管，ϕ60 mm×5 mm，长度为 100 mm，两段，坡口角度为 60°，钝边为 0～0.5 mm。检查钢管圆度，并修整。为保证焊接质量，减少钨极烧损，必须在焊接处 25 mm 内除锈、除油打磨干净，露出金属光泽，避免产生气孔、裂纹等缺陷。

2. 焊接材料

焊丝 ER308，ϕ2.5 mm；电极为铈钨极，ϕ2.5 mm；氩气，纯度 ≥ 99.99%。

3. 辅助工具及量具准备

在焊工操作作业区附近准备好钢丝刷、清渣锤、錾子、钢直尺、焊接检验尺等工具和量具。

4. 装配定位焊

为保证焊接质量，装配定位很重要。为了既保证焊透又不能烧穿，必须留有合适的对接间隙和合理的钝边。根据工件板厚和焊丝直径大小，确定钝边 p = 0～0.5 mm，间隙 b = 2～2.5 mm（始端 2、终端 2.5），反变形角度约 2°，错边量 ≤ 0.5 mm。尽管管径较小，但不锈钢膨胀系数大，需固定两点。点固焊时，用对口钳或小槽钢对口，在工件两端坡口内侧点固，焊点长度为 10 mm 左右，高度为 2～3 mm，如图 4-33 所示。

定位焊前，在电焊机面板选择收弧有（4 步）调整焊接电流，收弧电流，上坡时间，下坡时间。再将两节管子无坡口一侧堵住，并在一节管子堵头插入送气管，开启气体阀门，将管内空气排出，然后点焊，戴好头盔面罩，左手握焊丝，右手握焊枪，喷嘴接触工件端部坡口处，按动引弧按钮引燃电弧，不松手，利用电弧光亮找到点焊位置，松开引弧按钮，电流开始上升，调整喷嘴高度，电弧长度为 2～3 mm，加热坡口一侧，待形成熔池，填加一滴焊丝，移动电弧到坡口另一侧，待形成熔池，再填加一滴焊丝，两侧搭桥后锯齿形摆动电弧，将坡口钝边熔化，焊丝一滴一滴地填加到熔池，达到固定点长度后，右手按动引弧按钮，电流逐渐衰减，并将电弧向坡口后左侧缓慢移动，使收弧弧坑变小，落在坡口面上，等熔池完全冷却后再移开焊枪。固定点作为焊缝的一部分要保证质量。将工件固定在焊接变位器上，高度据个人习惯而定。

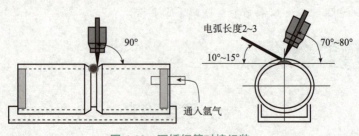

图 4-33　不锈钢管对接组装

5. 固定工件

把装配好的工件竖直固定在操作平台或焊接胎架上。从组对间隙小的一侧开始焊接。

6. 焊接参数设定

钨极氩弧焊 1Cr18Ni9Ti 不锈钢管垂直固定焊工艺卡,见表 4-13。

表 4-13　钨极氩弧焊不锈钢管垂直固定焊工艺卡

材料型号	1Cr18Ni9Ti 不锈钢管				
材料规格 /（mm×mm×mm）	$\phi 60 \times 100 \times 5$				
接头种类	对接				
坡口形式	V 形				
坡口角度 /（°）	60				
钝边 /mm	0 ～ 0.5				
组对间隙 /mm	2 ～ 2.5				
焊接方法	GTAW				
电源种类	直流	焊后热处理	种类	—	保温时间	—
电源极性	正接		加热方式	—	层间温度 /℃	≤ 100
焊接位置	2G		温度范围	—	测量方法	—

焊接坡口图: 60°, 5, 0～0.5, 2～2.5

焊接参数						
焊层	焊丝牌号	焊丝直径 /mm	焊接电流 /A	伸出长度 /mm	保护气体流量 /（L·min⁻¹）	钨极直径 /mm
定位焊	ER304	2.5	80 ～ 90	5 ～ 8	8 ～ 10	2.5
打底层			80 ～ 90	5 ～ 8	8 ～ 10	2.5
盖面层			80 ～ 90	5 ～ 8	8 ～ 10	2.5

三、焊接操作

1. 打底层焊接

焊工操作位置正对工件,考虑尽量少接头,身体尽量向右倾斜,随着焊缝转动而转动身体。在间隙较小的位置处上坡口引弧,焊枪与焊接方向呈 70° ～ 80° 角,与工件下侧呈 70° ～ 80° 角,如图 4-34（a）所示。电弧稳定后斜锯齿摆动电弧,对坡口上下两侧预热,当根部熔化形成熔孔后,推送焊丝给上下坡口根部各一滴熔滴,摆动电弧使两熔滴形成搭接,得到第一个完整熔池,以后电弧每摆动一次,焊丝交替送入根部一滴熔滴。焊接过程要注意控制电弧长度:太短,容易使钨极与焊丝、熔池接触,造成钨极烧损,焊缝夹钨;太长,易产生未焊透,保护效果变差,产生气孔。送丝频率与电弧摆动频率协调一致,电弧前移步伐大小相等,一半电弧加热熔池,一半电弧熔化根部形成熔孔,送丝要均匀利落，送入根部。正常情况下，上坡口熔化 1 mm，下坡口熔化 0.5 mm。

焊到距固定点 3 ~ 5 mm 时，要大步前移往复电弧，对其预热，如图 4-34（b）所示，接头时多填加几滴熔滴，使背面饱满，接头后根据固定点高度，可不加焊丝或稍加焊丝，至固定点尾部稍停电弧熔化根部再正常焊接；封口后继续覆盖 5 ~ 10 mm 收弧。

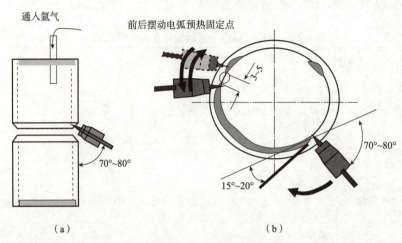

图 4-34　打底层焊接方法
（a）焊枪角度；（b）焊接操作

打底层结束后，关闭背面保护气体。

2. 盖面层焊接

不锈钢焊接避免横向摆动，且焊缝处于横焊位置，故采用上下两道盖面。用不锈钢钢丝刷彻底清理底层焊道，注意控制层间温度在 60 ℃ 左右，采用直线运枪。先焊下坡口侧，再焊上侧。焊下侧时，电弧与坡口棱边对齐，焊枪与垂直方向呈 85° ~ 95° 角，与焊接方向呈 75° ~ 85° 角，焊接过程注意观察下棱边熔化情况，熔化棱边 0.5 mm，控制电弧前进速度，使焊缝饱满没有焊瘤，并随时调整焊枪角度大小，以获得良好的焊缝成型。图 4-35 所示为盖面层焊接方法。

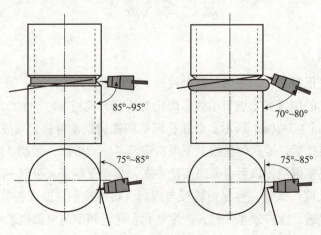

图 4-35　盖面层焊接方法

焊接上侧时，起焊位置与第一道接头处错开，电弧中心对准第一道焊趾，电弧指向上坡口，焊条与垂直方向呈 70°～80° 角，与焊接方向呈 75°～85° 角，焊接过程注意观察上棱边熔化情况，控制电弧前进速度，调整焊条角度大小，熔化上棱边 0.5 mm，加快填充层焊接丝速度，否则，产生咬边缺陷，熔池覆盖下道最高点即可。接头时覆盖起头5～10 mm 后开始用衰减电流收弧。

四、工件清理与质量检验

将焊好的工件用钢丝刷反复拉刷焊道，除去焊缝氧化层。严禁破坏焊缝原始表面，禁止用水冷却。

对焊缝表面质量进行目视检验，使用 5 倍放大镜观察表面是否存在缺陷。并使用焊接检验尺对焊缝进行测量，测量结果应满足要求。

五、现场清理

焊接结束后，首先关闭氩气气瓶阀门，点动焊枪开关或点动电焊机面板焊接检气开关，放掉减压器里面的余气，然后关闭焊接电源。清扫场地，按规定摆放工具，整理焊接电缆，确认无安全隐患，并做好使用记录。

【任务评价】

钨极氩弧焊不锈钢对接垂直固定焊评分标准，见表 4-14。

表 4-14　钨极氩弧焊不锈钢对接垂直固定焊评分标准

检查项目		标准分数	焊缝等级				测量数值 /mm	实际得分 /mm
			Ⅰ	Ⅱ	Ⅲ	Ⅳ		
正面	焊缝余高	标准 /mm	>0，≤ 1	>1，≤ 1.5	>1.5，≤ 2	>2.5		
		分数 / 分	5	3	2	0		
	焊缝高低差	标准 /mm	≤ 1	>1，≤ 2	>2，≤ 3	>3		
		分数 / 分	2.5	1.5	1	0		
	焊缝宽度	标准 /mm	>9，≤ 10	>11，≤ 12	>12，≤ 13	>14，<9		
		分数 / 分	5	3	2	0		
正面	焊缝宽窄差	标准 /mm	≤ 1	>1，≤ 1.5	>1.5，≤ 2	>2		
		分数 / 分	2.5	1.5	1	0		
	咬边	标准 /mm	无咬边	深度 <0.5 且长度 ≤ 10	深度 <0.5 且长度 ≤ 20	深度 >0.5 或长度 >20		
		分数 / 分	5	3	2	0		

检查项目		标准分数	焊缝等级				测量数值/mm	实际得分/mm
			I	II	III	IV		
正面	气孔	标准/mm	无气孔	气孔≤0.5 数目：1个	气孔≤0.5 数目：2个	气孔≤0.5 数目：>2		
		分数/分	5	3	2	0		
	表面成型	标准/mm	优	良	一般	差		
		分数/分	10	6	4	0		
反面	焊缝高度	0～3 mm　5分		>3 mm 或 <0　0分				
	咬边	无咬边　5分		有咬边　0分				
	凹陷	无内凹　10分		深度≤0.5 mm，每2 mm长扣0.5分 深度>0.5 mm　0分				
	焊瘤	无焊瘤5分　有焊瘤0分						
焊缝内部质量检验		按《焊缝无损检测 射线检测 第1部分：X和伽马射线的胶片技术》（GB/T 3323.1—2019）	I级片无缺陷/有缺陷	II级片	III级片	IV级片		
		40	40/35	30	20	0		
合计			100分					

焊缝外观成型评判标准

优	良	中	差
成型美观，焊缝均匀、细密，高低宽窄一致	成型较好，焊缝均匀、平整	成型尚可，焊缝平直	焊缝弯曲，高低、宽窄明显

注：工件焊接未完成；表面修补及焊缝正反两面有裂纹、夹渣、气孔、未熔合缺陷；该件做0分处理

任务七　不锈钢管对接水平固定焊技能训练

◎学习目标：能正确选择不锈钢管对接水平固定钨极氩弧焊焊接参数及掌握不锈钢管对接水平固定钨极氩弧焊的操作方法。

◎学习重点：不锈钢管对接水平固定钨极氩弧焊的操作技能。

◎学习难点：不锈钢管对接水平固定钨极氩弧焊的操作技能。

【任务描述】

图 4-36 所示为钨极氩弧焊不锈钢管对接水平固定工件图。要求读懂工件图样，学习不锈钢管对接水平固定钨极氩弧焊的基本操作技能，完成工件实作任务，达到工件图样要求。

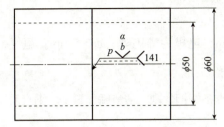

图 4-36　不锈钢管对接水平固定钨极氩弧焊工件图

技术要求如下：

（1）焊接方法采用钨极氩弧焊。

（2）工件材料为 1Cr18Ni9Ti 不锈钢管。

（3）接头形式为对接，焊接位置为水平固定。

（4）根部间隙 $b = 2.5 \sim 3$ mm，坡口角度 $\alpha = 60°$，钝边 $p = 0 \sim 0.5$ mm。

（5）单面焊双面成型，要求背面充氩气。

【任务分析】

工件处于水平位置，固定焊接时，经历仰焊、仰爬坡焊、立焊、爬坡焊、平焊五种位置的焊接，使焊接难度增大。$\phi 60$ mm × 5 mm 管对接由于管径较小，管壁较薄，特别是作为焊接起始部位的仰焊位置，选择焊接电流较小时，熔池温度上升较慢，熔滴不易过渡，造成背面焊缝凹陷，正面焊缝下坠，甚至产生焊瘤；而处于平位时背面又容易产生下坠，余高过大，正面焊缝凹陷，熔合不良等缺陷；当选择焊接电流较大时，双手配合不好，手忙脚乱，形成烧穿或焊瘤等。所以，应使用较合适的电流，并通过随焊缝位置的不断变化而改变焊枪角度，调节焊接速度，进行合理的操作。这样既保证焊透，又不致使熔池温度升高产生焊瘤。

【任务实施】

一、安全检查

同项目任务一。

二、焊前准备

1. 工件准备

1Cr18Ni9Ti 钢管，$\phi 60$ mm × 5 mm，长度为 100 mm，两段，坡口角度为 60°，钝边为 $0 \sim 0.5$ mm。检查钢板平直度，并修复平整。为保证焊接质量，减少钨极烧损，必须在焊接处 25 mm 内除锈、除油打磨干净，露出金属光泽，避免产生气孔、裂纹等缺陷。

2. 焊接材料

焊丝 ER308，ϕ 2.5 mm；电极为铈钨极，ϕ 2.5 mm；氩气，纯度 ≥ 99.99%。

3. 辅助工具及量具准备

在焊工操作作业区附近准备好钢丝刷、清渣锤、錾子、钢直尺、焊接检验尺等工具和量具。

4. 装配定位焊

为保证焊接质量，装配定位很重要。为了既保证焊透又不能烧穿，必须留有合适的对接间隙和合理的钝边。根据工件板厚和焊丝直径大小，确定钝边 $p = 0 \sim 0.5$ mm，间隙 $b = 2.5 \sim 3$ mm（始端为 2.5 mm、终端为 3 mm），反变形角度约为 2°，错边量 ≤ 0.5 mm。尽管管径较小，但不锈钢膨胀系数大，需固定两点。点固焊时，用对口钳或小槽钢对口，在工件两端坡口内侧点固，焊点长度为 10 mm 左右，高度为 2 ～ 3 mm，如图 4-37 所示。

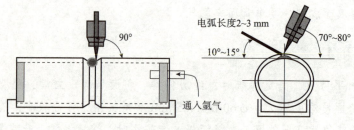

图 4-37　不锈钢管对接组装

5. 固定工件

把装配好的工件水平固定在操作平台或焊接胎架上。组对间隙小的一侧在下方。

6. 焊接参数设定

1Cr18Ni9Ti 不锈钢管水平固定钨极氩弧焊工艺卡，见表 4-15。

表 4-15　不锈钢管水平固定钨极氩弧焊工艺卡

材料型号	1Cr18Ni9Ti 不锈钢管				
材料规格 /（mm×mm×mm）	ϕ 60 × 100 × 5				
接头种类	对接				
坡口形式	V 形				
坡口角度 /（°）	60				
钝边 /mm	0 ～ 0.5				
组对间隙 /mm	2.5 ～ 3				
焊接方法	GTAW				
电源种类	直流	焊后热处理	种类	—	保温时间	—
电源极性	正接		加热方式	—	层间温度 /℃	≤ 100
焊接位置	5G		温度范围	—	测量方法	—

焊接坡口图

焊接参数						
焊层	焊丝牌号	焊丝直径 / mm	焊接电流 /A	伸出长度 / mm	保护气体流量 / （L·min⁻¹）	钨极直径 / mm
定位焊			100～120	5～8	8～10	2.5
打底层	ER304	2.5	100～120	5～8	8～10	2.5
盖面层			100～120	5～8	8～10	2.5

三、焊接操作

1. 打底层焊接

管子对接水平固定焊，要求焊工能够双手操作，焊接分左右两个半圆先后完成。先焊接右半圆，从 6 点半位置开始焊接，12 点半位置收弧。焊枪、焊丝角度，如图 4-38 所示。

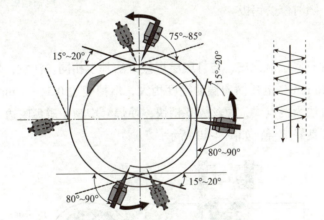

图 4-38　打底层焊接时焊枪焊丝角度

戴好头盔面罩，左手握焊丝，右手握焊枪，分开两腿弯腰低头，喷嘴接触工件 6 点半位置坡口处，按动引弧按钮引燃电弧，不松手，利用电弧光亮找到点焊位置，松开引弧按钮，电流开始上升，调整喷嘴高度，此时，焊枪工作角为 90°，前进角为 80°～90°，电弧长度为 2～3 mm，加热坡口一侧，待坡口棱边熔化并形成熔池，填加一滴焊丝，移动电弧到坡口另一侧，待棱边熔化并形成熔池，再填加一滴焊丝，两侧搭桥后锯齿形向上摆动电弧，将坡口棱边熔化 0.5～1 mm，焊丝与电弧交替一滴一滴填加到熔池，电弧在坡口两侧适当停顿，使熔滴与坡口良好熔合。注意填加焊丝一定要准确填入根部熔池，否则，背面凹陷，甚至产生未熔合，焊丝进退要利落，退出不离氩气保护范围，利用电弧外围热量预热焊丝，避免焊丝与钨极接触，出现夹钨缺陷。随着焊缝位置的变化逐渐直腰，并相应调整焊枪和焊丝角度，超过 12 点位置时，焊枪应与焊接方向呈 75°～85° 角，即改变电弧指向，以控制铁水下流。到达 12 点半位置开始收弧，右手按动引弧按钮，电流开始衰减，等熔池完全冷却后再移开焊枪。如果采用 2 步操作则应回拉电弧，并逐渐提高喷嘴高度，缩小熔池。

焊接左半圈时，管子位置不动，应用钢丝刷清理仰位起头处，右手持焊丝，左手握焊枪，在 6 点位置处引燃电弧，焊丝进入氩气保护范围。缓慢移动电弧到坡口根部，熔化坡口棱边 0.5 ～ 1 mm，并在根部形成熔池，将焊丝送进根部熔池，电弧小锯齿摆动向 7 点位置移动，与右半圈相同。当焊接到距离固定点 1 ～ 2 mm 时（一个熔孔长度）附近，电弧大步向前移动一个来回，对固定点预热，如图 4-39 所示，然后回到正常焊接的部位，此时不需填加焊丝，待形成新的熔池后再填送焊丝，与固定点熔合，后填加少量焊丝，到达固定点高端时电弧可加快步伐，不加焊丝，至固定点低端熔化根部后，再填加焊丝，正常焊接。封口时的方法与之相同，超过接头 5 ～ 10 mm 处开始收弧。同时注意逐渐调整焊枪焊丝角度，直起身体。特别注意，整个焊接过程保证钨极端部形状，随时修磨钨极。

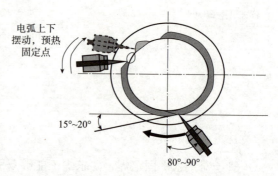

图 4-39　仰位接头时起焊位置及固定点处电弧运弧方法

2. 盖面层焊接

用钢丝刷清理打底层氧化皮，与打底层焊接方法基本相同。注意，焊接起头与底层接头稍微错开 5 ～ 10 mm，电弧横向摆动幅度稍大，熔掉棱边 0.5 ～ 1 mm 为宜，前移步伐不宜太大，填丝方法为两点式，填丝频率稍快，使焊缝饱满，避免咬边，电弧在坡口两侧应适当停顿，保证良好熔合，如图 4-40 所示。

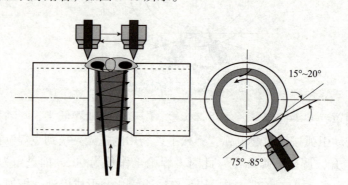

图 4-40　盖面层焊接起点位置、电弧摆动幅度及送丝方法

四、工件清理与质量检验

将焊好的工件用钢丝刷反复拉刷焊道，除去焊缝氧化层。严禁破坏焊缝原始表面，禁止用水冷却。

对焊缝表面质量进行目视检验，使用 5 倍放大镜观察表面是否存在缺陷，并使用焊接检验尺对焊缝进行测量，测量结果应满足要求。

五、现场清理

焊接结束后，首先关闭氩气气瓶阀门，点动焊枪开关或点动电焊机面板焊接检气开关，放掉减压器里面的余气，然后关闭焊接电源。清扫场地，按规定摆放工具，整理焊接电缆，确认无安全隐患，并做好使用记录。

【任务评价】

不锈钢对接水平固定钨极氩弧焊评分标准，见表4-16。

表4-16 不锈钢对接水平固定钨极氩弧焊评分标准

<table>
<tr><td rowspan="2">检查项目</td><td rowspan="2">标准分数</td><td colspan="4">焊缝等级</td><td rowspan="2">测量数值/mm</td><td rowspan="2">实际得分/mm</td></tr>
<tr><td>I</td><td>II</td><td>III</td><td>IV</td></tr>
<tr><td rowspan="14">正面</td><td>焊缝余高 标准/mm</td><td>>0, ≤1</td><td>>1, ≤1.5</td><td>>1.5, ≤2</td><td>>2.5</td><td></td><td></td></tr>
<tr><td>分数/分</td><td>5</td><td>3</td><td>2</td><td>0</td><td></td><td></td></tr>
<tr><td>焊缝高低差 标准/mm</td><td>≤1</td><td>>1, ≤2</td><td>>2, ≤3</td><td>>3</td><td></td><td></td></tr>
<tr><td>分数/分</td><td>2.5</td><td>1.5</td><td>1</td><td>0</td><td></td><td></td></tr>
<tr><td>焊缝宽度 标准/mm</td><td>>9, ≤10</td><td>>11, ≤12</td><td>>12, ≤13</td><td>>13, ≤14</td><td></td><td></td></tr>
<tr><td>分数/分</td><td>5</td><td>3</td><td>2</td><td>0</td><td></td><td></td></tr>
<tr><td>焊缝宽窄差 标准/mm</td><td>≤1</td><td>>1, ≤1.5</td><td>>1.5, ≤2</td><td>>2</td><td></td><td></td></tr>
<tr><td>分数/分</td><td>2.5</td><td>1.5</td><td>1</td><td>0</td><td></td><td></td></tr>
<tr><td>咬边 标准/mm</td><td>无咬边</td><td>深度<0.5且长度≤10</td><td>深度<0.5且长度≤20</td><td>深度>0.5或长度>20</td><td></td><td></td></tr>
<tr><td>分数/分</td><td>5</td><td>3</td><td>2</td><td>0</td><td></td><td></td></tr>
<tr><td>气孔 标准/mm</td><td>无气孔</td><td>气孔≤0.5 数目:1个</td><td>气孔≤0.5 数目:2个</td><td>气孔≤0.5 数目:>2</td><td></td><td></td></tr>
<tr><td>分数/分</td><td>5</td><td>3</td><td>2</td><td>0</td><td></td><td></td></tr>
<tr><td>表面成形 标准</td><td>优</td><td>良</td><td>一般</td><td>差</td><td></td><td></td></tr>
<tr><td>分数/分</td><td>10</td><td>6</td><td>4</td><td>0</td><td></td><td></td></tr>
<tr><td rowspan="4">反面</td><td>焊缝高度</td><td colspan="2">0~3 mm 5分</td><td colspan="2">>3 mm 或 <0 0分</td><td></td><td></td></tr>
<tr><td>咬边</td><td colspan="2">无咬边 5分</td><td colspan="2">有咬边 0分</td><td></td><td></td></tr>
<tr><td>凹陷</td><td colspan="2">无内凹 10分</td><td colspan="2">深度≤0.5 mm，每2 mm 长扣0.5分
深度>0.5 mm 0分</td><td></td><td></td></tr>
<tr><td>焊瘤</td><td colspan="4">无焊瘤5分 有焊瘤0分</td><td></td><td></td></tr>
<tr><td colspan="2">焊缝内部质量检验</td><td>按《焊缝无损检测 射线检测 第1部分：X和伽马射线的胶片技术》（GB/T 3323.1—2019）</td><td>I级片无缺陷/有缺陷</td><td>II级片</td><td>III级片</td><td>IV级片</td><td></td></tr>
<tr><td colspan="2"></td><td>40</td><td>40/35</td><td>30</td><td>20</td><td>0</td><td></td></tr>
<tr><td colspan="2">合计</td><td colspan="5" style="text-align:center">100分</td></tr>
</table>

检查项目	标准分数	焊缝等级				测量数值/mm	实际得分/mm
		I	II	III	IV		
焊缝外观成型评判标准							
优		良		中		差	
成型美观，焊缝均匀、细密，高低宽窄一致		成型较好，焊缝均匀、平整		成型尚可，焊缝平直		焊缝弯曲，高低、宽窄明显	

注：工件焊接未完成；表面修补及焊缝正反两面有裂纹、夹渣、气孔、未熔合缺陷；该件做 0 分处理

【榜样故事】

秦毅，中国船舶集团有限公司首席技师（图 4-41），获得中华技能大奖、全国技术能手、中央企业"百名杰出工匠"、中央企业劳动模范、全国优秀共青团员、中央企业青年成长成才身边的榜样、上海市五一劳动奖章、上海市十大工人发明家、上海工匠，以及中国船舶工业集团公司技术能手、中国船舶工业集团公司劳动模范、中国船舶集团公司优秀共产党员等荣誉，并先后申报成立上海市劳模技能创新工作室和上海市技能大师工作室，享受国务院政府特殊津贴。

图 4-41 秦毅

2003 年，作为连续两届中船集团焊接冠军，秦毅参加了第六届"工程建设杯"全国焊接比赛，技冠群雄，夺得全国中央企业组第一名，成为中国船舶集团最年轻的全国技术能手。兄弟单位都羡慕地说："秦毅在，我们就只能争第二了。"

2004 年，24 岁的秦毅经过层层选拔被选派前往日本三井造船厂学习。当时国内还是空白的殷瓦焊接技术，通常一名优秀焊工练习 3 个月殷瓦焊接都难以通过培训考试，而秦毅在 1 个月内就掌握并消化了此项本领，成为中国第一个合格殷瓦钢焊工。LNG 船用于运输 −163 ℃ 的液化天然气，因其建造难度极大，被誉为造船"皇冠上的明珠"。殷瓦钢焊接更是核心建造难点，它是一种耐超低温不膨胀特殊不锈钢材料，厚度仅有 0.7 mm，薄如纸片。全船殷瓦焊缝总长约为 130 km，焊后需进行 6 项严格密性试验，并保证 100% 无泄漏。

作为国内殷瓦焊接 G 证第一人的秦毅出任了全国第一批殷瓦焊工培训总教头，他编制了完整的培训方案，重基础、重创新，为中国第一艘 LNG 船成功建造提供了技术人才保障。同时他还将殷瓦自动焊、手工平焊、手工立焊、手工仰焊等不同工位的施焊方法整理成工艺规范和作业指导书，这是国内唯一的殷瓦焊接技术规范，是建造 LNG 船的"宝典"级教材。

（资料来源：青春上海微信公众号——《秦毅：造船焊接领域的开路先锋》）

项目五　埋弧焊技能训练

◎学习目标：了解埋弧焊的特点；熟悉埋弧电焊机的操作；掌握埋弧焊焊接参数的调节方法；掌握平敷埋弧焊的操作技能。

◎学习重点：埋弧焊焊接参数的调节方法；平敷埋弧焊的操作技能。

◎学习难点：平敷埋弧焊的操作技能。

【任务描述】

本任务通过熔敷平焊操作练习，学习埋弧焊常用的工具、辅具的使用方法，初步掌握埋弧焊的基本操作技术。

平敷焊工件如图 5-1 所示，板件材料为 Q235B 钢板，规格为 300 mm × 200 mm × 14 mm。

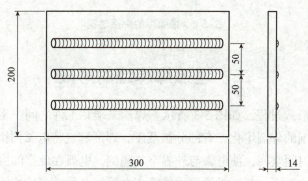

图 5-1　平敷焊训练工件

技术要求如下：

（1）焊接方法采用埋弧焊。

（2）工件材料为 Q235B 钢板，焊材为 H08A。

（3）焊接位置：水平位置；接头形式：敷焊。

【任务分析】

平敷焊是工件处于水平位置时，在工件上堆敷焊道的一种操作方法。通过焊接参数的调节，来控制焊缝形状，完成焊接过程，从而熟悉埋弧电焊机的基本操作方法，同时还要熟悉安全操作规程。

一、埋弧焊的基本原理

埋弧焊的焊接过程，如图5-2所示。焊接开始时，焊接电弧在焊丝与工件之间燃烧，送丝机构将焊丝经过导电嘴送至电弧区，并保持焊丝的下送速度与熔化速度相等；同时，焊剂自漏斗流出后均匀地堆敷在电弧区周围，堆积成 40～60 mm 的焊剂带，焊接电弧在焊剂层下燃烧。完成焊接后，形成焊缝和坚硬的渣壳，未熔化的焊剂可回收使用。焊接时，电焊机的启动、引弧、送丝、机头（或工件）的移动等全过程由电焊机进行机械化控制，焊工只需要按动相应的按钮即可完成焊接工作。

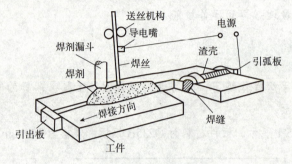

图 5-2　埋弧焊的焊接过程

二、埋弧焊焊缝的形成

埋弧焊的焊缝形成过程，如图5-3所示。焊丝末端和工件之间产生电弧后，电弧的辐射热使焊丝末端周围的焊剂熔化，有部分被蒸发，焊剂蒸气将电弧周围的熔化焊剂——熔渣排开，形成一个封闭空间，使电弧与外界空气隔绝，电弧在此空间内继续燃烧，焊丝便不断熔化，并以滴状落下，与工件被熔化的液态金属混合形成焊接熔池。随着焊接过程的进行，电弧向前移动，焊接熔池也随之冷却而凝固，最终形成焊缝。密度较小的熔渣浮在熔池的表面，冷却后成为渣壳。

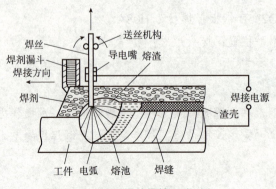

图 5-3　埋弧焊的焊缝形成过程

埋弧焊与焊条电弧焊的主要区别在于其引弧、维持电弧稳定燃烧、送进焊丝、电弧的移动，以及焊接结束时填满弧坑等动作，全部都是利用机械自动进行的。

【任务实施】

一、安全检查

（1）正确穿戴劳保用品，劳保用品必须完好无损。

（2）电源和控制箱的壳体必须可靠接地。

（3）清除焊车行走通道上可能与工件短路的金属物件，避免因短路中断焊接。

（4）按"启动"按钮前，应放好焊剂，以免出现明弧。

（5）接通电源后，不可触及电缆接头、焊丝、导电嘴、焊丝盘及支架等带电体，防止触电。

（6）焊接时，应能及时排除烟尘、粉尘等有害气体。

（7）在实作过程中督促、检查劳保用品的穿戴和安全操作规程的执行情况。

二、焊前准备

1. 工件准备

Q235B 钢板，300 mm × 200 mm × 14 mm，一块。矫平并清理板件正反两侧油污、铁锈、水分及其他污染物，至露出金属光泽。沿 300 mm 长度方向每隔 50 mm 画一道粉线作为平敷埋弧道准线。

2. 焊接材料准备

焊剂 HJ431，焊前进行烘干；焊丝 H08A，ϕ 4 mm。

3. 焊接设备

MZC-1250F 型埋弧电焊机。

4. 焊接参数

平敷埋弧焊焊接参数，见表 5-1。

表 5-1　平敷埋弧焊焊接参数

焊丝直径 /mm	焊接电流 /A	电弧电压 /V	焊接速度 / (m·h^{-1})
4	640 ~ 680	34 ~ 36	36 ~ 40

三、焊接操作

调整轨道位置，使焊接小车轨道中心线与工件中心线相平行，将焊接小车放在轨道上。将焊丝盘固定好，然后把焊剂装入焊剂漏斗。接通焊接电源和控制箱电源。调整导电嘴，距离被焊钢板 30 mm 左右。调整焊丝对准钢板上施画的粉线，往返拉动焊接小车，使焊丝对准整条粉线。将焊接小车推至焊接开始位置，按动"送丝"按钮，使焊丝向下对准待焊处中心并与工件表面轻轻接触。调节焊接参数，选择焊丝直径为 4 mm；调节焊接电流为 640～680 A；调节焊接电压为 34～36 V；调节焊接速度为 36～40 m/h。打开焊剂漏斗阀门，使焊剂堆敷在始焊部位，并等待焊剂堆满。

按下"启动"按钮，焊丝会自动向上提起，随即焊丝与工件之间产生电弧，当达到电弧电压给定值时，焊丝便向下送进。当焊丝的送给速度与焊丝熔化速度同步后，焊接过程稳定。此时，扳动离合器，使主动轮与焊接小车减速器相连接，焊接小车也开始沿轨道行走，电焊机进入正常的焊接。在焊接过程中，应随时观察控制盘上的电流表和电压表数值的变化。如果电流表和电压表的指针摆动很小，表明焊接过程稳定。

当到达焊缝终点时，先轻轻往里按"停止"按钮，使焊丝停止输送，然后按到底，切断电源。再扳动离合器，使焊接小车停止运动。将焊接小车推离工件，回收焊剂，清理渣壳。

四、现场清理

焊接结束后，关闭焊接电源。清扫场地，按规定摆放工具，整理焊接电缆，确认无安全隐患，并做好使用记录。

五、工件清理与质量检验

清理焊缝表面渣壳，将焊好的工件用钢丝刷反复拉刷焊道，除去焊缝氧化层。严禁破坏焊缝原始表面，禁止用水冷却。

对焊缝表面质量进行目视检验，使用 5 倍放大镜观察表面是否存在缺陷，并使用焊缝检验尺对焊缝进行测量，测量结果应满足要求。

【任务评价】

平敷埋弧焊评分标准，见表 5-2。

表 5-2 平敷埋弧焊评分标准

序号	评分项目	评分标准	配分	得分
1	焊缝宽度差	≤ 2 mm，否则全扣	30	
2	焊缝平直程度	≤ 2 mm，否则全扣	30	
3	夹渣、气孔	缺陷尺寸≤ 1 mm，每个扣 5 分；缺陷尺寸≤ 2 mm，每个扣 8 分；缺陷尺寸≤ 3 mm，每个扣 10 分；缺陷尺寸≥ 3 mm，每个扣 15 分	40	
		总分	100	

任务二　板对接水平双面埋弧焊技能训练

◎学习目标：了解埋弧焊 I 坡口板对接的特点；学习板对接水平双面埋弧焊的基本操作技能。

◎学习重点：板对接水平双面埋弧焊的技术要求及操作要领。

◎学习难点：板对接水平双面埋弧焊的技术要求及操作要领。

【任务描述】

按图 5-4 的要求，学习板对接水平双面埋弧焊的基本操作技能，完成工件的实作任务，达到工件图样技术要求。

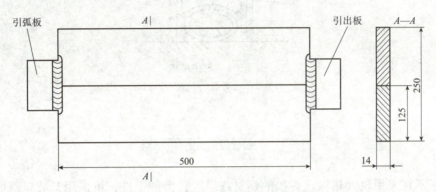

图 5-4　板对接水平双面埋弧焊工件图

技术要求如下：

（1）对接双面焊缝要焊透。

（2）根部间隙不大于 0.8 mm，错边量不大于 0.5 mm。

（3）正、背面焊缝的焊缝宽度 $c = 20 \text{ mm} \pm 2 \text{ mm}$，焊缝余高 $h = 2 \text{ mm} \pm 1 \text{ mm}$。

（4）引弧板、引出板的尺寸均为 100 mm × 60 mm × 14 mm，焊前用焊条电弧焊定位焊。

【任务分析】

双面焊是埋弧焊对接接头的最主要的焊接技术，适用于中厚板的焊接。在焊接埋弧焊双面焊的第一面时，既要保证一定的熔深，又要防止熔化金属的流溢或烧穿工件，焊接时必须采取一定的工艺措施，以保证焊接过程的顺利进行。

板对接双面埋弧焊可分为以下几种。

一、不留间隙双面焊

不留间隙双面焊就是在焊接第一面时工件背面不加任何衬垫或辅助装置，因此也称为悬空焊接法。为防止液体金属从间隙中流失或引起工件烧穿，要求工件在装配时不留间隙或只留很小的间隙（一般不超过 1 mm）。

二、预留间隙双面焊

预留间隙双面焊是在装配时根据工件的厚度预留一定的装配间隙，为防止液体金属的流溢，焊缝背面应衬以焊剂垫，如图 5-5 所示，并需采取措施使其沿焊缝长度方向与工件贴合，且压力均匀。

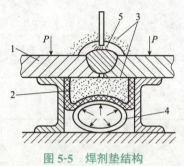

图 5-5　焊剂垫结构

1—工件；2—石棉板；3—焊剂；4—充气橡皮管；5—熔渣

三、开坡口双面焊

对于不宜采用较大热输入焊接的钢材或厚度较大的工件，可采用开坡口双面焊。对于开坡口的工件，焊接第一面时，可采用焊剂衬垫。当无法采用焊剂衬垫时，可采用悬空焊，此时坡口应加工平整，同时保证坡口间隙大于 1 mm，并有一定的钝边，防止熔化金属流溢或工件烧穿。

四、焊条电弧焊封底埋弧焊盖面

当工件不能翻身进行双面焊，又不便采用其他单面焊工艺时，经常采用焊条电弧焊先仰焊封底，再用埋弧焊焊正面焊缝的方法。这种方法主要用于船体建造总段合拢时甲板焊缝和双层底焊缝的焊接。此外，对于重要的构件，也经常采用 TIG 焊打底，再用埋弧焊盖面的焊接方法。

【任务实施】

一、安全检查

同项目任务一。

二、焊前准备

1. 工件准备

Q235B 钢板，500 mm × 125 mm × 14 mm，两块，装引弧板及引出板，100 mm × 60 mm × 14 mm，各一块。矫平并清理板件正反表面焊缝 20 mm 范围内的油污、铁锈、水分及其他污染物，直至露出金属光泽。

2. 焊接材料准备

焊丝 H08A，ϕ 4 mm；焊剂 HJ431，使用前在 250 ℃下烘干 2 h；定位焊用焊条 E4315，ϕ 4 mm。焊接材料应按规定要求去除表面的油、锈等污物。

3. 焊接设备

MZC-1250F 型埋弧电焊机。

4. 工件装配

要求工件装配平整，装配间隙为 2 ～ 3 mm，预置反变形量 3°，错边量 ≤ 1.2 mm。先进行定位焊，然后在工件两端焊引弧板和熄弧板，焊后对装配位置和定位焊质量进行检查。

5. 焊接参数

板对接水平双面埋弧焊焊接参数，见表 5-3。

表 5-3　板对接水平双面埋弧焊焊接参数

焊缝	焊丝直径 /mm	焊接电流 /A	电弧电压 /V	焊接速度 / (m · h⁻¹)
背面焊	4	700 ～ 750	32 ～ 34	30
正面焊		800 ～ 850		

三、焊接操作

焊接顺序是先将工件放在水平位置焊剂垫上进行平焊，并采用二层二道双面焊，焊完正面焊缝后清渣，再焊接反面焊缝。

1. 正面焊

调试好焊接参数，在间隙小（2 mm）的一端引弧板上引弧。操作步骤如下。

（1）装焊剂垫。焊剂垫的焊剂牌号与工艺要求的焊剂相同，要求与工件贴合，并且压力均匀，防止出现漏渣和液态金属下淌造成焊穿。工件装在焊剂垫上，如图 5-5 所示。

（2）焊丝对中。调节焊接小车轨道中线与工件中线相平行，往返拉动焊接小车，使焊丝始终处于整条焊缝的间隙中心线上。

（3）引弧。将小车推至引弧板端，锁紧小车行走离合器，按"送丝"按钮，使焊丝与引弧板可靠接触。打开焊剂漏斗阀门给送焊剂直至覆盖住焊丝伸出部分，按"启动"按钮开始焊接，观察焊接电流表与电压表读数，是否与参数相符，应随时调整。焊剂在焊接过程中必须覆盖均匀，不应过厚，也不应过薄而漏出弧光。小车行走速度应均匀，防止电缆的缠绕阻碍小车的行走。

（4）收弧。当熔池全部达到引出板后，开始收弧：先关闭焊剂漏斗，再按下一半"停止"按钮，使焊丝停止给送，小车停止前进，但电弧仍在燃烧，以使焊丝继续熔化来填满弧坑；估计弧坑将要填满时，全部按下"停止"按钮，电弧完全熄灭，结束焊接。

（5）清渣。焊完每一层焊道后，必须清除渣壳，回收焊剂，检查焊道质量，背面焊缝熔深要求达到工件厚度的 40%～50%，如果熔深不够，则应加大间隙，增加焊接电流或减小焊接速度。

2. 背面焊

将工件翻转 180°，进行背面焊缝的焊接，其焊接步骤和要求同正面焊，但需注意以下两点。

（1）为防止未焊透或夹渣，要求正面焊缝的熔深达 60%～70%，通常用加大电流方式实现，这也是焊正面焊的电流比较大的原因。

（2）在焊接背面焊缝时不再垫焊剂垫，直接进行焊接，此时可以凭经验观察熔池背面焊接过程中的颜色来估计熔深。工件装配如图 5-6 所示。

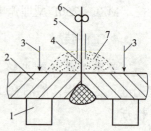

图 5-6　背面焊装配示意

1—支撑垫；2—工件；3—压紧力；
4—焊丝管；5—导电嘴；
6—送丝滚轮；7—预放焊剂

四、现场清理

焊接结束后，关闭焊接电源。清扫场地，按规定摆放工具，整理焊接电缆，确认无安全隐患，并做好使用记录。

五、工件清理与质量检验

清理焊缝表面渣壳，将焊好的工件用钢丝刷反复拉刷焊道，除去焊缝氧化层。严禁破坏焊缝原始表面，禁止用水冷却。

对焊缝表面质量进行目视检验，使用 5 倍放大镜观察表面是否存在缺陷，并使用焊接检验尺对焊缝进行测量，测量结果应满足要求。

【任务评价】

板对接水平双面埋弧焊评分标准，见表 5-4。

表 5-4　板对接水平双面埋弧焊评分标准

序号	评分项目	评分标准	配分	得分
1	焊缝宽度差	≤ 3 mm，每超 1 mm，扣 2 分	5	
2	焊缝余高	1 ～ 4 mm，每超 1 mm，扣 2 分	5	
3	咬边	深度 >0.5 mm，扣 5 分；深度 <0.5 mm，每 3 mm 长扣 2 分	5	
4	焊缝成型	要求波纹细、均匀、光滑，不符合要求酌情扣分	5	
5	未焊透	深度 >1.5 mm，扣 5 分；深度 <1.5 mm，每 3 mm 长扣 2 分	5	
6	起焊熔合	要求起焊饱满、熔合好，不符合要求酌情扣分	5	
7	弧坑	出现一处扣 2 分	5	
8	接头	要求不脱节、不凸高，每处接头不良扣 2 分	5	
9	夹渣、气孔	缺陷尺寸≤ 1 mm，每个扣 1 分；缺陷尺寸≤ 2 mm，每个扣 2 分；缺陷尺寸≤ 3 mm，每个扣 3 分；缺陷尺寸≥ 3 mm，每个扣 5 分	5	
10	背面焊缝余高	1 ～ 4 mm，每超 1 mm 扣 2 分	5	
11	错边	≤ 1.2 mm，否则全扣	5	
12	角变形	≤ 3°，否则全扣	5	
13	裂纹、焊瘤、烧穿	任出一项，扣 20 分	5	
14	焊缝内部质量检查	按《焊缝无损检测 射线检测 第 1 部分：X 和伽马射线的胶片技术》（GB/T 3323.1—2019）。I 级片无缺陷不扣分；I 级片有缺陷扣 5 分；II 级片扣 10 分；III 级片扣 20 分；IV 级片扣 40 分	40	
总分			100	

任务三　T 形接头平角焊技能训练

◎学习目标：了解 T 形接头平角埋弧焊的特点和适用范围；学习 T 形接头平角埋弧焊的基本操作技能。

◎学习重点：T 形接头平角埋弧焊的基本操作技能。

◎学习难点：T 形接头平角埋弧焊的基本操作技能。

【任务描述】

按图 5-7 的要求，学习 T 形接头平角埋弧焊的基本操作技能，完成工件的实作任务，达到工件图样技术要求。

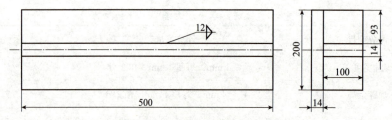

图 5-7　T 形接头平角焊工件图

技术要求如下：

（1）焊脚尺寸为 12 mm。

（2）加装引弧板、引出板，焊前用焊条电弧焊定位焊。

【任务分析】

角焊缝主要出现在 T 形接头和搭接接头中，按其焊接位置可分为船形焊和平角焊两种。

由于工件太大，不易翻转或其他原因不能在船形焊位置上进行焊接，才采用平角焊，即焊丝倾斜。平角焊的优点是对工件装配间隙的敏感性较小，即使间隙较大，一般也不会产生金属溢流现象。其缺点是单道焊缝的焊脚尺寸不能超过 8 mm。当焊脚要求大于 8 mm 时，必须采用多道焊或多层多道焊。角焊缝的成型与焊丝和工件的相对位置关系很大，当焊丝位置不当时，易产生咬边、焊偏或未熔合等现象。因此焊丝位置要严格控制，一般焊丝与水平板的夹角 α 应保持为 45°～75°，通常为 60°～70°，并选择距竖直面适当的距离。电弧电压不宜过高，这样可使焊剂的熔化量减少，防止熔渣溢流。使用细焊丝能保证电弧稳定，并可以减小熔池的体积，以防止熔池金属溢流。平角焊缝埋弧焊示意，如图 5-8 所示。

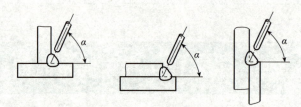

图 5-8　平角焊缝埋弧焊示意

【任务实施】

一、安全检查

同项目任务一。

二、焊前准备

1. 工件准备

Q235B 钢板，500 mm×200 mm×14 mm，一块，500 mm×100 mm×14 mm，一块，装引弧板及引出板，各1块，尺寸为 100 mm×60 mm×14 mm。矫平并清理板件正反表面焊缝 20 mm 范围内的油污、铁锈、水分及其他污染物，直至露出金属光泽。

2. 焊接材料准备

焊丝 H08A，$\phi 4$ mm；焊剂 HJ431，使用前在 250 ℃下烘干 2 h；定位焊用焊条 E4315，$\phi 4$ mm。焊接材料应按规定要求去除表面的油、锈等污物。

3. 焊接设备

MZC-1250F 型埋弧电焊机。

4. 工件装配

按图 5-7 所示，划装配线，工件的根部装配间隙为 1 ～ 1.5 mm。先在工件两面进行定位焊，定位焊缝长 10 ～ 15 mm，然后在工件两端焊引弧板和熄弧板，如图 5-9 所示。焊后对装配位置和定位焊质量进行检查。

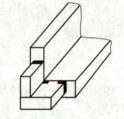

图 5-9　平角焊装配定位焊示意

5. 焊接参数

T 形接头平角埋弧焊焊接参数，见表 5-5。

表 5-5　T 形接头平角埋弧焊焊接参数

焊缝道数	焊丝直径 /mm	焊接电流 /A	焊接电压 /V	焊接速度 / (m·h⁻¹)
1	4	700 ～ 750	36 ～ 39	20 ～ 30
2		650 ～ 700	36 ～ 38	

三、焊接操作

1. 第一道焊缝的焊接

（1）安放焊剂。先在焊缝的引弧处和收尾处堆放足够的焊剂，在焊接过程中应保持工件正面贴紧焊剂，防止工件因变形而与焊剂脱离后产生焊接缺陷。

（2）焊丝对中检查。调节电焊机机头，使焊丝伸出端处于焊缝的中心线上。松开焊接小车离合器，往返拉动小车，保持焊丝始终处于整条焊缝的中心线上；若有偏离，应调整电焊机机头或工件的位置。焊丝与立板的夹角 α 应保持为 15°～ 45°，通常为 20°～ 30°，如图 5-10 所示。

（3）引弧。将小车拉至引弧板一端，锁紧小车离合器；接通焊接电源，按动控制器盘上的"送丝"按钮，使焊丝与引弧板可靠接触；给送焊剂，并使焊剂覆盖住焊丝伸出部分的起焊部位。在空载状态下调节焊接参数，达到要求值。按下"启动"开关，引燃电弧。

图 5-10　平角焊时的焊丝角度

（4）焊接。引燃电弧后，开始焊接。焊接过程中应注意焊接电流、电压与选定的焊接参数相一致，如有偏差，及时调整到规定值。同时要注意焊剂的覆盖情况，要保持焊剂在焊接过程中必须覆盖均匀。小车行走速度应均匀，注意防止电缆缠绕而阻碍小车行走。

（5）收弧。焊接过程进行到熔池全部达到引出板后，分两步熄弧。第一步，先关闭焊剂漏斗，再按下一半"停止"按钮，使焊丝停止送进，此时电弧仍在燃烧，以使焊丝继续熔化填满弧坑；第二步，估计弧坑填满时，全部按下"停止"按钮，电弧全部熄灭，结束焊接。

（6）清渣。松开小车离合器，将小车推离工件，回收焊剂，清除熔渣，并检查焊缝外观质量。

2. 第二道焊缝焊接

用同样的方式焊接第二道焊缝。

四、现场清理

焊接结束后，关闭焊接电源。清扫场地，按规定摆放工具，整理焊接电缆，确认无安全隐患，并做好使用记录。

五、工件清理与质量检验

清理焊缝表面渣壳，将焊好的工件用钢丝刷反复拉刷焊道，除去焊缝氧化层。严禁破坏焊缝原始表面，禁止用水冷却。

对焊缝表面质量进行目视检验，使用 5 倍放大镜观察表面是否存在缺陷，并使用焊接检验尺对焊缝进行测量，测量结果应满足要求。

【任务评价】

T 形接头平角埋弧焊评分标准，见表 5-6。

214

表 5-6　T 形接头平角埋弧焊评分标准

序号	评分项目	评分标准	配分	得分
1	焊脚尺寸	6～9 mm，每超 0.5 mm，扣 5 分	20	
2	两板之间的夹角	88°～92°，每超 1°，扣 5 分	10	
3	咬边	深度 >0.5 mm，扣 8 分；深度 <0.5 mm，每 3 mm 长扣 5 分	10	
4	焊缝成型	要求波纹细、均匀、光滑，不符合要求酌情扣分	10	
5	未焊透	深度 >1.5 mm，扣 8 分；深度 <1.5 mm，每 3 mm 长扣 5 分	10	
6	起焊熔合	要求起焊饱满、熔合好，不符合要求酌情扣分	10	
7	弧坑	出现一处扣 5 分	10	
8	接头	要求不脱节、不凸高，每处接头不良扣 5 分	10	
9	夹渣、气孔	缺陷尺寸 ≤ 1 mm，每个扣 2 分；缺陷尺寸 ≤ 2 mm，每个扣 4 分；缺陷尺寸 ≤ 3 mm，每个扣 6 分；缺陷尺寸 ≥ 3 mm，每个扣 5 分	10	
10	裂纹、焊瘤、烧穿	出现任何一项，扣 20 分	一	
	总分		100	

【榜样故事】

张冬伟，先后荣获 2005 年度中央企业职业技能大赛焊工比赛铜奖，2006 年第二十届中国焊接博览会优秀焊工表演赛一等奖，2012 年获中船集团公司"技术能手"称号，2013 年度"全国技术能手"称号。在公司举办的职工技能比赛中，他也屡次夺得桂冠，并带出了一批工人技术骨干，成为公司的技术骨干人才（图 5-11）。

图 5-11　张冬伟

梅花香自苦寒来

1998 年，张冬伟进入沪东中华所属的高级技工学校，学的是电焊专业。在学校期间，由于成绩优异，他被学校派出去参加了在上海船厂船舶有限公司举办的技术交流活动。

2001 年，张冬伟从技校毕业，进入沪东中华。他非常幸运，一进厂，就遇到名师——沪东中华最年轻的焊接高级技师、专家型人才、全国技术能手和中央企业劳动模范秦毅。当时，他和其他刚进入沪东中华的技校毕业生一起，被厂里组成一个小组，由师傅秦毅带着，到船上去工作。

工作后没多久，张冬伟便以其出色的表现获得了一个参加集训的机会。集训十分辛苦，有时为了干好一个焊接活，需要在钢板上连续工作七八个小时。在集训时，他亲眼目睹了秦毅单面焊双面成型的高超技艺。"当时我就感觉到焊接中的学问不少，很多东西自己还不知道，书本上也没有看到过，我就对自己说要努力向师傅学习。"他回忆说。在集训过程中，他作为一个新人，凭着"勤奋、认真、好学"的精神给秦毅和其他人留下了深刻的印象。更让张冬伟大开眼界的，是这段时间沪东中华为积极备战国内首艘 LNG 船建造所进行的大量高难度焊接技术培训。

LNG 船是国际上公认的高技术、高难度、高附加值的"三高"船舶，被誉为"造船工业皇冠上的明珠"，其建造技术曾经只有发达国家的极少数船厂掌握。研发建造 LNG 船是沪东中华人响应党中央关于早日把我国建设成为世界第一造船大国的号召，为实现中船集团公司"五三一"战略目标而进行的一次自我挑战，它对于推动和保障国家能源战略的实施，具有极为重要的意义。张冬伟是中国首批 LNG 船建造者之一，他从接触 LNG 船开始就立志为中国 LNG 船建造事业作出贡献。在建造过程中，张冬伟发扬了沪东中华"团结拼搏，争创一流"的企业精神，甘于吃苦，勇于奉献，用自己的聪明才智解决了一个又一个难题，为 LNG 系列船的顺利建造做出了突出贡献。

作为 LNG 船核心的围护系统，焊接是重中之重。承接 LNG 船对沪东中华来说是一个巨大的考验，国内没有先例可循，国外对我们又实行技术封锁，只能一步步在摸索中艰难前行。作为一名"80 后"焊工，张冬伟的技术水平和经验不比老师傅差，甚至要高出许多，因为他对焊接的喜爱促使他不断地用心去研究和创新，围护系统建造的高难度和高技术正需要他这样的人才。面对肩上的重担，张冬伟不断地磨砺自己，用高标准要求自己。围护系统使用的殷瓦大部分为 0.7 mm 厚的殷瓦钢，殷瓦焊接犹如在钢板上"绣花"，对人的耐心和责任心要求非常高，而他能够耐得住寂寞，潜心从事焊接工艺研究，不断地磨炼自己的心性，培养自己的专注度，短短几米长的焊缝，需要焊接五六个小时，如果不能沉下心来，根本就不能保质保量地完成任务。

围护系统建造首先涉及的是基座连接件 MO5 自动焊焊接。由于加工精度和造船技术与国外存在较大差异，原本在总组时焊接的连接件，要在大舱成型后才能焊接。这样原先焊后再背面涂装油漆的工艺被彻底推翻，为保证围护系统的顺利建造，张冬伟与技术人员放弃了休息时间，日夜埋头图纸堆中，经过不懈攻关，完成了 MO5 的工艺改动实验任务，并得到了船东和领导的一致好评。LNG 船液货舱围护系统液穹区域、不锈钢托架是非常重要的支撑部件，与船体的安装间隙为 4～7 mm，要求单面焊接双面成型，变形要求控制在 2 mm 以内，由于接触温度要低于 -40 ℃，采用普通的二氧化碳工艺，低温力学性能达不到 TIG 加丝焊要求。因托架的特殊结构，张冬伟只做了一些专用的背面保护工袋，以免氧化，焊接时温度严格控制在 15 ℃以下，有效地减小了变形与合金元素的烧损。实验取得了成功，得到了专利方法国 GTT 公司和美国 ABS 船级社的认可，并用于 LNG 船实船生产中，收到了良好的成效。

张冬伟在生产过程中非常注意经验的积累总结，国内没有现成的作业标准，他就不断摸索完善各类焊接工艺，先后参与编写了《14 万立方米 LNG 船殷瓦管十字连接件焊接工艺研究》《LNG 船殷瓦手工焊自动焊焊接工艺》《端部列板操作指导书及修补工艺》《MO2 自动焊与 MO3 凸缘螺柱自动焊产生的主要缺陷和修补方案》等作业指导书，为提高 LNG

船生产效率、保证产品质量发挥了积极作用。

坚持到底的魔力

这些年来，张冬伟从一名技校学生成长为顶尖的焊接技能人才，遇到了很多的困难和挑战。但是，他从来没有退缩过。他说不管面对多大的阻碍，都没有想到过放弃，一次都没有。

其实，在2005年参与国内首艘LNG船建造时，张冬伟才不过24岁，几个小时、十几个小时，就这样守在殷瓦板上，持续不断地进行焊接。正是那种不怕困难、坚持到底的信念，让张冬伟具有了远超过其年龄的耐心和韧性，也让他在这个原本十分艰苦和枯燥的岗位上，找到了很大的乐趣。

张冬伟坦言，造船行业与其他行业相比，并不光鲜，相反十分艰苦，来自外界的诱惑很多也很大，但坚持到底是他一贯的作风，他不会被外界的繁华所动。而且，他不到20岁就进入沪东中华技校，毕业后就在沪东中华工作，进厂后一直跟着师傅秦毅，此后一直参与建造LNG船，这些年来，是秦毅手把手地教他学技术，是沪东中华给了他参与建造高端产品的舞台，对秦毅、对沪东中华，他早已经有了深厚的感情，难以割舍。

十余年来，张冬伟以坚定的信念和朴实的作风，为企业的发展默默耕耘，用实际行动践行着自己的青春誓言，他要尽自己最大的努力提升技能水平，也要将自己的知识和经验毫无保留地传授给身边的同事，以培养更多的技术能手。通过师徒带教的形式，自2005年至2015年的10年间，张冬伟累计指导培训了焊接最高等级殷瓦G证、SP3\SP4\SP7等手工焊证，以及MO1～MO8氩弧焊自动焊工40余人，殷瓦拆板工6人，涉及围护系统焊接的各个焊接种类，满足了LNG船围护系统建造的各项需求，并先后带出了30余名熟练掌握多种焊接类型的复合型殷瓦焊工，其中2名已经是班组长，其余均为车间的技术骨干。

（资料来源：百度百科——《张冬伟》）

项目六　气焊与气割

◎学习目标：了解气焊的特点及应用范围；理解气焊的基本原理；掌握中性焰、碳化焰、氧化焰的调节方法；掌握气焊平敷焊的操作技术。

◎学习重点：中性焰、碳化焰、氧化焰的调节方法，气焊平敷焊的操作技术。

◎学习难点：气焊平敷焊的操作技术。

【任务描述】

本项目通过气焊平敷焊操作练习，学习气焊常用工具和辅具的使用方法，初步掌握中性焰、碳化焰、氧化焰的调节方法，掌握气焊平敷焊的基本操作技术。

平敷焊工件如图 6-1 所示，工件材料为 Q235B 钢板，规格为 200 mm×100 mm×4 mm。

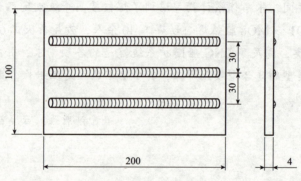

图 6-1　平敷焊工件图样

技术要求如下：

（1）焊接方法为气焊。

（2）工件材料为 Q235B 钢板，焊材为 H08A。

（3）焊接位置：水平位置；接头形式：敷焊。

【任务分析】

气焊是利用可燃气体与氧气混合燃烧所产生的热量，将被焊材料局部加热到熔化状态，另加填充金属而进行金属连接的一种焊接方法。

气焊比其他焊接方法加热温度低、速度慢，只适用于厚度为 0.5～3.5 mm 的薄钢板、薄壁管，以及熔点较低的非铁金属合金、铸铁件的焊接及硬质合金的堆焊，并广泛应用于被磨损零件的焊补。同时，气焊具有设备简单轻便、不需要电源等特点，适用于野外施工中的修理工作。

与电弧焊相比，气体火焰的温度低、热量分散。因此气焊的生产率低，焊接变形严重，接头热影响区宽，显微组织粗大，接头性能较差。气焊多为手工操作，对焊工有较高的操作技巧要求，劳动条件差。

【相关知识】

一、气瓶安全使用注意事项

（1）气瓶严禁接触、靠近油品、易燃易爆物品；开启时，操作者的身体和面部应避开出气口及减压器表盘。

（2）夏季使用、运输及储存气瓶时应防暴晒，并应远离热源；空、实瓶应分开放置。

（3）现场使用的气瓶应直立于地面上或放置到专用瓶架上，防止倾倒。

（4）储存及运输过程中，瓶阀上应戴安全帽；瓶身上应装防振圈；装、卸车及运输时，应避免撞击，要轻装轻卸。

（5）冬季使用时，若发生冻结或出气不畅，严禁用明火加热，只能用热水或蒸汽解冻。

二、气焊的操作

气焊的操作分为左焊法（焊枪自右向左焊接）和右焊法（焊枪自左向右焊接），如图6-2所示。采用左焊法时，焊枪指向未焊焊道，对焊缝起预热的作用，可提高焊接效率，而且便于观察焊缝；该方法对已焊焊缝的保护作用较差，且焊缝冷却快，适用于薄板和低熔点金属的焊接。此外，该方法易于掌握，应用较广泛。采用右焊法时，焊枪在焊丝前面，并指向已焊焊道，对焊缝起一定的保护作用，有利于改善焊缝的组织和性能；该方法的火焰能量集中，热效率高，易使熔池增宽，适用于厚板的焊接。

气焊操作的步骤：焊前准备→点火→预热（在钢板上形成熔池）→填充层焊接丝→连续焊接→收尾。

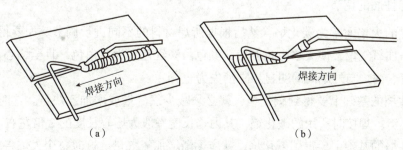

（a）　　　　　　　　　　　　（b）

图6-2　气焊的左、右焊法

（a）左焊法；（b）右焊法

【任务实施】

一、安全检查

（1）气焊场地内应无易燃易爆物品，注意穿戴好劳动保护用品。

（2）每个减压器上只能安装一把焊枪；新胶管使用前必须清理干净里面的灰尘及杂物，保证畅通。使用时，防止胶管沾上油脂或接触红热的金属。

（3）减压器（主要是氧气减压器）在冬天使用时，在温度过低的情况下易结冰，此时，不能用明火烤或用锤子敲击，可用热水或水蒸气进行处理。

（4）氧气瓶和乙炔瓶应间隔 5 m 以上，气瓶距明火的距离必须保持 6～10 m，并避免在阳光下暴晒和剧烈碰撞。

（5）用气焊焊接油箱或其他易燃、易爆介质的储存器时，必须将容器上的孔盖全部打开，并先用碱水将其冲洗干净，再用水蒸气或压缩空气吹干后方可施焊。

（6）乙炔能和氯或次氯酸盐等化合而发生燃烧和爆炸，因此，当乙炔燃烧发生火灾时，禁止用四氯化碳灭火器灭火。

二、焊前准备

（1）工件准备。Q235B 钢板，200 mm × 100 mm × 4 mm，一块。对工件表面的氧化皮、铁锈、油污等脏物用钢丝刷、砂布或砂纸进行清理，使工件露出金属光泽。

（2）焊接材料准备。焊丝牌号为 H08A，$\phi 1.6～2$ mm。

（3）焊接设备及工具。乙炔气瓶、氧气瓶、射吸式焊炬；打火枪、小锤、钢丝钳等。

三、氧乙炔火焰的调节

正确地调节和选用氧乙炔火焰，对保证焊接质量非常重要，所以焊接时应合理地选用火焰，以得到理想的焊接接头。

氧乙炔火焰的调节包括火焰性质的调节和火焰能率的调节。

1. 火焰性质的调节

刚点燃的火焰通常为碳化焰，然后根据所焊材料的不同进行调节。如要得到中性焰，就应逐步增加氧气量，使火焰由长变短，颜色由淡红色变为蓝白色，直至焰心及外焰的轮廓特别清楚、内焰与外焰间的明显界限消失为止。

在中性焰的基础上要得到碳化焰，就必须减少氧气量或增加乙炔量。这时火焰变长，焰心轮廓不清。焊接时所用的碳化焰，其内焰长度一般为焰心长度的 2 倍左右。

在中性焰的基础上要得到氧化焰，就应逐渐增加氧气量。这时整个火焰将缩短，当听到有急速的"嘶嘶"声时便是氧化焰。氧乙炔焰的种类、外形及构造，如图 6-3 所示。

2. 火焰能率的调节

气焊火焰能率是指每小时混合气体的消耗量（L/h）。气焊中，根据工件厚度及热物理性能等的不同，选择不同的焊炬型号及焊嘴号码，并通过调节阀门来调节氧乙炔混合气体的流量，以得到不同的火焰能率。当要减小中性焰或氧化焰的能率时，应先调节氧气阀门以减少氧气的流量，然后调节乙炔阀门以减少乙炔的流量。当要增加火焰能率时，应先调节乙炔阀门以增加乙炔流量，然后调节氧气阀门增加氧气流量。调节碳化焰能率的方法与上述顺序相反。

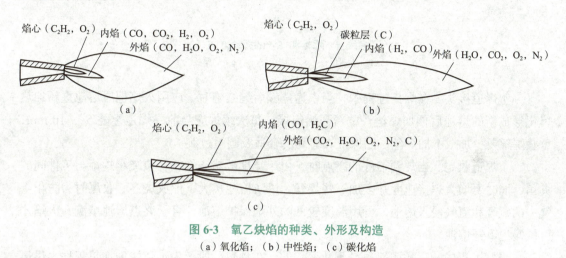

图 6-3　氧乙炔焰的种类、外形及构造
（a）氧化焰；（b）中性焰；（c）碳化焰

四、气焊过程

（1）焊道起头。用中性焰，左焊法，即将焊炬由右向左移动，使火焰指向待焊部分；填充层焊接丝，使焊丝的端部位于火焰的前下方距焰心 3 mm 左右的位置。

焊道起头时，由于刚开始加热，工件的温度低，焊炬倾斜角应大些，这样有利于对工件进行预热；同时，在始焊处应使火焰往复移动，以保证焊接处加热均匀。在熔池未形成前，操作者要密切观察熔池的形成，并将焊丝端部置于火焰中进行预热，待工件由红色变成白亮而清晰的熔池时，便可熔化焊丝，将焊丝熔滴滴入熔池，而后立即将焊丝抬起，火焰向前移动，形成新的熔池。

（2）焊炬和焊丝的运动。为了获得优质、美观的焊缝并控制熔池的热量，焊炬和焊丝应做均匀、协调的摆动。这样既能使焊缝边缘良好熔透，并控制液体金属的流动，使焊缝成型良好，又不至于使焊缝产生过热的现象。

焊炬和焊丝的运动包括三个动作，即沿工件接缝的纵向移动，以便不间断地熔化工件和焊丝，形成焊缝；焊炬沿焊缝做横向摆动，充分地加热工件，并借混合气体的冲击力，把液体金属搅拌均匀，使熔渣浮起，得到致密性好的焊缝；焊丝在垂直焊缝的方向送进并做上下移动，以调节熔池热量和焊丝的填充量。

焊炬和焊丝在操作时的摆动方法和幅度，要根据工件材料的性质、焊缝位置、接头形式及板厚等进行选择。焊炬与焊丝的摆动方法，如图6-4所示。

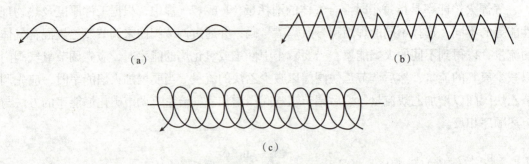

图6-4　焊炬和焊丝的摆动方法
（a）焊薄板；（b）焊中厚板；（c）焊厚板

（3）焊道接头。在焊接过程中，当中途停顿后继续施时，应用火焰把原熔池重新加热熔化形成新的熔池后再加焊丝，重新开始焊接，每次续焊应与前一焊道重叠5～10 mm，重叠焊道要少加或不加焊丝，以保证焊缝高度合适及圆滑过渡。

（4）焊道收尾。当焊到工件的终点时，由于端部散热条件差，应减小焊炬与工件间的夹角，同时要增大焊接速度并多加一些焊丝，以防熔池扩大，形成烧穿。收尾时为防止空气中的氧气和氮气侵入熔池，可用温度较低的外焰保护熔池，直至终点熔池填满，火焰才可缓慢地离开熔池。

在焊接过程中，焊嘴倾斜角是不断变化的。在预热阶段，为了较快地加热工件，迅速形成熔池，焊炬倾斜角为50°～70°；在正常焊接阶段，焊炬倾斜角通常为30°～50°；在结尾阶段，焊炬倾斜角则为20°～30°，如图6-5所示。

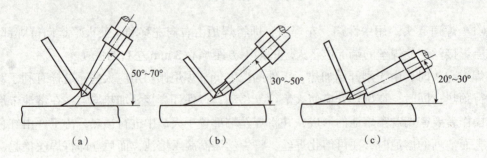

图6-5　焊嘴倾斜角在焊接过程中的变化
（a）焊前；（b）焊接过程中；（c）结尾时

（5）注意事项。

1）在练习过程中，焊炬和焊丝的移动要配合好，焊道的宽度、高度和直线度必须均匀、整齐，表面的波纹要规则、整齐，没有焊瘤凹坑、气孔等缺陷。

2）焊缝边缘和母材要圆滑过渡。

3）用左焊法练习焊道达到要求后，可进行右焊法练习，直至达到技术熟练、焊道笔直、成型美观。

五、现场清理

焊接结束后，关闭气瓶阀门。清扫场地，按规定摆放工具，整理输气管，确认无安全隐患，并做好使用记录。

【任务评价】

平敷气焊评分标准，见表 6-1。

表 6-1　平敷气焊评分标准

序号	评分项目	评分标准	配分	得分
1	能正确执行安全技术操作规程	按达到规定的标准程度评定，根据现场纪律，视违反规定程度扣 1～5 分	5	
2	按有关文明生产的规定，做到工作地面整洁、工件和工具摆放整齐	按达到规定的标准程度评定，根据现场纪律，视违反规定程度扣 1～5 分	5	
3	焊缝余高	1～2 mm，每超差 0.5 mm 扣 2 分	15	
4	焊缝余高差	0～1 mm，每超差 0.5 mm 扣 2 分	15	
5	焊缝表面无气孔、夹渣、焊瘤	焊缝表面有气孔、夹渣、焊瘤中的任意一项扣 5 分	15	
6	焊缝表面无咬边	咬边深度 ≤ 0.5 mm，每长 2 mm 扣 1 分；咬边深度 >0.5 mm，不得分	15	
7	背面焊缝无凹坑	凹坑深度 ≤ 2 mm，每长 5 mm 扣 2 分；凹坑深度 >2 mm 不得分	15	
8	焊缝表面成型；波纹均匀、焊缝坡度	视波纹不均匀、焊缝不直扣 1～15 分	15	
	总分		100	

任务二　气割技能训练

◎学习目标：了解气割的特点及应用范围；理解气割原理；掌握气割的基本操作技术。
◎学习重点：气割的基本操作技术。
◎学习难点：气割的基本操作技术。

【任务描述】

在生产实践中，气割是常用的金属切割及工件坡口加工方法。本任务主要学习金属气割的操作技能，掌握金属气割的操作技术，完成金属切割及工件坡口加工任务。

切割材料为 Q235B 钢板，500 mm×200 mm×12 mm，一块。

【任务分析】

气割是利用气体火焰的热能，将工件切割处预热到一定温度后（燃点），喷出高速切割氧流，使其燃烧并放出热量，并利用切割氧的高压吹走燃烧产物，从而实现切割的加工方法。

1.氧气切割的三个过程

（1）预热。用预热火焰将切割处的金属加热到燃点。

（2）燃烧。向被切割处的金属喷射切割氧，使其燃烧。

（3）吹渣。金属燃烧生成氧化物熔渣并产生反应热，熔渣被切割气流吹走。在吹渣的同时，火焰仍在进行着预热、燃烧的过程，直至将金属逐渐割穿，形成分离。

2.氧气切割的条件

（1）金属在氧气中的燃点低于它的熔点。

（2）金属气割时形成氧化物的熔点低于金属本身的熔点。

（3）金属在切割氧射流中的燃烧是放热反应。

（4）金属的导热性不应太高。

（5）金属中阻碍气割进行和提高钢的淬透性的杂质要少。碳、铬、硅等元素的含量较少，因为随着含碳量的增加，气割将变得困难。

【相关知识】

一、气割设备及工具

气割的工具主要包括氧气瓶、乙炔瓶、气体减压器、回火保险器和割枪（割炬）。其中，氧气瓶、乙炔瓶、气体减压器、回火保险器与气焊中的相同。

1.割炬

割炬的作用是将可燃气体与氧气以一定的比例和方式混合后，形成具有一定热量和形状的预热火焰，并在预热火焰的中心喷射气割氧气进行金属的气割。

按可燃气体与氧气混合方式的不同，割炬分为射吸式割炬和等压式割炬。目前常用的是射吸式割炬，如图6-6所示。

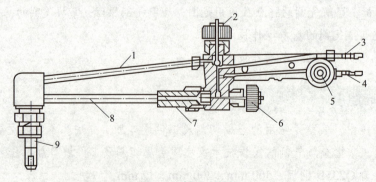

图6-6　射吸式割炬

1—切割氧气管；2—切割氧气阀；3—氧气管；4—乙炔管；5—乙炔调节器；

6—氧气调节器；7—射吸管；8—混合气管；9—割嘴

每种型号的割炬都配有 3 ～ 4 个不同孔径的割嘴。割嘴按结构分为环形（组合式）和梅花形（整体式）两种，割嘴的形状如图 6-7 所示。

2. CG1-30 型半自动气割机

CG1-30 型半自动气割机是目前常用的半自动气割机，其外形如图 6-8 所示。它适用于工作量大且集中的气割工作，是一种结构简单、操作方便的小车式半自动气割机。切割时，小车带动割嘴在专用轨道上自动移动，割嘴可进行直线切割；当轨道呈一定的曲率时，割嘴还可以进行一定曲率的曲线气割。

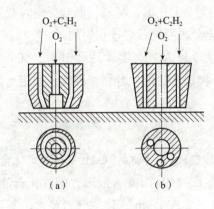

图 6-7　割嘴的形状
（a）环形；（b）梅花形

图 6-8　CG1-30 型半自动气割机

3. 气割辅助工具

（1）橡胶管。氧气管为黑色，乙炔管为红色。氧气管允许的工作压力为 1.5 MPa，乙炔管的工作压力为 0.5 MPa，两者的强度不同，严禁交换使用。橡胶管的长度不得小于 5 m，以 10 ～ 15 m 为宜。通常氧气管的内径为 8 mm，乙炔管的内径为 10 mm。

（2）护目镜。护目镜主要用于保护眼睛不受亮光的刺激和防止金属粒溅入。镜片的颜色和深浅用色号区分，一般宜用 3 ～ 7 号的黄绿色镜片。

（3）点火枪。使用点火枪点火最为安全和方便。当使用打火机和火柴时，必须将火种从割嘴（或焊嘴）的后面送入，以免被烧伤。

4. 其他工具

（1）清理切口的工具有钢丝刷、锤子、锉刀。
（2）连接和启闭气体通路的工具有钢丝钳、金属丝、皮管夹头、扳手等。
（3）钢制通针用于清理焊缝和割嘴，以便清除堵塞。

二、气割所用材料及安全事项

1. 氧气

氧气是气割时必须使用的气体，在常温和标准大气压下是无色、无味的，其密度为

1.43 kg/m³，比空气密度略大。当温度降到 -183 ℃时，氧气变成淡蓝色的液体。气焊和气割对氧气的要求是纯度越高越好。一般工业用气体氧的纯度分为两级：一级纯度的质量分数不低于 99.5%，常用于质量要求较高的气焊（气割）；二级纯度的质量分数不低于 98.5%，常用于没有严格要求的气焊（气割）。

2. 乙炔

乙炔在常温和大气压下为无色气体，是一种带有特殊臭味的碳氢化合物，其在标准状态下的密度为 1.179 kg/m³，比空气密度略小。工业用的乙炔主要由水分解电石而得到。乙炔是可燃性气体，与空气混合时所产生的火焰温度为 2 350 ℃，与氧气混合燃烧时产生的火焰温度为 3 000 ～ 3 300 ℃，因此，足以迅速熔化金属而进行焊接和切割。

乙炔是一种具有爆炸性的危险气体，当压强为 0.15 MPa，温度达到 580 ～ 600 ℃时就会自行爆炸。乙炔与铜或银长期接触后会生成一种爆炸性的化合物。因此，使用乙炔时必须注意安全。

3. 液化石油气

液化石油气的主要成分是丙烷（C_3H_8）、丁烷（C_4H_{10}）、丙烯（C_3H_6）等碳氢化合物。石油气在标准大气压下呈气态，当压力升到 0.8 ～ 1.5 MPa 时变为液态，即液化石油气。石油气气态时略带臭味，标准状态下的密度为 1.8 ～ 2.59 kg/m³，比空气密度大；其与空气和氧气形成的混合气体有爆炸性，但比乙炔安全。液化石油气在氧气中燃烧的速度和温度都比乙炔在氧气中燃烧的速度和温度低，其燃烧的温度为 2 800 ～ 2 850 ℃，用于气割时的预热时间稍长，但切割质量容易保证，割口光洁、质量好。由于液化石油气价格低，比乙炔安全，质量又较好，用它代替乙炔进行金属切割较为普遍。

三、气割的工艺参数

气割的工艺参数包括气割氧的压力、预热火焰的性质与能率、割嘴距工件表面的距离、切（气）割速度及割嘴与工件的倾角等。工艺参数的选择主要取决于工件的厚度。

1. 气割氧的压力

气割氧的压力在一定范围内是随着工件厚度的增加而增加的，或随着割嘴号码的增大而增大。若选择的压力过高，过剩的氧气会有冷却作用，使工件的预热时间变长，造成氧气的浪费，还会产生切割表面粗糙、气割速度变慢和切口加大的不良后果。而压力过低时，金属不能迅速、充分地燃烧，从而降低了切割速度，并会在切割背面产生很难清理干净的挂渣，严重时会出现割不透现象。

2. 预热火焰的性质与能率

氧乙炔焰气割时的预热火焰采用中性焰或轻微氧化焰。碳化焰会给切口处增碳，使气割的效果变差，所以不能采用。气割时要随时注意火焰性质的调节。

预热火焰的能率与工件的厚度有关。一般厚度越大，火焰能率越大；反之，火焰能率应越小。气割厚钢板时，由于气割速度较慢，较大的火焰能率会使切口的上缘熔化，这时可采用弱些的火焰能率。气割薄板时，若气割速度较快，则可选择强些的火焰能率，只要使割嘴与工件的距离稍大些，并保证一定的角度，也可得到质量较好的切口。

3. 割嘴距工件表面的距离

割嘴距工件表面的距离要根据预热火焰的长度和工件的厚度来确定。中心焰火焰温度最高处是离焰心 $2 \sim 4\,mm$ 处，所以割嘴与工件的距离 $h = L + 2$（L 是焰心的长度）。若距离过小，则预热不充分，切割氧的流动能力下降，使排渣困难；若距离过大，则飞溅时易堵塞割嘴而造成回火。

4. 切（气）割速度

切割速度与工件的厚度和割嘴的形状有关。工件越厚，切割速度越慢；反之，切割速度越快。具体切割速度的选择是根据切割后拖量 Z 确定的。所谓后拖量，是指切割面上切割气流轨迹的始点与终点在水平方向上的距离，如图 6-9 所示。切割的后拖量是不可避免的，但应以切口产生的后拖量较小为原则来选择切割速度。当后拖量为割板厚度的 1/10 时，为正常切割速度。环形割嘴比梅花形割嘴的切割速度快些。

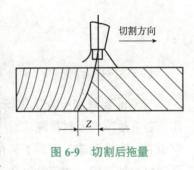

图 6-9　切割后拖量

5. 割嘴与工件的倾角

（1）割嘴沿切割方向的倾斜角。在气割过程中，该角度是可调节的。

（2）割嘴与切口两侧的夹角。该角度在整个气割过程中都应保持 90°，不应做调整。

割嘴的倾角可根据工件的厚度来确定，它直接影响切割速度和后拖量。当割嘴沿切割相反方向倾斜一定角度时，能使氧化燃烧产生的熔渣吹向切割线的前缘。直线切割时，应充分利用燃烧反应产生的热量来减小后拖量，从而促使切割速度的提高。

1）当工件厚度为 $4 \sim 20\,mm$ 时，割嘴可沿切割相反方向倾斜 5°～10°。

2）当工件厚度为 $20 \sim 30\,mm$ 时，割嘴应垂直于工件。

3）当工件厚度在 30 mm 以上时，开始气割时应将割嘴沿切割方向倾斜 5°～10°。割穿后，割嘴应垂直于工件；快割完时，割嘴逐渐沿切割的相反方向倾斜 5°～10°。

【任务实施】

一、安全检查

同项目任务二。

二、切割前的准备

1. 工件准备

Q235B 钢板，500 mm×200 mm×12 mm，一块。将工件表面的氧化皮、铁锈、油污等脏物用钢丝刷、砂布或砂纸清理干净，使工件露出金属光泽。

2. 气割设备和工具

（1）设备和工具：乙炔气瓶、氧气瓶、射吸式割炬。
（2）辅助器具：通针、火柴或打火枪、小锤、钢丝钳等。
（3）劳动保护用品：气焊眼镜、工作服、手套、胶鞋。

三、操作过程

1. 手工气割技术

气割前要仔细检查工作场地是否符合安全要求，整个切割系统的设备是否能正常工作，若有故障应及时排除。对工件表面的油污、氧化皮等应清除干净。割件应垫平，其下应留有一定的间隙，以利于氧化熔渣的顺利吹出，也可防止氧化铁的飞溅烧伤操作者，必要时可以加挡板。调节氧气和乙炔阀门的压力，使其达到要求。一切准备工作完成后方可点燃火焰，并调到合适的形状开始气割。

手工气割可根据个人习惯，双脚呈八字形蹲在割线一侧，右手握割炬手把，右手拇指和食指靠住手把下面的预热氧气调节阀，以便调节预热火焰，发生回火时也能及时切断混合气管的氧气。左手的拇指和食指应把住切割氧气阀的开关，其余三指平稳地托住割炬，以便掌握方向。右臂靠住右膝盖，左臂悬空在两膝盖中间，保证移动割炬方便，且不移动位置时的割线较长。身体略微向前挺起，呼吸应有节奏，眼睛注视前面的割线和割嘴，达到手、眼、脑协调配合，切割方向一般为自右向左。

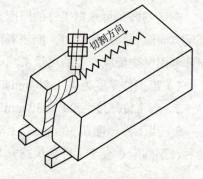

图 6-10　割炬沿切割方向横向摆动示意图

中等厚度钢板（12 mm）手工气割的参数，见表 6-2。在正常气割过程中，割嘴要始终垂直于割件做横向月牙形或之字形摆动，如图 6-10 所示。

表 6-2　手工气割的参数

割件厚度 /mm	割炬型号	割嘴型号	乙炔消耗量 /（L·h^{-1}）
12	G01-30	3	310

起割时，割嘴应后倾 20°～30°。先将割件划线外边缘预热到红热状态（割件发红），

228

预热火焰的焰心与工件表面的距离应保持为 2～4 mm，缓慢开启切割氧调节阀，待铁液被氧流吹掉时，可加大切割氧气流，当听到"啪、啪"的声音时表明工件已被切透。这时再根据割件厚度，灵活掌握切割速度，沿切割线前进方向施割。

在整个切割过程中，割炬运行要均匀，割嘴离工件表面的距离应保持不变。在切割较长的工件时，每割 300～500 mm 时须移动操作位置。这时应先关闭切割氧气手轮，使割炬火焰离开割件，移动身体位置后，再将割嘴对准切割处并适当预热，然后缓慢打开切割氧，继续向前切割。

切割临近终点时，割嘴应沿切割方向略向后倾斜一定角度，以利于割件下面提前割透，保证收尾时的切口质量。停割后，要仔细清除切口边缘的挂渣，以便于之后的加工。气割结束时，应先关闭切割氧气手轮和预热氧气手轮。如果停止工作的时间较长，应先旋松氧气减压器，再关闭氧气瓶阀和乙炔输送阀。如果遇到割不透的中厚钢板，允许停焊，并从割线的另一端重新开始起割。

在气割过程中割炬发生回火时，应先关闭乙炔开关，然后关闭氧气开关，待火熄灭、割嘴不烫手时方可重新进行气割。

2. 自动、半自动气割技术

利用自动、半自动气割机，同时使用 2～3 把割炬，改变割炬的倾斜角度，即可气割出多种形式的焊接坡口。

（1）单面 V 形坡口的气割。加工有钝边或无钝边的 V 形坡口时，可以选用两种方法进行。第一种方法是前面 1 把割炬垂直于工件表面，担负切割边料的作用；后 1 把割炬则向板内倾斜，担负坡口气割的作用，割完后，钝边处于板的下部。此种方法主要用于厚度不太大的板料的切割。第二种方法是前面的 1 把割炬垂直于气割坡口的钝边，后面的 1 把割炬向板边倾斜，如图 6-11 所示。

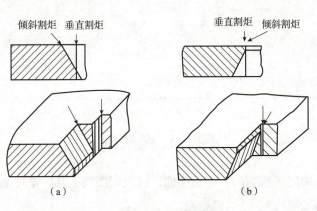

图 6-11　V 形坡口的气割
（a）方法一；（b）方法二

（2）双面 V 形坡口的气割。进行双面 V 形坡口的气割时，可采用 2～3 把割炬同时进行，如图 6-12 所示。切割厚度 $\delta \leqslant 50$ mm 割件的坡口时，3 把割炬的安装方法是：割炬①向外倾斜，负责气割板料底面的坡口；割炬②垂直于板料气割钝边；割炬③向割件内倾斜，可气割板料上斜坡口面。若钢板厚度 $\delta > 50$ mm，进行双面 V 形坡口的气割时，3 把割炬安装的倾斜位置不变，只是将割炬间的前后距离缩短。双面 V 形坡口气割时，割炬间距与工件厚度的关系，见表 6-3。

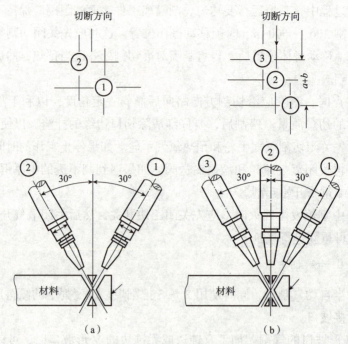

图 6-12　双面 V 形坡口的气割

（a）2 把割炬；（b）3 把割炬

表 6-3　双面 V 形坡口气割时割炬间距与工件板厚的关系　　　　　　　　mm

板厚		20	30	40	60	80	100
割炬间距	a	10～12	8～10	0～2	0	0	0
	b	25	22	20	18	16	16
注：a—割炬①与②之间的距离；b—割炬②与③之间的距离							

四、现场清理

焊接结束后，关闭气瓶阀门。清扫场地，按规定摆放工具，整理输气管，确认无安全隐患，并做好使用记录。

【任务评价】

气割评分标准，见表 6-4。

表 6-4　气割评分标准

序号	评分项目	评分标准	配分	得分
1	能正确执行安全技术操作规程	按达到规定的标准程度评定，根据现场纪律，视违反规定程度扣 1～5 分	5	
2	按有关文明生产的规定，做到工作地面整洁、工件和工具摆放整齐	按达到规定的标准程度评定，根据现场纪律，视违反规定程度扣 1～5 分	5	
3	切口的断面	上边缘塌边宽度≤1 mm，每超差 1 mm 扣 2 分；塌边宽度 >2 mm 扣 15 分。表面无刻槽，视情况扣 1～15 分	15	
4	割面垂直度	≤2 mm，>2 mm 扣 15 分	15	
5	割面平面度	≤1 mm，>1 mm 扣 15 分	15	
6	切口宽度	切口不能太宽，否则视情况扣 1～10 分	15	
7	变形	无变形，否则视情况扣 1～10 分	15	
8	裂纹	无裂纹，否则视情况扣 1～10 分	15	
	总分		100	

【榜样故事】

易冉，女，1982 年出生，湖南省株洲市荷塘区人（图 6-13）。一个开朗、爱笑的女子，竟然干了 18 年电焊，从当初一个差点辞职不干的"愣头青"，成长为高级电焊技师，中国中车"高铁工匠"，全国首届"十佳最美职工"，全国劳动模范，被德国媒体亲切地称为"中国电焊花木兰"。她的事迹被收入由国资委、中车工会编著的《一线英雄传》《高铁脊梁》两本书中。

自 2000 年参加工作起，她把一个女孩子最美丽的 18 年时光，献给了电焊事业。她用焊枪作画，画

图 6-13　易冉

出了自己灿烂的人生轨迹。在她身上体现了现代劳模、现代产业工人的美丽新姿和优秀品质：将平凡的劳动做到极致，对待工作，她有着乐业、敬业、专业的态度；前进的脚步永不停歇，对待人生，她有着好学、勤学、善学的精神。她总觉得自己是个幸运儿，在成长的路上得到了许多人的帮助。怀着一颗感恩之心，她将自己的技能分享、传承给更多的人。

"小丫头"小试牛刀露锋芒

1982 年出生的易冉，从未料想到自己将来会成为一名电焊工。"15 岁上技校，家里人说学电焊好找工作，我就报了电焊这个专业。"在技校学习的 3 年时间，由于实操的机会不多，易冉觉得，电焊这份工作还算轻松。可事实并非如此。2000 年 7 月，正是如

花般年纪的易冉，进入430厂（现在的中车长江株洲分公司）。"车间噪声很大，还非常热。"跟在学校完全不一样的环境，初出茅庐的易冉心里咯噔了一下。"大夏天的，虽然有风扇，可焊接时不能对着人吹，怕影响工艺，衣服汗湿了，就站在风扇前面吹，干了又继续工作。"尽管穿着长衣长袖，但被高温、强光炙烤，易冉脸上、脖子上的皮肤开始发黄，甚至脱皮。除了工作环境，劳动强度也非常大。刚进厂时，易冉所在的欧清莲班组是典型的苦脏累班组。她们焊1台车需要连续蹲1.5 h，每天要焊5台车，每次间歇时间不到10 min。"晚上上夜班，我妈来接我下班，由于脸上灰太多，都没认出我。"易冉回忆说，刚参加工作1个月，当她准备打退堂鼓时，厂里组队参加株洲市电焊工大赛，按组委会规定，参赛队员中必须有1名年轻队员，她幸运入选，和两名强将到培训基地进行为期1周的强化训练。到第4天，易冉的训练工件就从最差的IV级片，一跃达到最完美的I级片，并稳定保持到3天后的大赛。结果，她轻取气体保护焊第三名，一时间技惊四座。

参加工作不到半年，易冉被选派到电焊骨干集训队，师从湖南省技能大师杨卫东。"平时要上班，所以只能利用业余时间参加集训队培训，所以一放假就去集训队，几乎没有休息过。"易冉告诉记者，在集训队的一年里，她通常是下了晚班后一大早就赶到培训基地上课、练习，苦练气体保护焊、手把焊硬功，焊接技能有了长足进步。最终，在当年的全厂技术运动会上，她以理论实作均超93分的厂级比赛史上最优异成绩一举夺冠，被授予"电焊铜星"。随后她一鼓作气，连续两届"披金挂银"，实现了别人需要努力10年以上的铜银金星"三级跳"，成为430厂设立该奖项20年来用时最短"跑完全程"的选手。

"电焊花木兰"国际赛场放光彩

然而，年少成名也为易冉带来了不少烦恼。"2003年，厂里有一个返工车，因为我在比赛中多次获奖，返工车就交到了我手里，要把它从废品变成一个合格产品，焊接的难度非常大，我尽了自己最大的努力，却没有做好。"这次打击让易冉意识到，自己的水平还远远不够，还需要提升。

另外，"明星"员工都处理不好返工车，一些闲言碎语传到易冉耳中，这更加激励她要努力学习。

一方面不断补充理论知识；一方面在集训队潜心向前辈们取经。"即便后来也有几次返工车产品没处理好，但我没有退却，失败了就当积累经验，结果就是成功率越来越高，只要有返工车，领导就会让我来处理，得到锻炼的机会越多，技能水平提升就越快。"易冉说。

2005年后，厂里出口订单猛增，易冉调入组装车间新产品试制班，被领导亲自"点将"——参与了3支点矿石漏斗车、C80BH、澳大利亚五联平车、巴西车、安格纳车、FMG敞车等所有国际国内新产品车辆的试制。她不仅掌握了国际通用的焊接标准，而且成为备受赞誉的"国际焊工"，先后摸索出一系列具有国际先进水平的焊接技巧。艺高人胆大，这句话形容易冉再合适不过了。在同事的眼里，没有易冉解决不了的难题。

2007年6月，厂里开始试制当时世界上最大轴重的澳大利亚FMG敞车。客户要求所有焊缝咬边为零，大焊角、坡口不能有弧坑，这样的精度相当于机械手。就在同事望而却步时，易冉站了出来。她经过一个星期的日夜琢磨，反复优化焊接方法，终于达到了澳方严苛的标准，外方监造竖起了大拇指，并将她所焊的焊缝标记出来，当作"示范焊缝"展示。她为中国铁路货车产品在海外树立了品质标杆，赢得了口碑。

2011年10月，易冉被国家选派与另外3个男同志一起赴德国，参加在德国吕内堡举行的国际焊接比赛。在德国，没有女人从事电焊职业，赛场上出现一个柔弱的中国女孩，已经让德国同行感到惊奇，而易冉的出色表现，让比赛组委会专门为她颁发了唯一的"特别奖"。她参赛的立焊、平焊板作品获德国DVS证书并被公开展示。德国当地媒体还以《中国的"电焊花木兰"》为题对她进行了专题报道。

此后，这个娇小的株洲女孩有了一个响亮的外号——"电焊花木兰"。

（资料来源：中国文明网——《易冉》）

参 考 文 献

［1］中国机械工程学会焊接学会.焊接手册：焊接方法及设备［M］.3版.北京：机械工业出版社，2016.

［2］赵丽玲.焊接方法与工艺［M］.北京：机械工业出版社，2021.

［3］邓洪军.焊接实训［M］.北京：机械工业出版社，2014.

［4］王博，许志安.焊接技能强化训练（焊接专业）［M］.3版.北京：机械工业出版社，2019.

［5］杨跃，扈成林.电弧焊技能项目教程［M］.北京：机械工业出版社，2013.

［6］王子瑜，王云鹏.CO_2气体保护焊实训［M］.2版.北京：机械工业出版社，2020.

［7］徐双钱.装配焊接实习［M］.哈尔滨：哈尔滨工程大学出版社，2014.

［8］冯菁菁.焊接结构生产［M］.北京：机械工业出版社，2022.

［9］雷世明.焊接方法与设备［M］.3版.北京：机械工业出版社，2014.

［10］路宝学，邓洪军.焊条电弧焊实训（焊接专业）［M］.3版.北京：机械工业出版社，2019.